KB084943

한국자산
관리공사

NCS + 전공 + 최종점검 모의고사 5회

SD에듀
㈜시대고시기획

2024 최신판 SD에듀 한국자산관리공사
NCS + 전공 + 최종점검 모의고사 5회 + 무료NCS특강

Always **with you**

사람의 인연은 길에서 우연하게 만나거나 함께 살아가는 것만을 의미하지는 않습니다.
책을 펴내는 출판사와 그 책을 읽는 독자의 만남도 소중한 인연입니다.
SD에듀는 항상 독자의 마음을 헤아리기 위해 노력하고 있습니다. 늘 독자와 함께하겠습니다.

머리말

가계 · 기업 · 공공자산의 사회 · 경제적 가치를 높이는 한국자산관리공사는 2024년
에 신입직원을 채용할 예정이다. 한국자산관리공사의 채용절차는 「입사지원서 접수
➡ 서류심사 ➡ 필기전형 ➡ 면접전형 ➡ 임용」 순서로 이루어진다. 지원 자격 충족
시 적격자 전원을 선발하여 필기전형에 응시하게 되며, 필기전형은 직업기초능력과
직무수행능력으로 진행한다. 직업기초능력의 경우 의사소통능력, 수리능력, 문제해
결능력을 평가할 예정이며, 직무수행능력의 경우 채용분야별로 과목이 상이하므로
반드시 확정된 채용공고를 확인해야 한다. 또한, 필기전형에서 고득점을 받기 위해
다양한 유형에 대한 폭넓은 학습과 문제풀이능력을 높이는 등의 철저한 준비가 필요
하다.

한국자산관리공사 필기전형 합격을 위해 SD에듀에서는 한국자산관리공사 판매량
1위의 출간경험을 토대로 다음과 같은 특징을 가진 도서를 출간하였다.

도서의 특징

❶ 기출복원문제를 통한 출제 유형 확인!
 • 2023년 주요 공기업 NCS 기출문제를 복원하여 공기업별 NCS 필기 유형을 파악할 수 있도록 하였다.
 • 2023년 주요 공기업 전공 기출문제를 복원하여 공기업별 전공 출제경향을 파악할 수 있도록 하였다.

❷ 한국자산관리공사 필기전형 출제 영역 맞춤 문제를 통한 실력 상승!
 • 직업기초능력 출제유형분석&실전예제를 수록하여 유형별로 대비할 수 있도록 하였다.
 • 직무수행능력(경영 · 경제) 적중예상문제를 수록하여 전공까지 대비할 수 있도록 하였다.

❸ 최종점검 모의고사를 통한 완벽한 실전 대비!
 • 철저한 분석을 통해 실제 유형과 유사한 최종점검 모의고사를 수록하여 자신의 실력을 점검할 수 있
 도록 하였다.

❹ 다양한 콘텐츠로 최종 합격까지!
 • 한국자산관리공사 채용 가이드와 면접 기출질문을 수록하여 채용을 준비하는 데 부족함이 없도록
 하였다.
 • 온라인 모의고사를 무료로 제공하여 필기전형에 대비할 수 있도록 하였다.

끝으로 본 도서를 통해 한국자산관리공사 채용을 준비하는 모든 수험생 여러분이 합
격의 기쁨을 누리기를 진심으로 기원한다.

SDC(Sidae Data Center) 씀

⟳ 설립목적

금융산업 및 국민경제 발전에 이바지

⟳ 비전

국민에 안정을, 기업에 활력을, 국가자산에 가치를 더하는 리딩플랫폼

⟳ 핵심가치

책임 / 상생 / 혁신 / 신뢰

⟳ 경영철학

활발한 소통과 공정한 문화로 직원이 행복한 조직,
공적 윤리 준수와 사회적 **책임** 이행 강화로 새로운 **미래**를 위한 **전환** 추진

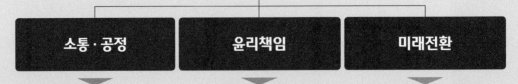

소통·공정	윤리책임	미래전환
• 활발한 소통 • 공정한 문화 • 직원이 행복한 조직	• 공적 윤리 강화 • 정부와 국민의 신뢰 • 사회적 책임 이행	• 디지털·ESG 전환 • 지속가능성 강화 • 새로운 미래 창출

◉ 전략목표 및 전략과제

가계 · 기업의 재도약 지원과 활력 제고 ▶	1. 금융취약계층 새출발 · 재도약 지원 강화 2. 연체채권 인수 · 관리 기능 고도화 3. 자본시장 협업 기반 유동성 지원 확대 4. 기업 맞춤형 경영정상화 지원 활성화
국가자산 민간 활용 증대로 국민 편익 증진 ▶	1. 국유재산 관리 고도화를 통한 활용 확대 2. 국 · 공유재산 개발 · 관리 고도화 3. 민간참여 기반 공공개발사업 활성화 4. 국가채권 관리 효율성 제고
미래지향 자율혁신체계 구현 ▶	1. 공공기관 혁신 이행으로 경영효율성 제고 2. 디지털 전환 가속으로 업무생산성 강화 3. 적극적 규제혁신과 미래역량 강화 4. 재무 · 리스크 관리체계 고도화
ESG 중심 지속가능경영 실현 ▶	1. 캠코형 탄소중립 ESG경영 고도화 2. 상생협력의 동반성장 환경 조성 3. 소통 · 참여를 통한 투명한 기업문화 정착 4. 지속가능한 안전 · 보건체계 구축

◉ 인재상

포용하고 존중하는 인재
미래에 도전하는 인재
전문성을 갖춘 인재

⟳ 지원자격(공통)

❶ 국가공무원법 제33조 및 한국자산관리공사 인사규정 제15조에 의한 채용 결격사유가 없는 자
❷ 연령 · 전공 · 어학 등 제한 없음(단, 연령의 경우 만 60세 미만인 자)
❸ 채용 확정 후 즉시 근무가능한 자

⟳ 필기전형

구분	채용분야		내용
직업기초능력	공통		의사소통능력, 수리능력, 문제해결능력
직무수행능력	금융 일반	경영	경영학(재무관리, 회계학 포함)
		경제	미시경제학, 거시경제학
	건축		건축계획, 시공, 구조, 설비, 관계법규
	IT		컴퓨터프로그래밍, 자료구조와 알고리즘, 데이터베이스, 정보보안

⟳ 면접전형

구분		내용
1차 면접	심층면접	• 스피치 자료 작성 및 발표 + 인터뷰 • 직무 · 인성 등 조직적합성 검증
	PT면접	• PT + 질의응답 • 문제해결능력 등 직무수행 역량 검증
2차 면접	임원면접	• 인성 및 자질(공직적격성 등)과 직무 능력을 종합적으로 검증

❖ 위 채용 안내는 2024년 채용공고를 기준으로 작성하였으나 세부사항은 확정된 채용공고를 확인하기 바랍니다.

2023년 기출분석 ANALYSIS

총평

2023년 한국자산관리공사 5급 필기전형은 채용분야별로 전공 70문제로 진행되었으며, 난이도가 어려운 편이라는 후기가 많았다. 경영과 경제 분야에서는 이론과 계산형 문제가 골고루 출제되었으므로 다양한 문제를 푸는 연습을 하는 것이 좋다. 특히, 경영 분야의 경우 재무관리와 회계학이 포함되어 문제가 출제되었고, 계산기 없이 꼼꼼하게 계산해야 하는 문제가 나왔다. 또한, 경제 분야의 경우 다양한 계산 문제가 출제되었으므로 주어진 시간에 맞춰 문제를 푸는 연습을 해야 한다.

✪ 의사소통능력

출제 특징	• 공사 관련 지문이 출제됨 • 긴 지문의 문제가 출제됨
출제 키워드	• 맞춤법, 띄어쓰기, 한자성어 등

✪ 수리능력

출제 특징	• 응용 수리 문제가 출제됨 • 수열 문제가 출제됨
출제 키워드	• 도표, 중앙값, 넓이, 부피 등

✪ 문제해결능력

출제 특징	• 명제 문제가 출제됨 • SWOT 분석 문제가 출제됨
출제 키워드	• 원가절감, 경쟁전략 등

✪ 경영

출제 키워드	• BSC 분석, 마이클 포터, 순이익, 마케팅 전략, 팀제, 기대이론, 확률, 수단성, 라이센스 등

✪ 경제

출제 키워드	• 소비자잉여, 탄력성, 가격차별, 완전경쟁시장, 수요공급곡선, 환율, 이자율, 독점, 자중손실 등

❖ 위 기출분석은 2023년 한국자산관리공사 5급(전공) 및 6급(NCS) 채용 후기를 바탕으로 작성하였습니다.

PSAT형

※ 다음은 K공단의 국내 출장비 지급 기준에 대한 자료이다. 이어지는 질문에 답하시오. [15~16]

〈국내 출장비 지급 기준〉

① 근무지로부터 편도 100km 미만의 출장은 공단 차량 이용을 원칙으로 하며, 다음 각호에 따라 "별표 1"에 해당하는 여비를 지급한다.
　ⓐ 일비
　　ⓐ 근무시간 4시간 이상 : 전액
　　ⓑ 근무시간 4시간 미만 : 1일분의 2분의 1
　ⓒ 식비 : 명령권자가 근무시간이 모두 소요되는 1일 출장으로 인정한 경우에는 1일분의 3분의 1 범위 내에서 지급
　ⓒ 숙박비 : 편도 50km 이상의 출장 중 출장일수가 2일 이상으로 숙박이 필요할 경우, 증빙자료 제출 시 숙박비 지급
② 제1항에도 불구하고 공단 차량을 이용할 수 없어 개인 소유 차량으로 업무를 수행한 경우에는 일비를 지급하지 않고 이사장이 따로 정하는 바에 따라 교통비를 지급한다.
③ 근무지로부터 100km 이상의 출장은 "별표 1"에 따라 교통비 및 일비는 전액을, 식비는 1일분의 3분의 2 해당액을 지급한다. 다만, 업무 형편상 숙박이 필요하다고 인정할 경우에는 출장기간에 대하여 숙박비, 일비, 식비 전액을 지급할 수 있다.

〈별표 1〉

구분	교통비				일비 (1일)	숙박비 (1박)	식비 (1일)
	철도임	선임	항공임	자동차임			
임원 및 본부장	1등급	1등급	실비	실비	30,000원	실비	45,000원
1, 2급 부서장	1등급	2등급	실비	실비	25,000원	실비	35,000원
2, 3, 4급 부장	1등급	2등급	실비	실비	20,000원	실비	30,000원
4급 이하 팀원	2등급	2등급	실비	실비	20,000원	실비	30,000원

1. 교통비는 실비를 기준으로 하되, 실비 정산은 국토해양부장관 또는 특별시장·광역시장·도지사·특별자치도지사 등이 인허한 요금을 기준으로 한다.
2. 선임 구분표 중 1등급 해당자는 특등, 2등급 해당자는 1등을 적용한다.
3. 철도임 구분표 중 1등급은 고속철도 특실, 2등급은 고속철도 일반실을 적용한다.
4. 임원 및 본부장의 식비가 위 정액을 초과하였을 경우 실비를 지급할 수 있다.
5. 운임 및 숙박비의 할인이 가능한 경우에는 할인 요금으로 지급한다.
6. 자동차임 실비 지급은 연료비와 실제 통행료를 지급한다.
　(연료비)=[여행거리(km)]×(유가)÷(연비)
7. 임원 및 본부장을 제외한 직원의 숙박비는 70,000원을 한도로 실비를 정산할 수 있다.

특징
▶ 대부분 의사소통능력, 수리능력, 문제해결능력을 중심으로 출제(일부 기업의 경우 자원관리능력, 조직이해능력을 출제)
▶ 자료에 대한 추론 및 해석 능력을 요구

대행사
▶ 엑스퍼트컨설팅, 커리어넷, 태드솔루션, 한국행동과학연구소(행과연), 휴노 등

모듈형

| 대인관계능력

60 다음 자료는 갈등해결을 위한 6단계 프로세스이다. 3단계에 해당하는 대화의 예로 가장 적절한 것은?

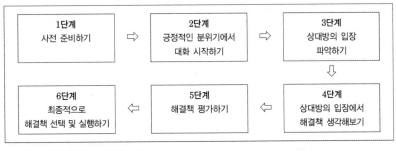

① 그럼 A씨의 생각대로 진행해 보시죠.

특징
▶ 이론 및 개념을 활용하여 푸는 유형
▶ 채용 기업 및 직무에 따라 NCS 직업기초능력평가 10개 영역 중 선발하여 출제
▶ 기업의 특성을 고려한 직무 관련 문제를 출제
▶ 주어진 상황에 대한 판단 및 이론 적용을 요구

대행사
▶ 인트로맨, 휴스테이션, ORP연구소 등

피듈형(PSAT형 + 모듈형)

| 문제해결능력

60 P회사는 직원 20명에게 나눠 줄 추석 선물 품목을 조사하였다. 다음은 유통업체별 품목 가격과 직원들의 품목 선호도를 나타낸 자료이다. 이를 참고하여 P회사에서 구매하는 물품과 업체를 바르게 연결한 것은?

〈업체별 품목 금액〉

구분		1세트당 가격	혜택
A업체	돼지고기	37,000원	10세트 이상 주문 시 배송 무료
	건어물	25,000원	
B업체	소고기	62,000원	20세트 주문 시 10% 할인
	참치	31,000원	
C업체	스팸	47,000원	50만 원 이상 주문 시 배송 무료
	김	15,000원	

〈구성원 품목 선호도〉

특징
▶ 기초 및 응용 모듈을 구분하여 푸는 유형
▶ 기초인지모듈과 응용업무모듈로 구분하여 출제
▶ PSAT형보다 난도가 낮은 편
▶ 유형이 정형화되어 있고, 유사한 유형의 문제를 세트로 출제

대행사
▶ 사람인, 스카우트, 인크루트, 커리어케어, 트리피, 한국사회능력개발원 등

주요 공기업 적중 문제 TEST CHECK

브레인스토밍 ▶ 키워드

※ 다음 글에서 설명하는 의사결정 방법으로 가장 적절한 것을 고르시오. [13~14]

13

> 조직에서 의사결정을 하는 대표적인 방법으로 여러 명이 한 가지 문제를 놓고 아이디어를 비판 없이 제시하여 그중에서 최선책을 찾아내는 방법이다. 다른 사람이 아이디어를 제시할 때 비판하지 않고, 아이디어를 최대한 많이 공유하고 이를 결합하여 해결책을 마련하게 된다.

① 만장일치
② 다수결
③ 브레인스토밍
④ 의사결정나무
⑤ 델파이 기법

참거짓 ▶ 유형

13 제시된 〈조건〉을 바탕으로 〈보기〉 중 항상 참이 되는 것은?

조건
• 사각 테이블에 사장과 A, B, C부서의 임원이 2명씩 앉아 있다.
• 사장은 사각 테이블의 어느 한 면에 혼자 앉아 있다.
• A부서의 임원들은 나란히 앉아 있다.
• C부서의 임원은 서로 마주보고 있으며, 그중 한 임원은 B부서의 임원 사이에 있다.
• 사각 테이블의 한 면에는 최대 4명이 앉을 수 있다.

보기
A : C부서의 한 임원은 어느 한 면에 혼자 앉아 있다.
B : 테이블의 어느 한 면은 항상 비어있다.

① A만 옳다.
② B만 옳다.
③ A, B 모두 옳다.
④ A, B 모두 틀리다.
⑤ A, B 모두 옳은지 틀린지 판단할 수 없다.

HUG 주택도시보증공사

손익계산 ▶ 키워드

29 다음은 H회사에서 공개한 2021년 구분 손익계산서이다. 자료에 대한 설명으로 옳은 것은?

〈2021년 구분 손익계산서〉

(단위 : 억 원)

| 구분 | 합계 | 손실보전대상사업 | | | | | 토지은행사업 | 일반사업 |
		공공주택(보금자리)	산업단지개발	주택관리사업	행정중심복합도시	혁신도시개발		
매출액	180,338	68,245	7,349	13,042	6,550	2,617	2,486	80,049
매출원가	146,978	55,230	4,436	22,890	3,421	1,846	2,327	56,828
매출총이익	33,360	13,015	2,913	−9,848	3,129	771	159	23,221
판매비와 관리비	7,224	2,764	295	1,789	153	7	60	2,156
영업이익	26,136	10,251	2,618	−11,637	2,976	764	99	21,065
기타수익	9,547	296	77	96	56	133	0	8,889
기타비용	3,451	68	5	1	1	11	1	3,364
기타이익(손실)	−60	−7	0	0	0	−3	0	−50
금융수익	2,680	311	18	0	112	13	0	2,226
금융원가	6,923	−2,610	487	6,584	585	−7	57	1,827
지분법적용관계기업이익(손실)	33	0	0	0	0	0	0	33
법인세비용								

건축물 ▶ 키워드

10 다음 상황에 근거할 때, 〈보기〉에서 옳은 것을 모두 고르면?

〈상황〉

• A건설회사가 신축하고 있는 건물의 예상되는 친환경 건축물 평가점수는 63점이고 에너지효율은 3등급이다.
• 친환경 건축물 평가점수를 1점 높이기 위해서는 1,000만 원, 에너지효율을 한 등급 높이기 위해서는 2,000만 원의 추가 투자비용이 든다.
• 신축 건물의 감면 전 취·등록세 예상액은 총 20억 원이다.
• A건설회사는 경제적 이익을 극대화하고자 한다.
※ 경제적 이익 또는 손실 : (취·등록세 감면액)−(추가 투자액)
※ 기타 비용과 이익은 고려하지 않는다.

보기

ㄱ. 추가 투자함으로써 경제적 이익을 얻을 수 있는 최소 투자금액은 1억 1,000만 원이다.
ㄴ. 친환경 건축물 우수 등급, 에너지효율 1등급을 받기 위해 추가 투자할 경우 경제적 이익이 가장 크다.
ㄷ. 에너지효율 2등급을 받기 위해 추가 투자하는 것이 3등급을 받는 것보다 A건설회사에 경제적으로 더 이익이다.

① ㄱ
② ㄷ
③ ㄱ, ㄴ
④ ㄴ, ㄷ
⑤ ㄱ, ㄴ, ㄷ

주요 공기업 적중 문제 TEST CHECK

금융감독원

07 다음 제시된 단락을 읽고, 이어질 내용을 논리적 순서대로 바르게 나열한 것은?

> 우리는 자본주의 체제에서 살고 있다. '우리는 자본주의라는 체제의 종말보다 세계의 종말을 상상하는 것이 더 쉬운 시대에 살고 있다.'고 할 만큼 현재 세계는 자본주의의 논리 아래에 굴러가고 있다. 이러한 자본주의는 어떻게 발생하였을까?

> (가) 그러나 1920년대에 몰아친 세계 대공황은 자본주의가 완벽하지 않은 체제이며 수정이 필요함을 모든 사람에게 각인시켜줬다. 학문적으로 보자면 대표적으로 존 메이너드 케인스의『고용·이자 및 화폐에 관한 일반이론』등의 저작을 통해 수정자본주의가 꾀해졌다.
>
> (나) 애덤 스미스로부터 학문화된 자본주의는 데이비드 리카도의 비교우위론 등의 이론을 포섭해 나가며 자신의 영역을 공고히 했다. 자본의 폐해에 대한 마르크스 등의 경고가 있었지만, 자본주의는 그 위세를 계속 떨칠 것 같이 보였다.
>
> (다) 1950년대에는 중산층의 신화가 이루어지면서 수정자본주의 체제는 영원할 것 같이 보였지만, 오일 쇼크 등으로 인해서 수정자본주의 또한 그 한계를 보이게 되었고, 빈 학파로부터 파생된 신자유주의 이론이 가미되기 시작하였다.
>
> (라) 자본주의의 시작이라 하면 대부분 애덤 스미스의『국부론』을 떠올리겠지만, 역사학자인 페르낭 브로델에 의하면 자본주의는 16세기 이탈리아에서부터 시작된 것이라고 한다. 이를 학문적으로 정립한 최초의 저작이『국부론』이다.

① (나) – (라) – (다) – (가)
② (나) – (라) – (가) – (다)
③ (라) – (나) – (다) – (가)
④ (라) – (나) – (가) – (다)

75 A ~ E 5명이 다음 〈조건〉에 따라 일렬로 나란히 자리에 앉는다고 할 때, 바르게 추론한 것은?

> **조건**
> • 자리의 순서는 왼쪽을 기준으로 첫 번째 자리로 한다.
> • D는 A의 바로 왼쪽에 있다.
> • B와 D 사이에 C가 있다.
> • A는 마지막 자리가 아니다.
> • A와 B 사이에 C가 있다.
> • B는 E의 바로 오른쪽에 앉는다.

① D는 두 번째에 앉을 수 있다.
② E는 네 번째 자리에 앉을 수 있다.
③ C는 두 번째 자리에 앉을 수 있다.
④ C는 E의 오른쪽에 앉을 수 있다.

신용보증기금

증가율 ▶ 유형

※ 다음은 우리나라의 예산분야별 재정지출 추이를 나타낸 자료이다. 이어지는 질문에 답하시오. [15~16]

〈우리나라의 예산분야별 재정지출 추이〉

(단위 : 조 원, %)

구분	2018년	2019년	2020년	2021년	2022년	연평균 증가율
예산	137.3	147.5	153.7	165.5	182.8	7.4
기금	59.0	61.2	70.4	72.9	74.5	6.0
교육	24.5	27.6	28.8	31.4	35.7	9.9
사회복지・보건	32.4	49.6	56.0	61.4	67.5	20.1
R&D	7.1	7.8	8.9	9.8	10.9	11.3
SOC	27.1	18.3	18.4	18.4	18.9	−8.6
농림・해양・수산	12.3	14.1	15.5	15.9	16.5	7.6
산업・중소기업	11.4	11.9	12.4	12.6	12.6	2.5
환경	3.5	3.6	3.8	4.0	4.4	5.9
국방비	18.1	21.1	22.5	24.5	26.7	10.2
통일・외교	1.4	2.0	2.6	2.4	2.6	16.7
문화・관광	2.3	2.6	2.8	2.9	3.1	7.7
공공질서・안전	7.6	9.4	11.0	10.9	11.6	11.2
균형발전	5.0	5.5	6.3	7.2	8.1	12.8
기타	43.5	35.2	35.1	37.0	38.7	−2.9
총 지출	196.3	208.7	224.1	238.4	257.3	7.0

※ (총 지출)=(예산)+(기금)

코레일 한국철도공사 사무직

이산화탄소 ▶ 키워드

13 다음은 온실가스 총 배출량에 대한 자료이다. 이에 대한 설명으로 옳지 않은 것은?

〈온실가스 총 배출량〉

(단위 : CO_2 eq.)

구분	2016년	2017년	2018년	2019년	2020년	2021년	2022년
총 배출량	592.1	596.5	681.8	685.9	695.2	689.1	690.2
에너지	505.3	512.2	593.4	596.1	605.1	597.7	601.0
산업공정	50.1	47.2	51.7	52.6	52.8	55.2	52.2
농업	21.2	21.7	21.2	21.5	21.4	20.8	20.6
폐기물	15.5	15.4	15.5	15.7	15.9	15.4	16.4
LULUCF	−57.3	−54.5	−48.5	−44.7	−42.7	−42.4	−44.4
순 배출량	534.8	542.0	633.3	641.2	652.5	646.7	645.8
총 배출량 증감률(%)	2.3	0.7	14.3	0.6	1.4	−0.9	0.2

※ CO_2 eq. : 이산화탄소 등가를 뜻하는 단위로, 온실가스 종류별 지구온난화 기여도를 수치로 표현한 지구온난화지수(GWP; Global Warming Potential)를 곱한 이산화탄소 환산량
※ LULUCF(Land Use, Land Use Change, Forestry) : 인간이 토지 이용에 따라 변화하게 되는 온실가스의 증감
※ (순 배출량)=(총 배출량)+(LULUCF)

1 기출복원문제로 출제경향 파악

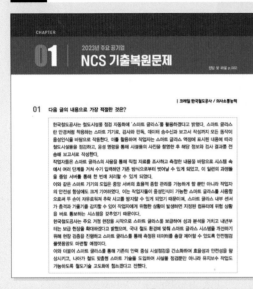
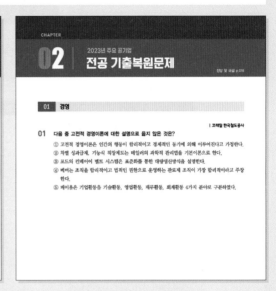

▶ 2023년 주요 공기업 NCS 기출문제를 복원하여 공기업별 NCS 필기 유형을 파악할 수 있도록 하였다.
▶ 2023년 주요 공기업 전공 기출문제를 복원하여 공기업별 전공 출제경향을 파악할 수 있도록 하였다.

2 출제유형분석 + 유형별 실전예제로 필기전형 완벽 대비

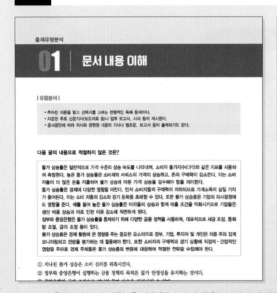
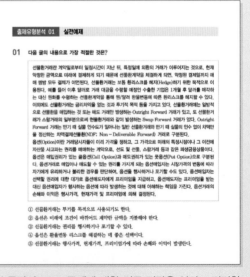

▶ NCS 출제 영역에 대한 출제유형분석과 유형별 실전예제를 수록하여 NCS 문제에 대한 접근 전략을 익히고 점검할 수 있도록 하였다.
▶ 직무수행능력(경영ㆍ경제) 적중예상문제를 수록하여 전공까지 효과적으로 학습할 수 있도록 하였다.

3 최종점검 모의고사 + OMR을 활용한 실전 연습

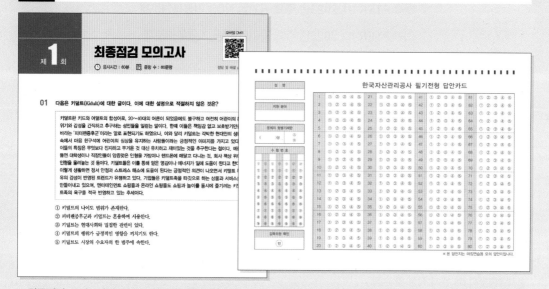

▶ 최종점검 모의고사와 OMR 답안카드를 수록하여 실제로 시험을 보는 것처럼 최종 마무리 연습을 할 수 있도록 하였다.

▶ 모바일 OMR 답안채점/성적분석 서비스를 통해 필기전형에 대비할 수 있도록 하였다.

4 인성검사부터 면접까지 한 권으로 최종 마무리

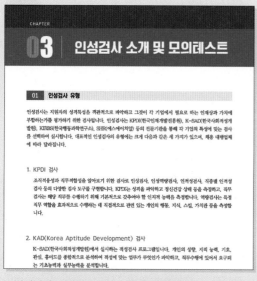

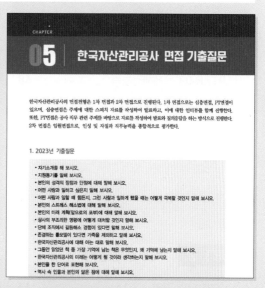

▶ 인성검사 모의테스트를 수록하여 인성검사 유형 및 문항을 확인할 수 있도록 하였다.

▶ 한국자산관리공사 면접 기출질문을 통해 실제 면접에서 나오는 질문을 미리 파악하고 연습할 수 있도록 하였다.

이 책의 차례 CONTENTS

Add+

특별부록

※ 기출복원문제는 수험생들의 후기를 통해 SD에듀에서 복원한 문제로 실제 문제와 다소 차이가 있을 수 있으며, 본 저작물의 무단전재 및 복제를 금합니다.

| 코레일 한국철도공사 / 의사소통능력

01 다음 글의 내용으로 가장 적절한 것은?

> 한국철도공사는 철도시설물 점검 자동화에 '스마트 글라스'를 활용하겠다고 밝혔다. 스마트 글라스란 안경처럼 착용하는 스마트 기기로, 검사와 판독, 데이터 송수신과 보고서 작성까지 모든 동작이 음성인식을 바탕으로 작동한다. 이를 활용하여 작업자는 스마트 글라스 액정에 표시된 내용에 따라 철도시설물을 점검하고, 음성 명령을 통해 시설물의 사진을 촬영한 후 해당 정보와 검사 결과를 전송해 보고서로 작성한다.
>
> 작업자들은 스마트 글라스의 사용을 통해 직접 자료를 조사하고 측정한 내용을 바탕으로 시스템 속에서 여러 단계를 거쳐 수기 입력하던 기존 방식으로부터 벗어날 수 있게 되었고, 이 일련의 과정들을 중앙 서버를 통해 한 번에 처리할 수 있게 되었다.
>
> 이와 같은 스마트 기기의 도입은 중앙 서버의 효율적 종합 관리를 가능하게 할 뿐만 아니라 작업자의 안전성 향상에도 크게 기여하였다. 이는 작업자들이 음성인식이 가능한 스마트 글라스를 사용함으로써 두 손이 자유로워져 추락 사고를 방지할 수 있게 되었기 때문이며, 스마트 글라스 내부 센서가 충격과 기울기를 감지할 수 있어 작업자에게 위험한 상황이 발생하면 지정된 컴퓨터에 위험 상황을 바로 통보하는 시스템을 갖추었기 때문이다.
>
> 한국철도공사는 주요 거점 현장을 시작으로 스마트 글라스를 보급하여 성과 분석을 거치고 내년부터는 보급 현장을 확대하겠다고 밝혔으며, 국내 철도 환경에 맞춰 스마트 글라스 시스템을 개선하기 위해 현장 검증을 진행하고 스마트 글라스를 통해 측정된 데이터를 총괄 제어할 수 있도록 안전점검 플랫폼망도 마련할 예정이다.
>
> 이와 더불어 스마트 글라스를 통해 기존의 인력 중심 시설점검을 간소화하여 효율성과 안전성을 향상시키고, 나아가 철도 맞춤형 스마트 기술을 도입하여 시설물 점검뿐만 아니라 유지보수 작업도 가능하도록 철도기술 고도화에 힘쓰겠다고 전했다.

① 작업자의 음성인식을 통해 철도시설물의 점검 및 보수 작업이 가능해졌다.

② 스마트 글라스의 도입으로 철도시설물 점검의 무인작업이 가능해졌다.

③ 스마트 글라스의 도입으로 철도시설물 점검 작업 시 안전사고 발생 횟수가 감소하였다.

④ 스마트 글라스의 도입으로 철도시설물 작업 시간 및 인력이 감소하고 있다.

⑤ 스마트 글라스의 도입으로 작업자의 안전사고 발생을 바로 파악할 수 있게 되었다.

02 다음 글에 대한 설명으로 적절하지 않은 것은?

> 2016년 4월 27일 오전 7시 20분경 임실역에서 익산으로 향하던 열차가 전기 공급 중단으로 멈추는 사고가 발생해 약 50분간 열차 운행이 중단되었다. 바로 전차선에 지어진 까치집 때문이었는데, 까치가 집을 지을 때 사용하는 젖은 나뭇가지나 철사 등이 전선과 닿거나 차로에 떨어져 합선과 단전을 일으킨 것이다.
>
> 비록 이번 사고는 단전에서 끝났지만, 고압 전류가 흐르는 전차선인 만큼 철사와 젖은 나뭇가지만으로도 자칫하면 폭발사고로 이어질 우려가 있다. 지난 5년간 까치집으로 인한 단전사고는 한 해 평균 3 ~ 4건 발생해 왔으며, 한국철도공사는 사고방지를 위해 까치집 방지 설비를 설치하고 설비가 없는 구간은 작업자가 육안으로 까치집 생성 여부를 확인해 제거하고 있는데, 이렇게 제거해 온 까치집 수가 연평균 8,000개에 달한다. 하지만 까치집은 빠르면 불과 4시간 만에 완성되어 작업자들에게 큰 곤욕을 주고 있다.
>
> 이에 한국철도공사는 전차선로 주변 까치집 제거의 효율성과 신속성을 높이기 위해 인공지능(AI)과 사물인터넷(IoT) 등 첨단 기술을 활용하기에 이르렀다. 열차 운전실에 영상 장비를 설치해 달리는 열차에서 전차선을 촬영한 화상 정보를 인공지능으로 분석함으로써 까치집 등의 위험 요인을 찾아 해당 위치와 현장 이미지를 작업자에게 실시간으로 전송하는 '실시간 까치집 자동 검출 시스템'을 개발한 것이다. 하지만 시속 150km로 빠르게 달리는 열차에서 까치집 등의 위험 요인을 실시간으로 판단해 전송하는 것이다 보니 그 정확도는 65%에 불과했다.
>
> 이에 한국철도공사는 전차선과 까치집을 정확하게 식별하기 위해 인공지능이 스스로 학습하는 '딥러닝' 방식을 도입했고, 전차선을 구성하는 복잡한 구조 및 까치집과 유사한 형태를 빅데이터로 분석해 이미지를 구분하는 학습을 실시한 결과 까치집 검출 정확도는 95%까지 상승했다. 또한 해당 이미지를 실시간 문자메시지로 작업자에게 전송해 위험 요소와 위치를 인지시켜 현장에 적용할 수 있다는 사실도 확인했다. 현재는 이와 더불어 정기열차가 운행하지 않거나 작업자가 접근하기 쉽지 않은 차량 정비 시설 등에 드론을 띄워 전차선의 까치집을 발견 및 제거하는 기술도 시범 운영하고 있다.

① 인공지능도 학습을 통해 그 정확도를 향상시킬 수 있다.
② 빠른 속도에서 인공지능의 사물 식별 정확도는 낮아진다.
③ 사람의 접근이 불가능한 곳에 위치한 까치집의 제거도 가능해졌다.
④ 까치집 자동 검출 시스템을 통해 실시간으로 까치집 제거가 가능해졌다.
⑤ 인공지능 등의 스마트 기술 도입으로 까치집 생성의 감소를 기대할 수 있다.

03 다음 글을 이해한 내용으로 적절하지 않은 것은?

> 열차 내에서의 범죄가 급격하게 증가함에 따라 한국철도공사는 열차 내 범죄 예방과 안전 확보를 위해 2023년까지 현재 운행하고 있는 열차의 모든 객실에 CCTV를 설치하고, 모든 열차 승무원에게 바디캠을 지급하겠다고 밝혔다.
>
> CCTV는 열차 종류에 따라 운전실에서 비상시 실시간으로 상황을 파악할 수 있는 '네트워크 방식'과 각 객실에서의 영상을 저장하는 '개별 독립 방식'이라는 2가지 방식으로 사용 및 설치가 진행될 예정이며, 객실에는 사각지대를 없애기 위해 4대가량의 CCTV가 설치된다. 이 중 2대는 휴대 물품 도난 방지 등을 위해 휴대 물품 보관대 주변에 위치하게 된다.
>
> 이에 따라 한국철도공사는 CCTV 제품 품평회를 가져 제품의 형태와 색상, 재질 등에 대한 의견을 나누고 각 제품이 실제로 열차 운행 시 진동과 충격 등에 적합한지 시험을 거친 후 도입할 예정이다.

① 현재는 모든 열차의 객실 전부에 CCTV가 설치되어 있진 않을 것이다.

② 과거에 비해 승무원에 대한 승객의 범죄행위 증거 취득이 유리해질 것이다.

③ CCTV 설치를 통해 인적 피해와 물적 피해 모두 예방할 수 있을 것이다.

④ CCTV 설치를 통해 실시간으로 모든 객실을 모니터링할 수 있을 것이다.

⑤ CCTV의 내구성뿐만 아니라 외적인 디자인도 제품 선택에 영향을 줄 수 있을 것이다.

04 작년 K대학교에 재학 중인 학생 수는 6,800명이었고 남학생과 여학생의 비는 8 : 9였다. 올해 남학생 수와 여학생 수의 비가 12 : 13만큼 줄어들어 7 : 8이 되었다고 할 때, 올해 K대학교의 전체 재학생 수는?

① 4,440명

② 4,560명

③ 4,680명

④ 4,800명

⑤ 4,920명

05 다음 자료에 대한 설명으로 가장 적절한 것은?

- KTX 마일리지 적립
  - KTX 이용 시 결제금액의 5%가 기본 마일리지로 적립됩니다.
  - 더블적립(×2) 열차로 지정된 열차는 추가로 5%가 적립됩니다(결제금액의 총 10%).
    ※ 더블적립 열차는 홈페이지 및 코레일톡 애플리케이션에서만 승차권 구매 가능
  - 선불형 교통카드 Rail+(레일플러스)로 승차권을 결제하는 경우 1% 보너스 적립도 제공되어 최대 11% 적립이 가능합니다.
  - 마일리지를 적립받고자 하는 회원은 승차권을 발급받기 전에 코레일 멤버십카드 제시 또는 회원번호 및 비밀번호 등을 입력해야 합니다.
  - 해당 열차 출발 후에는 마일리지를 적립받을 수 없습니다.
- 회원 등급 구분

구분	등급 조건	제공 혜택
VVIP	• 반기별 승차권 구입 시 적립하는 마일리지가 8만 점 이상인 고객 또는 기준일부터 1년간 16만 점 이상 고객 중 매년 반기 익월 선정	• 비즈니스 회원 혜택 기본 제공 • KTX 특실 무료 업그레이드 쿠폰 6매 제공 • 승차권 나중에 결제하기 서비스 　(열차 출발 3시간 전까지)
VIP	• 반기별 승차권 구입 시 적립하는 마일리지가 4만 점 이상인 고객 또는 기준일부터 1년간 8만 점 이상인 고객 중 매년 반기 익월 선정	• 비즈니스 회원 혜택 기본 제공 • KTX 특실 무료 업그레이드 쿠폰 2매 제공
비즈니스	• 철도 회원으로 가입한 고객 중 최근 1년간 온라인에서 로그인한 기록이 있거나, 회원으로 구매실적이 있는 고객	• 마일리지 적립 및 사용 가능 • 회원 전용 프로모션 참가 가능 • 열차 할인상품 이용 등 기본서비스와 멤버십 제휴서비스 등 부가서비스 이용
패밀리	• 철도 회원으로 가입한 고객 중 최근 1년간 온라인에서 로그인한 기록이 없거나, 회원으로 구매실적이 없는 고객	• 멤버십 제휴서비스 및 코레일 멤버십 라운지 이용 등의 부가서비스 이용 제한 • 휴면 회원으로 분류 시 별도 관리하며, 본인 인증 절차로 비즈니스 회원으로 전환 가능

  - 마일리지는 열차 승차 다음 날 적립되며, 지연료를 마일리지로 적립하신 실적은 등급 산정에 포함되지 않습니다.
  - KTX 특실 무료 업그레이드 쿠폰 유효기간은 6개월이며, 반기별 익월 10일 이내에 지급됩니다.
  - 실적의 연간 적립 기준일은 7월 지급의 경우 전년도 7월 1일부터 당해 연도 6월 30일까지 실적이며, 1월 지급은 전년도 1월 1일부터 전년도 12월 31일까지의 실적입니다.
  - 코레일에서 지정한 추석 및 설 명절 특별수송기간의 승차권은 실적 적립 대상에서 제외됩니다.
  - 회원 등급 조건 및 제공 혜택은 사전 공지 없이 변경될 수 있습니다.
  - 승차권 나중에 결제하기 서비스는 총 편도 2건 이내에서 제공되며, 3회 자동 취소 발생(열차 출발 전 3시간 내 미결제) 시 서비스가 중지됩니다. 리무진+승차권 결합 발권은 2건으로 간주되며, 정기권, 특가상품 등은 나중에 결제하기 서비스 대상에서 제외됩니다.

① 코레일에서 운행하는 모든 열차는 이용 때마다 결제금액의 최소 5%가 KTX 마일리지로 적립된다.
② 회원 등급이 높아져도 열차 탑승 시 적립되는 마일리지는 동일하다.
③ 비즈니스 등급은 기업회원을 구분하는 명칭이다.
④ 6개월간 마일리지 4만 점을 적립하더라도 VIP 등급을 부여받지 못할 수 있다.
⑤ 회원 등급이 높아도 승차권을 정가보다 저렴하게 구매할 수 있는 방법은 없다.

〈2023년 한국의 국립공원 기념주화 예약 접수〉

- 우리나라 자연환경의 아름다움과 생태 보전의 중요성을 널리 알리기 위해 K공사는 한국의 국립공원 기념 주화 3종(설악산, 치악산, 월출산)을 발행할 예정임
- 예약 접수일 : 3월 2일(목) ~ 3월 17일(금)
- 배부 시기 : 2023년 4월 28일(금)부터 예약자가 신청한 방법으로 배부
- 기념주화 상세

화종	앞면	뒷면
은화Ⅰ - 설악산		
은화Ⅱ - 치악산		
은화Ⅲ - 월출산		

- 발행량 : 화종별 10,000장씩 총 30,000장
- 신청 수량 : 단품 및 3종 세트로 구분되며 단품과 세트에 중복신청 가능
  - 단품 : 1인당 화종별 최대 3장
  - 3종 세트 : 1인당 최대 3세트
- 판매 가격 : 액면금액에 판매 부대비용(케이스, 포장비, 위탁판매수수료 등)을 부가한 가격
  - 단품 : 각 63,000원(액면가 50,000원+케이스 등 부대비용 13,000원)
  - 3종 세트 : 186,000원(액면가 150,000원+케이스 등 부대비용 36,000원)
- 접수 기관 : 우리은행, 농협은행, K공사
- 예약 방법 : 창구 및 인터넷 접수
  - 창구 접수
    신분증[주민등록증, 운전면허증, 여권(내국인), 외국인등록증(외국인)]을 지참하고 우리·농협은행 영업점을 방문하여 신청
  - 인터넷 접수
    ① 우리·농협은행의 계좌를 보유한 고객은 개시일 9시부터 마감일 23시까지 홈페이지에서 신청
    ② K공사 온라인 쇼핑몰에서는 가상계좌 방식으로 개시일 9시부터 마감일 23시까지 신청
- 구입 시 유의사항
  - 수령자 및 수령지 등 접수 정보가 중복될 경우 단품별 10장, 3종 세트 10세트만 추첨 명단에 등록
  - 비정상적인 경로나 방법으로 접수할 경우 당첨을 취소하거나 배송을 제한

06 다음 중 한국의 국립공원 기념주화 발행 사업의 내용으로 옳은 것은?

① 국민들을 대상으로 예약 판매를 실시하며, 외국인에게는 판매하지 않는다.

② 1인당 구매 가능한 최대 주화 수는 10장이다.

③ 기념주화를 구입하기 위해서는 우리·농협은행 계좌를 사전에 개설해 두어야 한다.

④ 사전예약을 받은 뒤, 예약 주문량에 맞추어 제한된 수량만 생산한다.

⑤ K공사를 통한 예약 접수는 온라인에서만 가능하다.

07 외국인 A씨는 이번에 발행되는 기념주화를 예약 주문하려고 한다. 다음 상황을 참고했을 때 A씨가 기념주화 구매 예약을 할 수 있는 방법으로 옳은 것은?

〈외국인 A씨의 상황〉

• A씨는 국내 거주 외국인으로 등록된 사람이다.
• A씨의 명의로 국내은행에 개설된 계좌는 총 2개로, 신한은행, 한국씨티은행에 1개씩이다.
• A씨는 우리은행이나 농협은행과는 거래이력이 없다.

① 여권을 지참하고 우리은행이나 농협은행 지점을 방문한다.

② K공사 온라인 쇼핑몰에서 신용카드를 사용한다.

③ 계좌를 보유한 신한은행이나 한국씨티은행의 홈페이지를 통해 신청한다.

④ 외국인등록증을 지참하고 우리은행이나 농협은행 지점을 방문한다.

⑤ 우리은행이나 농협은행의 홈페이지에서 신청한다.

08 다음은 기념주화를 예약한 5명의 신청내역이다. 이 중 가장 많은 금액을 지불한 사람의 구매 금액은?

(단위 : 세트, 장)

구매자	3종 세트	단품		
		은화Ⅰ - 설악산	은화Ⅱ - 치악산	은화Ⅲ - 월출산
A	2	1	-	-
B	-	2	3	3
C	2	1	1	-
D	3	-	-	-
E	1	-	2	2

① 558,000원

② 561,000원

③ 563,000원

④ 564,000원

⑤ 567,000원

척추는 신체를 지탱하고, 뇌로부터 이어지는 중추신경인 척수를 보호하는 중요한 뼈 구조물이다. 보통 사람들은 허리에 심한 통증이 느껴지면 허리디스크(추간판탈출증)를 떠올리는데, 디스크 이외에도 통증을 유발하는 척추 질환은 다양하다. 특히 노인 인구가 증가하면서 척추관협착증(요추관협착증)의 발병 또한 늘어나고 있다. 허리디스크와 척추관협착증은 사람들이 혼동하기 쉬운 척추 질환으로, 발병 원인과 치료법이 다르기 때문에 두 질환의 차이를 이해하고 통증 발생 시 질환에 맞춰 적절하게 대응할 필요가 있다.

허리디스크는 척추 뼈 사이에 쿠션처럼 완충 역할을 해주는 디스크(추간판)에 문제가 생겨 발생한다. 디스크는 찐득찐득한 수핵과 이를 둘러싸는 섬유륜으로 구성되는데, 나이가 들어 탄력이 떨어지거나, 젊은 나이에도 급격한 충격에 의해서 섬유륜에 균열이 생기면 속의 수핵이 빠져나오면서 주변 신경을 압박하거나 염증을 유발한다. 허리디스크가 발병하면 초기에는 허리 통증으로 시작되어 점차 허벅지에서 발까지 찌릿하게 저리는 방사통을 유발하고, 디스크에서 수핵이 흘러나오는 상황이기 때문에 허리를 굽히거나 앉아 있으면 디스크에 가해지는 압력이 높아져 통증이 더욱 심해진다. 허리디스크는 통증이 심한 질환이지만, 흘러나온 수핵은 대부분 대식세포에 의해 제거되고, 자연치유가 가능하기 때문에 병원에서는 주로 통증을 줄이고, 안정을 취하는 방법으로 보존치료를 진행한다. 하지만 염증이 심해져 중앙 척수를 건드리게 되면 하반신 마비 등의 증세가 나타날 수 있는데, 이러한 경우에는 탈출된 디스크 조각을 물리적으로 제거하는 수술이 필요하다.

반면, 척추관협착증은 대표적인 척추 퇴행성 질환으로 주변 인대(황색 인대)가 척추관을 압박하여 발생한다. 척추관은 척추 가운데 신경 다발이 지나갈 수 있도록 속이 빈 공간인데, 나이가 들면서 척추가 흔들리게 되면 흔들리는 척추를 붙들기 위해 인대가 점차 두꺼워지고, 척추 뼈에 변형이 생겨 결과적으로 척추관이 좁아지게 된다. 이렇게 오랜 기간 동안 변형된 척추 뼈와 인대가 척추관 속의 신경을 눌러 발생하는 것이 척추관협착증이다. 척추관 속의 신경이 눌리게 되면 통증과 함께 저리거나 당기게 되어 보행이 힘들어지며, 지속적으로 압박받을 경우 척추 신경이 경색되어 하반신 마비 증세로 악화될 수 있다. 일반적으로 서 있을 경우보다 허리를 구부렸을 때 척추관이 더 넓어지므로 허리디스크 환자와 달리 앉아 있을 때 통증이 완화된다. 척추관협착증은 자연치유가 되지 않고 척추관이 다시 넓어지지 않으므로 발병 초기를 제외하면 일반적으로 변형된 부분을 제거하는 수술을 하게 된다.

이와 같이 허리디스크와 척추관협착증은 똑같이 허리 통증을 유발하지만 원인과 증상, 치료법이 서로 상이하다. 비교적 고령인 60대 이상의 사람이 만성적으로 서 있을 때 통증이 나타난다면 ____㉠____ 을/를 의심해야 하며, 비교적 젊은 20 ~ 50대의 사람이 앉아 있을 때 통증이 급작스럽게 나타날 때는 ____㉡____ 을/를 의심해야 한다. 척추는 우리의 몸을 지탱하는 중요한 골격이며, 신경계와 밀접한 관련이 있으므로 통증이 발생한다면 자신의 몸 상태를 잘 파악하고, 초기에 치료를 받는 것이 중요하다.

| 국민건강보험공단 / 의사소통능력

09 다음 중 윗글의 내용으로 적절하지 않은 것은?

① 일반적으로 허리디스크는 척추관협착증에 비해 급작스럽게 증상이 나타난다.
② 허리디스크는 서 있을 때 통증이 더 심해진다.
③ 허리디스크에 비해 척추관협착증은 외과적 수술 빈도가 높다.
④ 허리디스크와 척추관협착증 모두 증세가 심해지면 하반신 마비의 가능성이 있다.

10 다음 중 빈칸 ㉠과 ㉡에 들어갈 단어가 바르게 연결된 것은?

	㉠	㉡
①	허리디스크	추간판탈출증
②	허리디스크	척추관협착증
③	척추관협착증	요추관협착증
④	척추관협착증	허리디스크

11 다음 문단을 논리적 순서대로 바르게 나열한 것은?

> (가) 주장애관리는 장애정도가 심한 장애인이 의원뿐만 아니라 병원 및 종합병원급에서 장애 유형별 전문의에게 전문적인 장애관리를 받을 수 있는 서비스이다. 이전에는 대상 관리 유형이 지체장애, 시각장애, 뇌병변장애로 제한되어 있었으나, 3단계부터는 지적장애, 정신장애, 자폐성장애까지 확대되어 더 많은 중증장애인들이 장애관리를 받을 수 있게 되었다.
>
> (나) 이와 같이 3단계 장애인 건강주치의 시범사업은 기존 1・2단계 시범사업보다 더욱 확대되어 많은 중증장애인들의 참여를 예상하고 있다. 장애인 건강주치의 시범사업에 신청하기 위해서는 국민건강보험공단 홈페이지의 건강IN에서 장애인 건강주치의 의료기관을 찾은 후 해당 의료기관에 방문하여 장애인 건강주치의 이용 신청사실 통지서를 작성하면 신청할 수 있다.
>
> (다) 장애인 건강주치의 제도가 제공하는 서비스는 일반건강관리, 주(主)장애관리, 통합관리로 나누어진다. 일반건강관리 서비스는 모든 유형의 중증장애인이 만성질환 등 전반적인 건강관리를 받을 수 있는 서비스로, 의원급에서 원하는 의사를 선택하여 참여할 수 있다. 1・2단계까지의 사업에서는 만성질환관리를 위해 장애인 본인이 검사비용의 30%를 부담해야 했지만, 3단계부터는 본인부담금 없이 질환별 검사바우처로 제공한다.
>
> (라) 마지막으로 통합관리는 일반건강관리와 주장애관리를 동시에 받을 수 있는 서비스로, 동네에 있는 의원급 의료기관에 속한 지체・뇌병변・시각・지적・정신・자폐성 장애를 진단하는 전문의가 주장애관리와 만성질환관리를 모두 제공한다. 이 3가지 서비스들은 거동이 불편한 환자를 위해 의사나 간호사가 직접 집으로 방문하는 방문 서비스를 제공하고 있으며 기존까지는 연 12회였으나, 3단계 시범사업부터 연 18회로 증대되었다.
>
> (마) 보건복지부와 국민건강보험공단은 2021년 9월부터 3단계 장애인 건강주치의 시범사업을 진행하였다. 장애인 건강주치의 제도는 중증장애인이 인근 지역에서 주치의로 등록 신청한 의사 중 원하는 의사를 선택하여 장애로 인한 건강문제, 만성질환 등 건강상태를 포괄적이고 지속적으로 관리받을 수 있는 제도로, 2018년 5월 1단계 시범사업을 시작으로 2단계 시범사업까지 완료되었다.

① (다) - (가) - (마) - (나) - (라)

② (다) - (마) - (라) - (가) - (나)

③ (마) - (가) - (라) - (나) - (다)

④ (마) - (다) - (가) - (라) - (나)

12 다음은 K지역의 연도별 건강보험금 부과액 및 징수액에 대한 자료이다. 직장가입자 건강보험금 징수율이 가장 높은 해와 지역가입자의 건강보험금 징수율이 가장 높은 해를 바르게 짝지은 것은?

〈건강보험금 부과액 및 징수액〉

(단위 : 백만 원)

구분		2019년	2020년	2021년	2022년
직장가입자	부과액	6,706,712	5,087,163	7,763,135	8,376,138
	징수액	6,698,187	4,898,775	7,536,187	8,368,972
지역가입자	부과액	923,663	1,003,637	1,256,137	1,178,572
	징수액	886,396	973,681	1,138,763	1,058,943

※ [징수율(%)=$\dfrac{(징수액)}{(부과액)} \times 100$

	직장가입자	지역가입자
①	2022년	2020년
②	2022년	2019년
③	2021년	2020년
④	2021년	2019년

13 다음은 K병원의 하루 평균 이뇨제, 지사제, 진통제 사용량에 대한 자료이다. 이에 대한 설명으로 옳지 않은 것은?

〈하루 평균 이뇨제, 지사제, 진통제 사용량〉

구분	2018년	2019년	2020년	2021년	2022년	1인 1일 투여량
이뇨제	3,000mL	3,480mL	3,360mL	4,200mL	3,720mL	60mL/일
지사제	30정	42정	48정	40정	44정	2정/일
진통제	6,720mg	6,960mg	6,840mg	7,200mg	7,080mg	60mg/일

※ 모든 의약품은 1인 1일 투여량을 준수하여 투여했다.

① 전년 대비 2022년 사용량 감소율이 가장 큰 의약품은 이뇨제이다.

② 5년 동안 지사제를 투여한 환자 수의 평균은 18명 이상이다.

③ 이뇨제 사용량은 증가와 감소를 반복하였다.

④ 매년 진통제를 투여한 환자 수는 이뇨제를 투여한 환자 수의 2배 이하이다.

14 다음은 분기별 상급병원, 종합병원, 요양병원의 보건인력 현황에 대한 자료이다. 분기별 전체 보건인력 중 전체 사회복지사 인력의 비율로 옳지 않은 것은?

〈상급병원, 종합병원, 요양병원의 보건인력 현황〉

(단위 : 명)

구분		2022년 3분기	2022년 4분기	2023년 1분기	2023년 2분기
상급병원	의사	20,002	21,073	22,735	24,871
	약사	2,351	2,468	2,526	2,280
	사회복지사	391	385	370	375
종합병원	의사	32,765	33,084	34,778	33,071
	약사	1,941	1,988	2,001	2,006
	사회복지사	670	695	700	720
요양병원	의사	19,382	19,503	19,761	19,982
	약사	1,439	1,484	1,501	1,540
	사회복지사	1,887	1,902	1,864	1,862
합계		80,828	82,582	86,236	86,707

※ 보건인력은 의사, 약사, 사회복지사 인력 모두를 포함한다.

① 2022년 3분기 : 약 3.65%
② 2022년 4분기 : 약 3.61%
③ 2023년 1분기 : 약 3.88%
④ 2023년 2분기 : 약 3.41%

15 다음은 건강생활실천지원금제에 대한 자료이다. 〈보기〉의 신청자 중 예방형과 관리형에 해당하는 사람을 바르게 분류한 것은?

〈건강생활실천지원금제〉

- 사업설명 : 참여자 스스로 실천한 건강생활 노력 및 건강개선 결과에 따라 지원금을 지급하는 제도
- 시범지역

지역	예방형	관리형
서울	노원구	중랑구
경기 · 인천	안산시, 부천시	인천 부평구, 남양주시, 고양일산(동구, 서구)
충청권	대전 대덕구, 충주시, 충남 청양군(부여군)	대전 동구
전라권	광주 광산구, 전남 완도군, 전주시(완주군)	광주 서구, 순천시
경상권	부산 중구, 대구 남구, 김해시, 대구 달성군	대구 동구, 부산 북구
강원 · 제주권	원주시, 제주시	원주시

- 참여대상 : 주민등록상 주소지가 시범지역에 해당되는 사람 중 아래에 해당하는 사람

구분	조건
예방형	만 20 ~ 64세인 건강보험 가입자(피부양자 포함) 중 국민건강보험공단에서 주관하는 일반건강검진 결과 건강관리가 필요한 사람*
관리형	고혈압 · 당뇨병 환자

*건강관리가 필요한 사람 : 다음에 모두 해당하거나 ①, ② 또는 ①, ③에 해당하는 사람
① 체질량지수(BMI) 25kg/m² 이상
② 수축기 혈압 120mmHg 이상 또는 이완기 혈압 80mmHg 이상
③ 공복혈당 100mg/dL 이상

보기

신청자	주민등록상 주소지	체질량지수	수축기 혈압 / 이완기 혈압	공복혈당	기저질환
A	서울 강북구	22kg/m²	117mmHg / 78mmHg	128mg/dL	-
B	서울 중랑구	28kg/m²	125mmHg / 85mmHg	95mg/dL	-
C	경기 안산시	26kg/m²	142mmHg / 92mmHg	99mg/dL	고혈압
D	인천 부평구	23kg/m²	145mmHg / 95mmHg	107mg/dL	고혈압
E	광주 광산구	28kg/m²	119mmHg / 78mmHg	135mg/dL	당뇨병
F	광주 북구	26kg/m²	116mmHg / 89mmHg	144mg/dL	당뇨병
G	부산 북구	27kg/m²	118mmHg / 75mmHg	132mg/dL	당뇨병
H	강원 철원군	28kg/m²	143mmHg / 96mmHg	115mg/dL	고혈압
I	제주 제주시	24kg/m²	129mmHg / 83mmHg	108mg/dL	-

※ 단, 모든 신청자는 만 20 ~ 64세이며, 건강보험에 가입하였다.

	예방형	관리형			예방형	관리형
①	A, E	C, D		②	B, E	F, I
③	C, E	D, G		④	F, I	C, H

16 K동에서는 임신한 주민에게 출산장려금을 지원하고자 한다. 출산장려금 지급 기준 및 K동에 거주하는 임산부에 대한 정보가 다음과 같을 때, 출산장려금을 가장 먼저 받을 수 있는 사람은?

〈K동 출산장려금 지급 기준〉

- 출산장려금 지급액은 모두 같으나, 지급 시기는 모두 다르다.
- 지급 순서 기준은 임신일, 자녀 수, 소득 수준 순서이다.
- 임신일이 길수록, 자녀가 많을수록, 소득 수준이 낮을수록 먼저 받는다(단, 자녀는 만 19세 미만의 아동 및 청소년으로 제한한다).
- 임신일, 자녀 수, 소득 수준이 모두 같으면 같은 날에 지급한다.

〈K동 거주 임산부 정보〉

임산부	임신일	자녀	소득 수준
A	150일	만 1세	하
B	200일	만 3세	상
C	100일	만 10세, 만 6세, 만 5세, 만 4세	상
D	200일	만 7세, 만 5세, 만 3세	중
E	200일	만 20세, 만 16세, 만 14세, 만 10세	상

① A임산부
② B임산부
③ D임산부
④ E임산부

17 다음 글의 주제로 가장 적절한 것은?

현재 우리나라의 진료비 지불제도 중 가장 주도적으로 시행되는 지불제도는 행위별수가제이다. 행위별수가제는 의료기관에서 의료인이 제공한 의료서비스(행위, 약제, 치료 재료 등)에 대해 서비스별로 가격(수가)을 정하여 사용량과 가격에 의해 진료비를 지불하는 제도로, 의료보험 도입 당시부터 채택하고 있는 지불제도이다. 그러나 최근 관련 전문가들로부터 이러한 지불제도를 개선해야 한다는 목소리가 많이 나오고 있다.

조사에 의하면 우리나라의 국민의료비를 증대시키는 주요 원인은 고령화로 인한 진료비 증가와 행위별수가제로 인한 비용의 무한 증식이다. 현재 우리나라의 국민의료비는 OECD 회원국 중 최상위를 기록하고 있으며 앞으로 더욱 심화될 것으로 예측된다. 특히 행위별수가제는 의료행위를 할수록 지불되는 진료비가 증가하므로 CT, MRI 등 영상검사를 중심으로 의료 남용이나 과다 이용 문제가 발생하고 있고, 병원의 이익 증대를 위하여 환자에게는 의료비 부담을, 의사에게는 업무 부담을, 건강보험에는 재정 부담을 증대시키고 있다.

이러한 행위별수가제의 문제점을 개선하기 위해 일부 질병군에서는 환자가 입원해서 퇴원할 때까지 발생하는 진료에 대하여 질병마다 미리 정해진 금액을 내는 제도인 포괄수가제를 시행 중이며, 요양병원, 보건기관에서는 입원 환자의 질병, 기능 상태에 따라 입원 1일당 정액수가를 적용하는 정액수가제를 병행하여 실시하고 있지만 비용 산정의 경직성, 의사 비용과 병원 비용의 비분리 등 여러 가지 문제점이 있어 현실적으로 효과를 내지 못하고 있다는 지적이 나오고 있다.

기획재정부와 보건복지부는 시간이 지날수록 건강보험 적자가 계속 증대되어 머지않아 고갈될 위기에 있다고 발표하였다. 당장 행위별수가제를 전면적으로 폐지할 수는 없으므로 기존의 다른 수가제의 문제점을 개선하여 확대하는 등 의료비 지불방식의 다변화가 구조적으로 진행되어야 할 것이다.

① 신포괄수가제의 정의
② 행위별수가제의 한계점
③ 의료비 지불제도의 역할
④ 건강보험의 재정 상황
⑤ 다양한 의료비 지불제도 소개

18 다음 중 제시된 단어와 그 뜻이 바르게 연결되지 않은 것은?

① 당위(當爲) : 마땅히 그렇게 하거나 되어야 하는 것

② 구상(求償) : 자연적인 재해나 사회적인 피해를 당하여 어려운 처지에 있는 사람을 도와줌

③ 명문(明文) : 글로 명백히 기록된 문구 또는 그런 조문

④ 유기(遺棄) : 어떤 사람이 종래의 보호를 거부하여 그를 보호받지 못하는 상태에 두는 일

⑤ 추계(推計) : 일부를 가지고 전체를 미루어 계산함

19 질량이 2kg인 공을 지표면으로부터 높이가 50cm인 지점에서 지표면을 향해 수직으로 4m/s의 속력으로 던져 공이 튀어 올랐다. 다음 〈조건〉을 보고 가장 높은 지점에서 공의 위치에너지를 구하면?(단, 에너지 손실은 없으며, 중력가속도는 10m/s^2으로 가정한다)

> **조건**
>
> • (운동에너지)$=\left[\dfrac{1}{2}\times(질량)\times(속력)^2\right]$J
>
> • (위치에너지)$=[(질량)\times(중력가속도)\times(높이)]$J
>
> • (역학적 에너지)$=[(운동에너지)+(위치에너지)]$J
>
> • 에너지 손실이 없다면 역학적 에너지는 어떠한 경우에도 변하지 않는다.
>
> • 공이 지표면에 도달할 때 위치에너지는 0이고, 운동에너지는 역학적 에너지와 같다.
>
> • 공이 튀어 오른 후 가장 높은 지점에서 운동에너지는 0이고, 위치에너지는 역학적 에너지와 같다.
>
> • 운동에너지와 위치에너지를 구하는 식에 대입하는 질량의 단위는 kg, 속력의 단위는 m/s, 중력가속도의 단위는 m/s^2, 높이의 단위는 m이다.

① 26J   ② 28J

③ 30J   ④ 32J

⑤ 34J

20 A부장이 시속 200km의 속력으로 달리는 기차로 1시간 30분 걸리는 출장지에 자가용을 타고 출장을 갔다. 시속 60km의 속력으로 가고 있는데, 속력을 유지한 채 가면 약속시간보다 1시간 늦게 도착할 수 있어 도중에 시속 90km의 속력으로 달려 약속시간보다 30분 일찍 도착하였다. A부장이 시속 90km의 속력으로 달린 거리는?(단, 달리는 동안 속력은 시속 60km로 달리는 도중에 시속 90km로 바뀌는 경우를 제외하고는 그 속력을 유지하는 것으로 가정한다)

① 180km
② 210km
③ 240km
④ 270km
⑤ 300km

21 S공장은 어떤 상품을 원가에 23%의 이익을 남겨 판매하였으나, 잘 팔리지 않아 판매가에서 1,300 원 할인하여 판매하였다. 이때 얻은 이익이 원가의 10%일 때, 상품의 원가는?

① 10,000원
② 11,500원
③ 13,000원
④ 14,500원
⑤ 16,000원

22 A ~ G 7명은 일렬로 배치된 의자에 다음 〈조건〉과 같이 앉는다. 이때 가능한 경우의 수는?

> **조건**
> • A는 양 끝에 앉지 않는다.
> • G는 가운데에 앉는다.
> • B는 G의 바로 옆에 앉는다.

① 60가지
② 72가지
③ 144가지
④ 288가지
⑤ 366가지

23 S유치원에 다니는 아이 11명의 평균 키는 113cm이다. 키가 107cm인 원생이 유치원을 나가게 되어 원생이 10명이 되었을 때, 남은 유치원생 10명의 평균 키는?

① 113cm

② 113.6cm

③ 114.2cm

④ 114.8cm

⑤ 115.4cm

24 다음 글과 같이 한자어 및 외래어를 순화한 내용으로 적절하지 않은 것은?

열차를 타다 보면 한 번쯤은 다음과 같은 안내방송을 들어 봤을 것이다.

"○○역 인근 '공중사상사고' 발생으로 KTX 열차가 지연되고 있습니다."

이때 들리는 안내방송 중 한자어인 '공중사상사고'를 한 번에 알아듣기란 일반적으로 쉽지 않다. 실제로 S교통공사 관계자는 승객들로부터 안내방송 문구가 적절하지 않다는 지적을 받아 왔다고 밝혔으며, 이에 S교통공사는 국토교통부와 협의를 거쳐 보다 이해하기 쉬운 안내방송을 전달하기 위해 문구를 바꾸는 작업에 착수하기로 결정하였다고 전했다.

우선 가장 먼저 수정하기로 한 것은 한자어 및 외래어로 표기된 철도 용어이다. 그중 대표적인 것이 '공중사상사고'이다. S교통공사 관계자는 이를 '일반인의 사상사고'나 '열차 운행 중 인명사고' 등과 같이 이해하기 쉬운 말로 바꿀 예정이라고 밝혔다. 이 외에도 열차 지연 예상 시간, 사고복구 현황 등 열차 내 안내방송을 승객에게 좀 더 알기 쉽고 상세하게 전달할 것이라고 전했다.

① 열차시격 → 배차간격

② 전차선 단전 → 선로 전기 공급 중단

③ 우회수송 → 우측 선로로 변경

④ 핸드레일(Handrail) → 안전손잡이

⑤ 키스 앤 라이드(Kiss and Ride) → 환승정차구역

25 다음 글에서 언급되지 않은 내용은?

전 세계적인 과제로 탄소중립이 대두되자 친환경적 운송 수단인 철도가 주목받고 있다. 특히 국제에너지기구는 철도를 에너지 효율이 가장 높은 운송 수단으로 꼽으며, 철도 수송을 확대하면 세계 수송 부문에서 온실가스 배출량이 그렇지 않을 때보다 약 6억 톤이 줄어들 수 있다고 하였다.

특히 철도의 에너지 소비량은 도로의 22분의 1이고, 온실가스 배출량은 9분의 1에 불과해, 탄소 배출이 높은 도로 운행의 수요를 친환경 수단인 철도로 전환한다면 수송 부문 총배출량이 획기적으로 감소될 것이라 전망하고 있다.

이에 발맞춰 우리나라의 S철도공단도 '녹색교통'인 철도 중심 교통체계를 구축하기 위해 박차를 가하고 있으며, 정부 역시 '2050 탄소중립 실현' 목표에 발맞춰 저탄소 철도 인프라 건설·관리로 탄소를 지속적으로 감축하고자 노력하고 있다.

S철도공단은 철도 인프라 생애주기 관점에서 탄소를 감축하기 위해 먼저 철도 건설 단계에서부터 친환경·저탄소 자재를 적용해 탄소 배출을 줄이고 있다. 실제로 중앙선 안동 ~ 영천 간 궤도 설계 당시 철근 대신에 저탄소 자재인 유리섬유 보강근을 콘크리트 궤도에 적용했으며, 이를 통한 탄소 감축효과는 약 6,000톤으로 추정된다. 이 밖에도 저탄소 철도 건축물 구축을 위해 2025년부터 모든 철도건축물을 에너지 자립률 60% 이상(3등급)으로 설계하기로 결정했으며, 도심의 철도 용지는 지자체와 협업을 통해 도심 속 철길 숲 등 탄소 흡수원이자 지역민의 휴식처로 철도부지 특성에 맞게 조성되고 있다.

S철도공단은 이와 같은 철도로의 수송 전환으로 약 20%의 탄소 감축 목표를 내세웠으며, 이를 위해서는 정부의 노력도 필요하다고 강조하였다. 특히 수송 수단 간 공정한 가격 경쟁이 이루어질 수 있도록 도로 차량에 집중된 보조금 제도를 화물차의 탄소배출을 줄이기 위한 철도 전환교통 보조금으로 확대하는 등 실질적인 방안의 필요성을 제기하고 있다.

① 녹색교통으로 철도 수송이 대두된 배경
② 철도 수송 확대를 통해 기대할 수 있는 효과
③ 국내의 탄소 감축 방안이 적용된 설계 사례
④ 정부의 철도 중심 교통체계 구축을 위해 시행된 조치
⑤ S철도공단의 철도 중심 교통체계 구축을 위한 방안

26 다음 글의 주제로 가장 적절한 것은?

지난 5월 아이슬란드에 각종 파이프와 열교환기, 화학물질 저장탱크, 압축기로 이루어져 있는 '조지올라 재생가능 메탄올 공장'이 등장했다. 이곳은 이산화탄소로 메탄올을 만드는 첨단 시설로, 과거 2011년 아이슬란드 기업 '카본리사이클링인터내셔널(CRI)'이 탄소 포집·활용(CCU) 기술의 실험을 위해서 지은 곳이다.

이곳에서는 인근 지열발전소에서 발생하는 적은 양의 이산화탄소(CO_2)를 포집한 뒤 물을 분해해 조달한 수소(H_2)와 결합시켜 재생 메탄올(CH_3OH)을 제조하였으며, 이때 필요한 열과 냉각수 역시 지열발전소의 부산물을 이용했다. 이렇게 만들어진 메탄올은 자동차, 선박, 항공 연료는 물론 플라스틱 제조 원료로 활용되는 등 여러 곳에서 활용되었다.

하지만 이렇게 메탄올을 만드는 것이 미래 원료 문제의 근본적인 해결책이 될 수는 없었다. 왜냐하면 메탄올이 만드는 에너지보다 메탄올을 만드는 데 들어가는 에너지가 더 필요하다는 문제점에 더하여 액화천연가스(LNG)를 메탄올로 변환할 경우 이전보다 오히려 탄소배출량이 증가하고, 탄소배출량을 감소시키기 위해서는 태양광과 에너지 저장장치를 활용해 메탄올 제조에 필요한 에너지를 모두 조달해야만 하기 때문이다.

또한 탄소를 포집해 지하에 영구 저장하는 탄소포집 저장방식과 달리, 탄소를 포집해 만든 연료나 제품은 사용 중에 탄소를 다시 배출할 가능성이 있어 이에 대한 논의가 분분한 상황이다.

① 탄소 재활용의 득과 실
② 재생 에너지 메탄올의 다양한 활용
③ 지열발전소에서 탄생한 재활용 원료
④ 탄소 재활용을 통한 미래 원료의 개발
⑤ 미래의 에너지 원료로 주목받는 재활용 원료, 메탄올

27 다음은 A ~ C철도사의 연도별 차량 수 및 승차인원에 대한 자료이다. 이에 대한 설명으로 옳지 않은 것은?

<센 철도사별 차량 수 및 승차인원〉 ... (title below)

〈철도사별 차량 수 및 승차인원〉

구분	2020년			2021년			2022년		
	A	B	C	A	B	C	A	B	C
차량 수(량)	2,751	103	185	2,731	111	185	2,710	113	185
승차인원 (천 명/년)	775,386	26,350	35,650	768,776	24,746	33,130	755,376	23,686	34,179

① C철도사가 운영하는 차량 수는 변동이 없다.
② 3년간 전체 승차인원 중 A철도사 철도를 이용하는 승차인원의 비율이 가장 높다.
③ A ~ C철도사의 철도를 이용하는 연간 전체 승차인원 수는 매년 감소하였다.
④ 3년간 차량 1량당 연간 평균 승차인원 수는 B철도사가 가장 적다.
⑤ C철도사의 차량 1량당 연간 승차인원 수는 200천 명 미만이다.

28 다음은 A ~ H국의 연도별 석유 생산량에 대한 자료이다. 이에 대한 설명으로 옳은 것은?

〈연도별 석유 생산량〉

(단위 : bbl/day)

국가	2018년	2019년	2020년	2021년	2022년
A	10,356,185	10,387,665	10,430,235	10,487,336	10,556,259
B	8,251,052	8,297,702	8,310,856	8,356,337	8,567,173
C	4,102,396	4,123,963	4,137,857	4,156,121	4,025,936
D	5,321,753	5,370,256	5,393,104	5,386,239	5,422,103
E	258,963	273,819	298,351	303,875	335,371
F	2,874,632	2,633,087	2,601,813	2,538,776	2,480,221
G	1,312,561	1,335,089	1,305,176	1,325,182	1,336,597
H	100,731	101,586	102,856	103,756	104,902

① 석유 생산량이 매년 증가한 국가의 수는 6개이다.
② 2018년 대비 2022년에 석유 생산량 증가량이 가장 많은 국가는 A이다.
③ 매년 E국가의 석유 생산량은 H국가 석유 생산량의 3배 미만이다.
④ 연도별 석유 생산량 상위 2개 국가의 생산량 차이는 매년 감소한다.
⑤ 2018년 대비 2022년에 석유 생산량 감소율이 가장 큰 국가는 F이다.

29 A씨는 최근 승진한 공무원 친구에게 선물로 개당 12만 원인 수석을 보내고자 한다. 다음 부정청탁 및 금품 등 수수의 금지에 관한 법률에 따라 선물을 보낼 때, 최대한 많이 보낼 수 있는 수석의 수는?(단, A씨는 공무원인 친구와 직무 연관성이 없는 일반인이며, 선물은 한 번만 보낸다)

> 금품 등의 수수 금지(부정청탁 및 금품 등 수수의 금지에 관한 법률 제8조 제1항)
> 공직자 등은 직무 관련 여부 및 기부·후원·증여 등 그 명목에 관계없이 동일인으로부터 1회에 100만 원 또는 매 회계연도에 300만 원을 초과하는 금품 등을 받거나 요구 또는 약속해서는 아니 된다.

① 7개   ② 8개
③ 9개   ④ 10개
⑤ 11개

30 S대리는 업무 진행을 위해 본사에서 거래처로 외근을 가고자 한다. 본사에서 거래처까지 가는 길이 다음과 같을 때, 본사에서 출발하여 C와 G를 거쳐 거래처로 간다면 S대리의 최소 이동거리는?(단, 어떤 곳을 먼저 가도 무관하다)

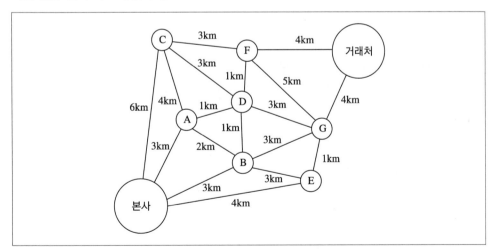

① 8km   ② 9km
③ 13km   ④ 16km
⑤ 18km

31 총무부에 근무하는 A사원은 각 부서에 필요한 사무용품을 조사한 결과, 볼펜 30자루, 수정테이프 8개, 연필 20자루, 지우개 5가가 필요하다고 한다. 다음 〈조건〉에 따라 비품을 구매할 때, 지불할 수 있는 가장 저렴한 금액은?(단, 필요한 비품 수를 초과하여 구매할 수 있고, 지불하는 금액은 배송료를 포함한다)

조건

• 볼펜, 수정테이프, 연필, 지우개의 판매 금액은 다음과 같다(단, 모든 품목은 낱개로 판매한다).

품목	가격(원/1EA)	비고
볼펜	1,000	20자루 이상 구매 시 개당 200원 할인
수정테이프	2,500	10개 이상 구매 시 개당 1,000원 할인
연필	400	12자루 이상 구매 시 연필 전체 가격의 25% 할인
지우개	300	10개 이상 구매 시 개당 100원 할인

• 품목당 할인을 적용한 금액의 합이 3만 원을 초과할 경우, 전체 금액의 10% 할인이 추가로 적용된다.
• 전체 금액의 10% 할인 적용 전 금액이 5만 원 초과 시 배송료는 무료이다.
• 전체 금액의 10% 할인 적용 전 금액이 5만 원 이하 시 배송료 5,000원이 별도로 적용된다.

---

① 51,500원

② 51,350원

③ 46,350원

④ 45,090원

⑤ 42,370원

32 S사는 개발 상품 매출 순이익에 기여한 직원에게 성과급을 지급하고자 한다. 기여도에 따른 성과급 지급 기준과 〈보기〉를 참고하여 성과급을 차등지급할 때, 가장 많은 성과급을 지급받는 직원은? (단, 팀장에게 지급하는 성과급은 기준 금액의 1.2배이다)

<기여도에 따른 성과급 지급 기준>

매출 순이익	개발 기여도			
	1% 이상 5% 미만	5% 이상 10% 미만	10% 이상 20% 미만	20% 이상
1천만 원 미만	–	–	매출 순이익의 1%	매출 순이익의 2%
1천만 원 이상 3천만 원 미만	5만 원	매출 순이익의 1%	매출 순이익의 2%	매출 순이익의 5%
3천만 원 이상 5천만 원 미만	매출 순이익의 1%	매출 순이익의 2%	매출 순이익의 3%	매출 순이익의 5%
5천만 원 이상 1억 원 미만	매출 순이익의 1%	매출 순이익의 3%	매출 순이익의 5%	매출 순이익의 7.5%
1억 원 이상	매출 순이익의 1%	매출 순이익의 3%	매출 순이익의 5%	매출 순이익의 10%

보기

직원	직책	매출 순이익	개발 기여도
A	팀장	4,000만 원	25%
B	팀장	2,500만 원	12%
C	팀원	1억 2,500만 원	3%
D	팀원	7,500만 원	7%
E	팀원	800만 원	6%

① A
② B
③ C
④ D
⑤ E

33 다음은 S시의 학교폭력 상담 및 신고 건수에 대한 자료이다. 이에 대한 설명으로 옳지 않은 것은?

〈학교폭력 상담 및 신고 건수〉

(단위 : 건)

구분	2022년 7월	2022년 8월	2022년 9월	2022년 10월	2022년 11월	2022년 12월
상담	977	805	3,009	2,526	1,007	871
상담 누계	977	1,782	4,791	7,317	8,324	9,195
신고	486	443	1,501	804	506	496
신고 누계	486	929	2,430	3,234	3,740	4,236
구분	2023년 1월	2023년 2월	2023년 3월	2023년 4월	2023년 5월	2023년 6월
상담	( )	( )	4,370	3,620	1,004	905
상담 누계	9,652	10,109	14,479	18,099	19,103	20,008
신고	305	208	2,781	1,183	557	601
신고 누계	4,541	4,749	7,530	( )	( )	( )

① 2023년 1월과 2023년 2월의 학교폭력 상담 건수는 같다.

② 학교폭력 상담 건수와 신고 건수 모두 2023년 3월에 가장 많다.

③ 전월 대비 학교폭력 상담 건수가 가장 크게 감소한 월과 학교폭력 신고 건수가 가장 크게 감소한 월은 다르다.

④ 전월 대비 학교폭력 상담 건수가 증가한 월은 학교폭력 신고 건수도 같이 증가하였다.

⑤ 2023년 6월까지의 학교폭력 신고 누계 건수는 10,000건 이상이다.

34 다음은 5년 동안 발전원별 발전량 추이에 대한 자료이다. 이에 대한 설명으로 옳지 않은 것은?

〈2018 ~ 2022년 발전원별 발전량 추이〉

(단위 : GWh)

발전원	2018년	2019년	2020년	2021년	2022년
원자력	127,004	138,795	140,806	155,360	179,216
석탄	247,670	226,571	221,730	200,165	198,367
가스	135,072	126,789	138,387	144,976	160,787
신재생	36,905	38,774	44,031	47,831	50,356
유류·양수	6,605	6,371	5,872	5,568	5,232
합계	553,256	537,300	550,826	553,900	593,958

① 매년 원자력 자원 발전량과 신재생 자원 발전량의 증감 추이는 같다.

② 석탄 자원 발전량의 전년 대비 감소폭이 가장 큰 해는 2021년이다.

③ 신재생 자원 발전량 대비 가스 자원 발전량이 가장 큰 해는 2018년이다.

④ 매년 유류·양수 자원 발전량은 전체 발전량의 1% 이상을 차지한다.

⑤ 전체 발전량의 전년 대비 증가폭이 가장 큰 해는 2022년이다.

35 다음 중 〈보기〉에 해당하는 문제해결방법이 바르게 연결된 것은?

> **보기**
>
> ⊙ 중립적인 위치에서 그룹이 나아갈 방향과 주제에 대한 공감을 이룰 수 있도록 도와주어 깊이 있는 커뮤니케이션을 통해 문제점을 이해하고 창조적으로 해결하도록 지원하는 방법이다.
> ⓒ 상이한 문화적 토양을 가진 구성원이 사실과 원칙에 근거한 토론을 바탕으로 서로의 생각을 직설적인 논쟁이나 협상을 통해 의견을 조정하는 방법이다.
> ⓒ 구성원이 같은 문화적 토양을 가지고 서로를 이해하는 상황에서 권위나 공감에 의지하여 의견을 중재하고, 타협과 조정을 통해 해결을 도모하는 방법이다.

	⊙	ⓒ	ⓒ
①	하드 어프로치	퍼실리테이션	소프트 어프로치
②	퍼실리테이션	하드 어프로치	소프트 어프로치
③	소프트 어프로치	하드 어프로치	퍼실리테이션
④	퍼실리테이션	소프트 어프로치	하드 어프로치
⑤	하드 어프로치	소프트 어프로치	퍼실리테이션

36 A ~ G 7명은 주말 여행지를 고르기 위해 투표를 진행하였다. 다음 〈조건〉과 같이 투표를 진행하였을 때, 투표를 하지 않은 사람을 모두 고르면?

> **조건**
>
> • D나 G 중 적어도 한 명이 투표하지 않으면, F는 투표한다.
> • F가 투표하면, E는 투표하지 않는다.
> • B나 E 중 적어도 한 명이 투표하지 않으면, A는 투표하지 않는다.
> • A를 포함하여 투표한 사람은 모두 5명이다.

① B, E   ② B, F

③ C, D   ④ C, F

⑤ F, G

37 다음과 같이 G마트에서 파는 물건을 상품코드와 크기에 따라 엑셀 프로그램으로 정리하였다. 상품코드가 S3310897이고, 크기가 '중'인 물건의 가격을 구하는 함수로 옳은 것은?

◢	A	B	C	D	E	F
1						
2		상품코드	소	중	대	
3		S3001287	18,000	20,000	25,000	
4		S3001289	15,000	18,000	20,000	
5		S3001320	20,000	22,000	25,000	
6		S3310887	12,000	16,000	20,000	
7		S3310897	20,000	23,000	25,000	
8		S3311097	10,000	15,000	20,000	
9						

① $=$ HLOOKUP(S3310897,$B$2:$E$8,6,0)

② $=$ HLOOKUP("S3310897",$B$2:$E$8,6,0)

③ $=$ VLOOKUP("S3310897",$B$2:$E$8,2,0)

④ $=$ VLOOKUP("S3310897",$B$2:$E$8,6,0)

⑤ $=$ VLOOKUP("S3310897",$B$2:$E$8,3,0)

38 다음 중 Windows Game Bar 녹화 기능에 대한 설명으로 옳지 않은 것은?

① 〈Windows 로고 키〉+〈Alt〉+〈G〉를 통해 백그라운드 녹화 기능을 사용할 수 있다.

② 백그라운드 녹화 시간은 변경할 수 있다.

③ 녹화한 영상의 저장 위치는 변경할 수 없다.

④ 각 메뉴의 단축키는 본인이 원하는 키 조합에 맞추어 변경할 수 있다.

⑤ 게임 성능에 영향을 줄 수 있다.

우리나라에서 500MW 규모 이상의 발전설비를 보유한 발전사업자(공급의무자)는 신재생에너지 공급의무화 제도(RPS; Renewable Portfolio Standard)에 의해 의무적으로 일정 비율 이상을 기존의 화석연료를 변환시켜 이용하거나 햇빛·물·지열·강수·생물유기체 등 재생 가능한 에너지를 변환시켜 이용하는 에너지인 신재생에너지로 발전해야 한다. 이에 따라 공급의무자는 매년 정해진 의무공급비율에 따라 신재생에너지를 사용하여 전기를 공급해야 하는데 의무공급비율은 매년 확대되고 있으므로 여기에 맞춰 태양광, 풍력 등 신재생에너지 발전설비를 추가로 건설하기에는 여러 가지 한계점이 있다. ___㉠___ 공급의무자는 의무공급비율을 외부 조달을 통해 충당하게 되는데 이를 인증하는 것이 신재생에너지 공급인증서(REC; Renewable Energy Certificates)이다. 공급의무자는 신재생에너지 발전사에서 판매하는 REC를 구매하는 것으로 의무공급비율을 달성하게 되며, 이를 이행하지 못할 경우 미이행 의무량만큼 해당 연도 평균 REC 거래가격의 1.5배 이내에서 과징금이 부과된다.

신재생에너지 공급자가 공급의무자에게 REC를 판매하기 위해서는 먼저 「신에너지 및 재생에너지 개발·이용·보급 촉진법(신재생에너지법)」 제12조의7에 따라 공급인증기관(에너지관리공단 신재생에너지센터, 한국전력거래소 등)으로부터 공급 사실을 증명하는 공급인증서를 신청해야 한다. 인증 신청을 받은 공급인증기관은 신재생에너지 공급자, 신재생에너지 종류별 공급량 및 공급기간, 인증서 유효기간을 명시한 공급인증서를 발급해 주는데, 여기서 공급인증서의 유효기간은 발급받은 날로부터 3년이며, 공급량은 발전방식에 따라 실제 공급량에 가중치를 곱해 표기한다. 이렇게 발급받은 REC는 공급인증기관이 개설한 거래시장인 한국전력거래소에서 거래할 수 있으며, 거래시장에서 공급의무자가 구매하여 의무공급량에 충당한 공급인증서는 효력을 상실하여 폐기하게 된다.

RPS 제도를 통한 REC 거래는 최근 더욱 확대되고 있다. 시행 초기에는 전력거래소에서 신재생에너지 공급자와 공급의무자 간 REC를 거래하였으나, 2021년 8월 이후 에너지관리공단에서 운영하는 REC 거래시장을 통해 한국형 RE100에 동참하는 일반기업들도 신재생에너지 공급자로부터 REC를 구매할 수 있게 되었고 여기서 구매한 REC는 기업의 온실가스 감축실적으로 인정되어 인센티브 등 다양한 혜택을 받을 수 있게 된다.

┃ 한국남동발전 / 의사소통능력

39 다음 중 윗글의 내용으로 적절하지 않은 것은?

① 공급의무자는 의무공급비율 달성을 위해 반드시 신재생에너지 발전설비를 건설해야 한다.

② REC 거래를 위해서는 먼저 공급인증기관으로부터 인증서를 받아야 한다.

③ 일반기업도 REC 구매를 통해 온실가스 감축실적을 인정받을 수 있다.

④ REC에 명시된 공급량은 실제 공급량과 다를 수 있다.

40 다음 중 빈칸 ㉠에 들어갈 접속부사로 가장 적절한 것은?

① 한편   ② 그러나

③ 그러므로   ④ 예컨대

41 다음 자료를 토대로 신재생에너지법상 바르게 거래된 것은?

<table>
<tr><td colspan="5" align="center">〈REC 거래내역〉</td></tr>
<tr><td colspan="5" align="right">(거래일 : 2023년 10월 12일)</td></tr>
<tr><th>설비명</th><th>에너지원</th><th>인증서 발급일</th><th>판매처</th><th>거래시장 운영소</th></tr>
<tr><td>A발전소</td><td>풍력</td><td>2020.10.06</td><td>E기업</td><td>에너지관리공단</td></tr>
<tr><td>B발전소</td><td>천연가스</td><td>2022.10.12</td><td>F발전</td><td>한국전력거래소</td></tr>
<tr><td>C발전소</td><td>태양광</td><td>2020.10.24</td><td>G발전</td><td>한국전력거래소</td></tr>
<tr><td>D발전소</td><td>수력</td><td>2021.04.20</td><td>H기업</td><td>한국전력거래소</td></tr>
</table>

① A발전소   ② B발전소

③ C발전소   ④ D발전소

N전력공사가 밝힌 에너지 공급비중을 살펴보면 2022년 우리나라의 발전비중 중 가장 높은 것은 석탄 (32.51%)이고, 두 번째는 액화천연가스(27.52%) 즉 LNG 발전이다. LNG의 경우 석탄에 비해 탄소 배출량이 적어 화석연료와 신재생에너지의 전환단계인 교량 에너지로서 최근 크게 비중이 늘었지만, 여전히 많은 양의 탄소를 배출한다는 문제점이 있다. 지구 온난화 완화를 위해 어떻게든 탄소 배출량을 줄여야 하는 상황에서 이에 대한 현실적인 대안으로 수소혼소 발전이 주목받고 있다. _____ (가)

수소혼소 발전이란 기존의 화석연료인 LNG와 친환경에너지인 수소를 혼합 연소하여 발전하는 방식이다. 수소는 지구에서 9번째로 풍부하여 고갈될 염려가 없고, 연소 시 탄소를 배출하지 않는 친환경에너지이다. 발열량 또한 1kg당 142MJ로, 다른 에너지원에 비해 월등이 높아 같은 양으로 훨씬 많은 에너지를 생산할 수 있다. _____ (나)

그러나 수소를 발전 연료로서 그대로 사용하기에는 여러 가지 문제점이 있다. 수소는 LNG에 비해 7 ~ 8배 빠르게 연소되므로 제어에 실패하면 가스 터빈에서 급격하게 발생한 화염이 역화하여 폭발할 가능성이 있다. 또한 높은 온도로 연소되므로 그만큼 공기 중의 질소와 반응하여 많은 질소산화물(NOx)을 발생시키는데, 이는 미세먼지와 함께 대기오염의 주요 원인이 된다. 마지막으로 연료로 사용할 만큼 정제된 수소를 얻기 위해서는 물을 전기분해해야 하는데, 여기에는 많은 전력이 들어가므로 수소 생산 단가가 높아진다는 단점이 있다. _____ (다)

이러한 수소의 문제점을 해결하기 위한 대안이 바로 수소혼소 발전이다. 인프라적인 측면에서 기존의 LNG 발전설비를 활용할 수 있기 때문에 수소혼소 발전은 친환경에너지로 전환하는 사회적·경제적 충격을 완화할 수 있다. 또한 수소를 혼입하는 비율이 많아질수록 그만큼 LNG를 대체하게 되므로 기술발전으로 인해 혼입하는 수소의 비중이 높아질수록 발전으로 인한 탄소의 발생을 줄일 수 있다. 아직 많은 기술적·경제적 문제점이 남아있지만, 세계의 많은 나라들은 탄소 배출량 저감을 위해 수소혼소 발전 기술에 적극적으로 뛰어들고 있다. 우리나라 또한 2024년 세종시에 수소혼소 발전이 가능한 열병합발전소가 들어설 예정이며, 한화, 포스코 등 많은 기업들이 수소혼소 발전 실현을 위해 사업을 추진하고 있다. _____ (라)

| 한국남동발전 / 의사소통능력

42 다음 중 윗글의 내용으로 적절하지 않은 것은?

① 수소혼소 발전은 기존 LNG 발전설비를 활용할 수 있다.
② 수소를 연소할 때에도 공해물질은 발생한다.
③ 수소혼소 발전은 탄소를 배출하지 않는 발전 기술이다.
④ 수소혼소 발전에서 수소를 더 많이 혼입할수록 탄소 배출량은 줄어든다.

| 한국남동발전 / 의사소통능력

43 다음 중 〈보기〉의 문장이 들어갈 위치로 가장 적절한 곳은?

> **보기**
> 따라서 수소는 우리나라의 2050 탄소중립을 실현하기 위한 최적의 에너지원이라 할 수 있다.

① (가)   ② (나)
③ (다)   ④ (라)

44 다음은 N사의 비품 구매 신청 기준이다. 부서별로 비품 수량 현황과 기준을 참고하여 비품을 신청해야 할 때, 비품 신청 수량이 바르게 연결되지 않은 부서는?

〈비품 구매 신청 기준〉

비품	연필	지우개	볼펜	수정액	테이프
최소 수량	30자루	45개	60자루	30개	20개

• 팀별 비품 보유 수량이 비품 구매 신청 기준 이하일 때, 해당 비품을 신청할 수 있다.
• 각 비품의 신청 가능한 개수는 최소 수량에서 부족한 수량 이상 최소 보유 수량의 2배 이하이다.
예 연필 20자루, 지우개 50개, 볼펜 50자루, 수정액 40개, 테이프 30개가 있다면 지우개, 수정액, 테이프는 신청할 수 없고, 연필은 10자루 이상 60자루 이하, 볼펜은 10자루 이상 120자루 이하를 신청할 수 있다.

〈N사 부서별 비품 수량 현황〉

팀＼비품	연필	지우개	볼펜	수정액	테이프
총무팀	15자루	30개	20자루	15개	40개
연구개발팀	45자루	60개	50자루	20개	30개
마케팅홍보팀	40자루	40개	15자루	5개	10개
인사팀	25자루	50개	80자루	50개	5개

	팀	연필	지우개	볼펜	수정액	테이프
①	총무팀	15자루	15개	40자루	15개	0개
②	연구개발팀	0자루	0개	100자루	20개	0개
③	마케팅홍보팀	20자루	10개	50자루	50개	40개
④	인사팀	45자루	0개	0자루	0개	30개

※ 다음은 N사 인근의 지하철 노선도 및 관련 정보이다. 이어지는 질문에 답하시오. **[45~47]**

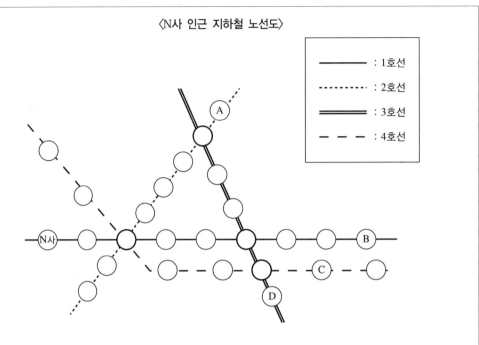

〈N사 인근 지하철 노선도〉

- : 1호선
- : 2호선
- : 3호선
- : 4호선

〈N사 인근 지하철 관련 정보〉

• 역 간 거리 및 부과요금은 다음과 같다.

지하철 노선	역 간 거리	기본요금	거리비례 추가요금
1호선	900m	1,200원	5km 초과 시 500m마다 50원 추가
2호선	950m	1,500원	5km 초과 시 1km마다 100원 추가
3호선	1,000m	1,800원	5km 초과 시 500m마다 100원 추가
4호선	1,300m	2,000원	5km 초과 시 1.5km마다 150원 추가

• 모든 노선에서 다음 역으로 이동하는 데 걸리는 시간은 2분이다.
• 모든 노선에서 환승하는 데 걸리는 시간은 3분이다.
• 기본요금이 더 비싼 열차로 환승할 때에는 부족한 기본요금을 추가로 부과하며, 기본요금이 더 저렴한 열차로 환승할 때에는 요금을 추가로 부과하거나 공제하지 않는다.
• 1회 이상 환승할 때의 거리비례 추가요금은 이용한 열차 중 기본요금이 가장 비싼 열차를 기준으로 적용한다.
  예 1호선으로 3,600m 이동 후 3호선으로 환승하여 3,000m 더 이동했다면, 기본요금 및 거리비례 추가요금은 3호선 기준이 적용되어 1,800+300=2,100원이다.

45 다음 중 N사와 A지점을 왕복하는 데 걸리는 최소 이동시간은?

① 28분

② 34분

③ 40분

④ 46분

46 다음 중 N사로부터 이동거리가 가장 짧은 지점은?

① A지점

② B지점

③ C지점

④ D지점

47 다음 중 N사에서 이동하는 데 드는 비용이 가장 적은 지점은?

① A지점

② B지점

③ C지점

④ D지점

※ 다음 글을 읽고 이어지는 질문에 답하시오. [48~50]

SF 영화나 드라마에서만 나오던 3D 푸드 프린터를 통해 음식을 인쇄하여 소비하는 모습은 더 이상 먼 미래의 모습이 아니게 되었다. 2023년 3월 21일 미국의 컬럼비아 대학교에서는 3D 푸드 프린터와 땅콩버터, 누텔라, 딸기잼 등 7가지의 반죽형 식용 카트리지로 7겹 치즈케이크를 만들었다고 국제학술지 'NPJ 식품과학'에 소개하였다. (가) 특히 이 치즈케이크는 베이킹 기능이 있는 레이저와 식물성 원료를 사용한 비건식 식용 카트리지를 통해 만들어졌다. ㉠ 그래서 이번 발표는 대체육과 같은 다른 관련 산업에서도 많은 주목을 받게 되었다.

3D 푸드 프린터는 산업 현장에서 사용되는 일반적인 3D 프린터가 사용자가 원하는 대로 3차원의 물체를 만드는 것처럼 사람이 섭취가 가능한 페이스트, 반죽, 분말 등을 카트리지로 사용하여 사용자가 원하는 디자인으로 압출·성형하여 음식을 만들어 내는 것이다. (나) 현재 3D 푸드 프린터는 산업용 3D 프린터처럼 페이스트를 층층이 쌓아서 만드는 FDM(Fused Deposition Modeling) 방식, 분말형태로 된 재료를 접착제로 굳혀 찍어내는 PBF(Powder Bed Fusion), 레이저로 굳혀 찍어내는 SLS(Selective Laser Sintering) 방식이 주로 사용된다.

(다) 3D 푸드 프린터는 아직 대중화되지 않았지만, 많은 장점을 가지고 있어 미래에 활용가치가 아주 높을 것으로 예상되고 있다. ㉡ 예를 들어 증가하는 노령인구에 맞춰 쉽고 삼키는 것이 어려운 사람을 위해 질감과 맛을 조정하거나, 개인별로 필요한 영양소를 첨가하는 등 사용자의 건강관리를 수월하게 해 준다. ㉢ 또한 우주 등 음식을 조리하기 어려운 곳에서 평소 먹던 음식을 섭취할 수 있게 하는 등 활용도는 무궁무진하다. 특히 대체육 부분에서 주목받고 있는데, 3D 푸드 프린터로 육류를 제작하게 된다면 동물을 키우고 도살하여 고기를 얻는 것보다 환경오염을 줄일 수 있다. (라) 대체육은 식물성 원료를 소재로 하는 것이므로 일반적인 고기보다는 맛은 떨어지게 된다. 실제로 대체육 전문 기업인 리디파인 미트(Redefine Meat)에서는 대체육이 축산업에서 발생하는 일반 고기보다 환경오염을 95% 줄일 수 있다고 밝히고 있다.

㉣ 따라서 3D 푸드 프린터는 개발 초기 단계이므로 아직 개선해야 할 점이 많다. 가장 중요한 것은 맛이다. 3D 푸드 프린터에 들어가는 식용 카트리지의 주원료는 식물성 재료이므로 실제 음식의 맛을 내기까지는 아직 많은 노력이 필요하다. (마) 디자인의 영역도 간과할 수 없는데, 길쭉한 필라멘트(3D 프린터에 사용되는 플라스틱 줄) 모양으로 성형된 음식이 '인쇄'라는 인식과 함께 음식을 섭취하는 데 심리적인 거부감을 주는 것도 해결해야 하는 문제이다. ㉤ 게다가 현재 주로 사용하는 방식은 페이스트, 분말을 레이저나 압출로 성형하는 것이므로 만들 수 있는 요리의 종류가 매우 제한적이며, 전력 소모 또한 많다는 것도 해결해야 하는 문제이다.

48 윗글의 내용에 대한 추론으로 적절하지 않은 것은?

① 설탕케이크 장식 제작은 SLS 방식의 3D 푸드 프린터가 적절하다.

② 3D 푸드 프린터는 식감 등으로 발생하는 편식을 줄일 수 있다.

③ 3D 푸드 프린터는 사용자 맞춤 식단을 제공할 수 있다.

④ 현재 3D 푸드 프린터로 제작된 음식은 거부감을 일으킬 수 있다.

⑤ 컬럼비아 대학교에서 만들어 낸 치즈케이크는 PBF 방식으로 제작되었다.

49 윗글의 (가) ~ (마) 중 삭제해야 할 문장으로 가장 적절한 것은?

① (가) ② (나)

③ (다) ④ (라)

⑤ (마)

50 윗글의 접속부사 ㉠ ~ ㉤ 중 문맥상 적절하지 않은 것은?

① ㉠ ② ㉡

③ ㉢ ④ ㉣

⑤ ㉤

02 | 2023년 주요 공기업
전공 기출복원문제

정답 및 해설 p.016

01 경영

| 코레일 한국철도공사

01 다음 중 고전적 경영이론에 대한 설명으로 옳지 않은 것은?

① 고전적 경영이론은 인간의 행동이 합리적이고 경제적인 동기에 의해 이루어진다고 가정한다.

② 차별 성과급제, 기능식 직장제도는 테일러의 과학적 관리법을 기본이론으로 한다.

③ 포드의 컨베이어 벨트 시스템은 표준화를 통한 대량생산방식을 설명한다.

④ 베버는 조직을 합리적이고 법적인 권한으로 운영하는 관료제 조직이 가장 합리적이라고 주장한다.

⑤ 페이욜은 기업활동을 기술활동, 영업활동, 재무활동, 회계활동 4가지 분야로 구분하였다.

| 코레일 한국철도공사

02 다음 중 광고의 소구 방법에 대한 설명으로 옳지 않은 것은?

① 감성적 소구는 브랜드에 대한 긍정적 느낌 등 이미지 향상을 목표로 하는 방법이다.

② 감성적 소구는 논리적인 자료 제시를 통해 높은 제품 이해도를 이끌어 낼 수 있다.

③ 유머 소구, 공포 소구 등이 감성적 소구 방법에 해당한다.

④ 이성적 소구는 정보제공형 광고에 사용하는 방법이다.

⑤ 이성적 소구는 구매 시 위험이 따르는 내구재나 신제품 등에 많이 활용된다.

03 다음 중 마이클 포터의 가치사슬에 대한 설명으로 옳지 않은 것은?

① 가치사슬은 거시경제학을 기반으로 하는 분석 도구이다.

② 기업의 수행활동을 제품설계, 생산, 마케팅, 유통 등 개별적 활동으로 나눈다.

③ 구매, 제조, 물류, 판매, 서비스 등을 기업의 본원적 활동으로 정의한다.

④ 기술개발, 조달활동 등을 기업의 지원적 활동으로 정의한다.

⑤ 가치사슬에서 말하는 이윤은 수입에서 가치창출을 위해 발생한 모든 비용을 제외한 값이다.

04 다음 〈보기〉 중 JIT시스템의 장점으로 옳지 않은 것을 모두 고르면?

> **보기**
>
> ㉠ 현장 낭비 제거를 통한 생산성 향상
> ㉡ 다기능공 활용을 통한 작업자 노동부담 경감
> ㉢ 소 LOT 생산을 통한 재고율 감소
> ㉣ 단일 생산을 통한 설비 이용률 향상

① ㉠, ㉡   ② ㉠, ㉢

③ ㉡, ㉢   ④ ㉡, ㉣

⑤ ㉢, ㉣

05 다음 중 주식회사의 특징으로 옳지 않은 것은?

① 구성원인 주주와 별개의 법인격이 부여된다.

② 주주는 회사에 대한 주식의 인수가액을 한도로 출자의무를 부담한다.

③ 주주는 자신이 보유한 지분을 자유롭게 양도할 수 있다.

④ 설립 시 발기인은 최소 2인 이상을 필요로 한다.

⑤ 소유와 경영을 분리하여 이사회로 경영권을 위임한다.

06 다음 중 주식 관련 상품에 대한 설명으로 옳지 않은 것은?

① ELS : 주가지수 또는 종목의 주가 움직임에 따라 수익률이 결정되며, 만기가 없는 증권이다.

② ELB : 채권, 양도성 예금증서 등 안전자산에 주로 투자하며, 원리금이 보장된다.

③ ELD : 수익률이 코스피200지수에 연동되는 예금으로, 주로 정기예금 형태로 판매한다.

④ ELT : ELS를 특정금전신탁 계좌에 편입하는 신탁상품으로, 투자자의 의사에 따라 운영한다.

⑤ ELF : ELS와 ELD의 중간 형태로, ELS를 기초 자산으로 하는 펀드를 말한다.

07 다음 중 인사와 관련된 이론에 대한 설명으로 옳지 않은 것은?

① 허즈버그는 욕구를 동기요인과 위생요인으로 나누었으며, 동기요인에는 인정감, 성취, 성장 가능성, 승진, 책임감, 직무 자체가 해당되고, 위생요인에는 보수, 대인관계, 감독, 직무안정성, 근무환경, 회사의 정책 및 관리가 해당된다.

② 블룸은 동기 부여에 대해 기대 이론을 적용하여 기대감, 적합성, 신뢰성을 통해 구성원의 직무에 대한 동기 부여를 결정한다고 주장하였다.

③ 매슬로는 욕구의 위계를 생리적 욕구, 안전의 욕구, 애정과 공감의 욕구, 존경의 욕구, 자아실현의 욕구로 나누어 단계별로 욕구가 작용한다고 설명하였다.

④ 맥그리거는 인간의 본성에 대해 부정적인 관점인 X이론과 긍정적인 관점인 Y이론이 있으며, 경영자는 조직목표 달성을 위해 근로자의 본성(X, Y)을 파악해야 한다고 주장하였다.

⑤ 로크는 인간이 합리적으로 행동한다는 가정하에 개인이 의식적으로 얻으려고 설정한 목표가 동기와 행동에 영향을 미친다고 주장하였다.

08 다음 글에 해당하는 마케팅 STP 단계는 무엇인가?

> • 서로 다른 욕구를 가지고 있는 다양한 고객들을 하나의 동질적인 고객집단으로 나눈다.
> • 인구, 지역, 사회, 심리 등을 기준으로 활용한다.
> • 전체시장을 동질적인 몇 개의 하위시장으로 구분하여 시장별로 차별화된 마케팅을 실행한다.

① 시장세분화 　　　　　　　　　② 시장매력도 평가

③ 표적시장 선정 　　　　　　　　④ 포지셔닝

⑤ 재포지셔닝

09 다음 K기업 재무회계 자료를 참고할 때, 기초부채를 계산하면 얼마인가?

> • 기초자산 : 100억 원
> • 기말자본 : 65억 원
> • 총수익 : 35억 원
> • 총비용 : 20억 원

① 35억 원   ② 40억 원
③ 50억 원   ④ 60억 원

10 다음 중 ERG 이론에 대한 설명으로 옳지 않은 것은?

① 매슬로의 욕구 5단계설을 발전시켜 주장한 이론이다.
② 인간의 욕구를 중요도 순으로 계층화하여 정의하였다.
③ 인간의 욕구를 존재욕구, 관계욕구, 성장욕구의 3단계로 나누었다.
④ 상위에 있는 욕구를 충족시키지 못하면 하위에 있는 욕구는 더욱 크게 감소한다.

11 다음 중 기업이 사업 다각화를 추진하는 목적으로 볼 수 없는 것은?

① 기업의 지속적인 성장 추구
② 사업위험 분산
③ 유휴자원의 활용
④ 기업의 수익성 강화

12 다음 중 종단분석과 횡단분석의 비교가 옳지 않은 것은?

구분	종단분석	횡단분석
방법	시간적	공간적
목표	특성이나 현상의 변화	집단의 특성 또는 차이
표본 규모	큼	작음
횟수	반복	1회

① 방법
② 목표
③ 표본 규모
④ 횟수

13 다음 중 향후 채권이자율이 시장이자율보다 높아질 것으로 예상될 때 나타날 수 있는 현상으로 옳은 것은?

① 별도의 이자 지급 없이 채권발행 시 이자금액을 공제하는 방식을 선호하게 된다.
② 1년 만기 은행채, 장기신용채 등의 발행이 늘어난다.
③ 만기에 가까워질수록 채권가격 상승에 따른 이익을 얻을 수 있다.
④ 채권가격이 액면가보다 높은 가격에 거래되는 할증채 발행이 증가한다.

14 다음 중 BCG 매트릭스에 대한 설명으로 옳은 것은?

① 스타(Star) 사업 : 높은 시장점유율로 현금창출은 양호하나, 성장 가능성은 낮은 사업이다.
② 현금젖소(Cash Cow) 사업 : 성장률과 시장점유율이 모두 낮아 철수가 필요한 사업이다.
③ 개(Dog) 사업 : 성장률과 시장점유율이 모두 높아서 계속 투자가 필요한 유망 사업이다.
④ 물음표(Question Mark) 사업 : 신규 사업 또는 현재 시장점유율은 낮으나, 향후 성장 가능성이 높은 사업이다.

15 다음 중 테일러의 과학적 관리법의 특징에 대한 설명으로 옳지 않은 것은?

① 작업능률을 최대로 높이기 위하여 노동의 표준량을 정한다.
② 작업에 사용하는 도구 등을 개별 용도에 따라 다양하게 제작하여 성과를 높인다.
③ 작업량에 따라 임금을 차등하여 지급한다.
④ 관리에 대한 전문화를 통해 노동자의 태업을 사전에 방지한다.

02 경제

┃ 서울교통공사

01 다음 중 수요의 가격탄력성에 대한 설명으로 옳지 않은 것은?

① 수요의 가격탄력성은 가격의 변화에 따른 수요의 변화를 의미한다.

② 분모는 상품 가격의 변화량을 상품 가격으로 나눈 값이다.

③ 대체재가 많을수록 수요의 가격탄력성은 탄력적이다.

④ 가격이 1% 상승할 때 수요가 2% 감소하였으면 수요의 가격탄력성은 2이다.

⑤ 가격탄력성이 0보다 크면 탄력적이라고 할 수 있다.

┃ 서울교통공사

02 다음 중 대표적인 물가지수인 GDP 디플레이터를 구하는 계산식으로 옳은 것은?

① (실질 GDP)÷(명목 GDP)×100

② (명목 GDP)÷(실질 GDP)×100

③ (실질 GDP)+(명목 GDP)÷2

④ (명목 GDP)−(실질 GDP)÷2

⑤ (실질 GDP)÷(명목 GDP)×2

┃ 서울교통공사

03 다음 〈조건〉을 참고할 때, 한계소비성향(MPC) 변화에 따른 현재 소비자들의 소비 변화폭은?

> **조건**
> • 기존 소비자들의 연간 소득은 3,000만 원이며, 한계소비성향은 0.6을 나타내었다.
> • 현재 소비자들의 연간 소득은 4,000만 원이며, 한계소비성향은 0.7을 나타내었다.

① 700

② 1,100

③ 1,800

④ 2,500

⑤ 3,700

04 다음 글의 빈칸에 들어갈 단어가 바르게 나열된 것은?

> • 환율이 ___㉠___ 하면 순수출이 증가한다.
> • 국내이자율이 높아지면 환율은 ___㉡___ 한다.
> • 국내물가가 오르면 환율은 ___㉢___ 한다.

	㉠	㉡	㉢
①	하락	상승	하락
②	하락	상승	상승
③	하락	하락	하락
④	상승	하락	상승
⑤	상승	하락	하락

05 다음 중 독점적 경쟁시장에 대한 설명으로 옳지 않은 것은?

① 독점적 경쟁시장은 완전경쟁시장과 독점시장의 중간 형태이다.
② 대체성이 높은 제품의 공급자가 시장에 다수 존재한다.
③ 시장진입과 퇴출이 자유롭다.
④ 독점적 경쟁기업의 수요곡선은 우하향하는 형태를 나타낸다.
⑤ 가격경쟁이 비가격경쟁보다 활발히 진행된다.

06 다음 중 고전학파와 케인스학파에 대한 설명으로 옳지 않은 것은?

① 케인스학파는 경기가 침체할 경우, 정부의 적극적 개입이 바람직하지 않다고 주장하였다.
② 고전학파는 임금이 매우 신축적이어서 노동시장이 항상 균형상태에 이르게 된다고 주장하였다.
③ 케인스학파는 저축과 투자가 국민총생산의 변화를 통해 같아지게 된다고 주장하였다.
④ 고전학파는 실물경제와 화폐를 분리하여 설명한다.
⑤ 케인스학파는 단기적으로 화폐의 중립성이 성립하지 않는다고 주장하였다.

07 다음 사례에서 나타나는 현상으로 옳은 것은?

> • 물은 사용 가치가 크지만 교환 가치가 작은 반면, 다이아몬드는 사용 가치가 작지만 교환 가치는 크게 나타난다.
> • 한계효용이 작을수록 교환 가치가 작으며, 한계효용이 클수록 교환 가치가 크다.

① 매몰비용의 오류
② 감각적 소비
③ 보이지 않는 손
④ 가치의 역설
⑤ 희소성

08 다음 자료를 참고하여 실업률을 구하면 얼마인가?

> • 생산가능인구 : 50,000명
> • 취업자 : 20,000명
> • 실업자 : 5,000명

① 10%
② 15%
③ 20%
④ 25%
⑤ 30%

09 J기업이 다음 〈조건〉과 같이 생산량을 늘린다고 할 때, 한계비용은 얼마인가?

> **조건**
> • J기업의 제품 1단위당 노동가격은 4, 자본가격은 6이다.
> • J기업은 제품 생산량을 50개에서 100개로 늘리려고 한다.
> • 평균비용 $P=2L+K+\dfrac{100}{Q}$ (L : 노동가격, K : 자본가격, Q : 생산량)

① 10
② 12
③ 14
④ 16

10 다음은 A국과 B국이 노트북 1대와 TV 1대를 생산하는 데 필요한 작업 시간을 나타낸 자료이다. A국과 B국의 비교우위에 대한 설명으로 옳은 것은?

구분	노트북	TV
A국	6시간	8시간
B국	10시간	8시간

① A국이 노트북, TV 생산 모두 비교우위에 있다.
② B국이 노트북, TV 생산 모두 비교우위에 있다.
③ A국은 노트북 생산, B국은 TV 생산에 비교우위가 있다.
④ A국은 TV 생산, B국은 노트북 생산에 비교우위가 있다.

11 다음 중 다이내믹 프라이싱에 대한 설명으로 옳지 않은 것은?

① 동일한 제품과 서비스에 대한 가격을 시장 상황에 따라 변화시켜 적용하는 전략이다.
② 호텔, 항공 등의 가격을 성수기 때 인상하고, 비수기 때 인하하는 것이 대표적인 예이다.
③ 기업은 소비자별 맞춤형 가격을 통해 수익을 극대화할 수 있다.
④ 소비자 후생이 증가해 소비자의 만족도가 높아진다.

12 다음 〈보기〉 중 빅맥 지수에 대한 설명으로 옳은 것을 모두 고르면?

> **보기**
> ㉠ 빅맥 지수를 최초로 고안한 나라는 미국이다.
> ㉡ 각 나라의 물가수준을 비교하기 위해 고안된 지수로, 구매력 평가설을 근거로 한다.
> ㉢ 맥도날드 빅맥 가격을 기준으로 한 이유는 전 세계에서 가장 동질적으로 판매되고 있는 상품이기 때문이다.
> ㉣ 빅맥 지수를 구할 때 빅맥 가격은 제품 가격과 서비스 가격의 합으로 계산한다.

① ㉠, ㉡
② ㉠, ㉢
③ ㉡, ㉢
④ ㉡, ㉣

13 다음 중 확장적 통화정책의 영향으로 옳은 것은?

① 건강보험료가 인상되어 정부의 세금 수입이 늘어난다.

② 이자율이 하락하고, 소비 및 투자가 감소한다.

③ 이자율이 상승하고, 환율이 하락한다.

④ 은행이 채무불이행 위험을 줄이기 위해 더 높은 이자율과 담보 비율을 요구한다.

14 다음 중 노동의 수요공급곡선에 대한 설명으로 옳지 않은 것은?

① 노동 수요는 파생수요라는 점에서 재화시장의 수요와 차이가 있다.

② 상품 가격이 상승하면 노동 수요곡선은 오른쪽으로 이동한다.

③ 토지, 설비 등이 부족하면 노동 수요곡선은 오른쪽으로 이동한다.

④ 노동에 대한 인식이 긍정적으로 변화하면 노동 공급곡선은 오른쪽으로 이동한다.

15 다음 〈조건〉에 따라 S씨가 할 수 있는 최선의 선택은?

> **조건**
> • S씨는 퇴근 후 운동을 할 계획으로 헬스, 수영, 자전거, 달리기 중 하나를 고르려고 한다.
> • 각 운동이 주는 만족도(이득)는 헬스 5만 원, 수영 7만 원, 자전거 8만 원, 달리기 4만 원이다.
> • 각 운동에 소요되는 비용은 헬스 3만 원, 수영 2만 원, 자전거 5만 원, 달리기 3만 원이다.

① 헬스   ② 수영

③ 자전거   ④ 달리기

아이들이 답이 있는 질문을 하기 시작하면 그들이 성장하고 있음을 알 수 있다.

- 존 J. 플롬프 -

PART 1

합격의 공식 SD에듀 www.sdedu.co.kr

직업기초능력

의사소통능력

합격 Cheat Key

의사소통능력은 평가하지 않는 공사·공단이 없을 만큼 필기시험에서 중요도가 높은 영역으로, 세부 유형은 문서 이해, 문서 작성, 의사 표현, 경청, 기초 외국어로 나눌 수 있다. 문서 이해·문서 작성과 같은 지문에 대한 주제 찾기, 내용 일치 문제의 출제 비중이 높으며, 문서의 특성을 파악하는 문제도 출제되고 있다.

1 문제에서 요구하는 바를 먼저 파악하라!

의사소통능력에서 가장 중요한 것은 제한된 시간 안에 빠르고 정확하게 답을 찾아내는 것이다. 의사소통능력에서는 지문이 아니라 문제가 주인공이므로 지문을 보기 전에 문제를 먼저 파악해야 하며, 문제에 따라 전략적으로 빠르게 풀어내는 연습을 해야 한다.

2 잠재되어 있는 언어 능력을 발휘하라!

세상에 글은 많고 우리가 학습할 수 있는 시간은 한정적이다. 이를 극복할 수 있는 방법은 다양한 글을 접하는 것이다. 실제 시험장에서 어떤 내용의 지문이 나올지 아무도 예측할 수 없으므로 평소에 신문, 소설, 보고서 등 여러 글을 접하는 것이 필요하다.

3 상황을 가정하라!

업무 수행에 있어 상황에 따른 언어 표현은 중요하다. 같은 말이라도 상황에 따라 다르게 해석될 수 있기 때문이다. 그런 의미에서 자신의 의견을 효과적으로 전달할 수 있는 능력을 평가하는 것이다. 업무를 수행하면서 발생할 수 있는 여러 상황을 가정하고 그에 따른 올바른 언어표현을 정리하는 것이 필요하다.

4 말하는 이의 입장에서 생각하라!

잘 듣는 것 또한 하나의 능력이다. 상대방의 이야기에 귀 기울이고 공감하는 태도는 업무를 수행하는 관계 속에서 필요한 요소이다. 그런 의미에서 다양한 상황에서 듣는 능력을 평가하는 것이다. 말하는 이가 요구하는 듣는 이의 태도를 파악하고, 이에 따른 판단을 할 수 있도록 언제나 말하는 사람의 입장이 되는 연습이 필요하다.

01 | 문서 내용 이해

| 유형분석 |

- 주어진 지문을 읽고 선택지를 고르는 전형적인 독해 문제이다.
- 지문은 주로 신문기사(보도자료 등)나 업무 보고서, 시사 등이 제시된다.
- 공사공단에 따라 자사와 관련된 내용의 기사나 법조문, 보고서 등이 출제되기도 한다.

다음 글의 내용으로 적절하지 않은 것은?

> 물가 상승률은 일반적으로 가격 수준의 상승 속도를 나타내며, 소비자 물가지수(CPI)와 같은 지표를 사용하여 측정된다. 높은 물가 상승률은 소비재와 서비스의 가격이 상승하고, 돈의 구매력이 감소한다. 이는 소비자들이 더 많은 돈을 지출하여 물가 상승에 따른 가격 상승을 감수해야 함을 의미한다.
>
> 물가 상승률은 경제에 다양한 영향을 미친다. 먼저 소비자들의 구매력이 저하되므로 가계소득의 실질 가치가 줄어든다. 이는 소비 지출의 감소와 경기 둔화를 초래할 수 있다. 또한 물가 상승률은 기업의 의사결정에도 영향을 준다. 예를 들어 높은 물가 상승률은 이자율의 상승과 함께 대출 조건을 악화시키므로 기업들은 생산 비용 상승과 이로 인한 이윤 감소에 직면하게 된다.
>
> 정부와 중앙은행은 물가 상승률을 통제하기 위해 다양한 금융 정책을 사용하며, 대표적으로 세금 조정, 통화량 조절, 금리 조정 등이 있다.
>
> 물가 상승률은 경제 활동에 큰 영향을 주는 중요한 요소이므로 정부, 기업, 투자자 및 개인은 이를 주의 깊게 모니터링하고 전망을 평가하는 데 활용해야 한다. 또한 소비자의 구매력과 경기 상황에 직접적・간접적인 영향을 주므로 경제 주체들은 물가 상승률의 변동에 대응하여 적절한 전략을 수립해야 한다.

① 지나친 물가 상승은 소비 심리를 위축시킨다.

② 정부와 중앙은행이 실행하는 금융 정책의 목적은 물가 안정성을 유지하는 것이다.

③ 중앙은행의 금리 조정으로 지나친 물가 상승을 진정시킬 수 있다.

④ 소비재와 서비스의 가격이 상승하므로 기업의 입장에서는 물가 상승률이 커질수록 이득이다.

정답 ④

높은 물가 상승률은 이자율의 상승과 함께 대출 조건을 악화시키므로 기업들은 생산 비용 상승과 이로 인한 이윤 감소에 직면하게 된다.

풀이 전략!

주어진 선택지에서 키워드를 체크한 후, 지문의 내용과 비교해 가면서 내용의 일치 유무를 빠르게 판단한다.

01 다음 글의 내용으로 가장 적절한 것은?

> 선물환거래란 계약일로부터 일정시간이 지난 뒤, 특정일에 외환의 거래가 이루어지는 것으로, 현재 약정한 금액으로 미래에 결제하게 되기 때문에 선물환계약을 체결하게 되면, 약정된 결제일까지 매매 쌍방 모두 결제가 이연된다. 선물환거래는 보통 환리스크를 헤지(Hedge)하기 위한 목적으로 이용된다. 예를 들어 1개월 이후 달러로 거래 대금을 수령할 예정인 수출한 기업은 1개월 후 달러를 매각하는 대신 원화를 수령하는 선물환계약을 통해 원/달러 환율변동에 따른 환리스크를 헤지할 수 있다.
>
> 이외에도 선물환거래는 금리차익을 얻는 것과 투기적 목적 등을 가지고 있다. 선물환거래에는 일방적으로 선물환을 매입하는 것 또는 매도 거래만 발생하는 Outright Forward 거래가 있고, 또 선물환거래가 스왑거래의 일부분으로써 현물환거래와 같이 발생하는 Swap Forward 거래가 있다. Outright Forward 거래는 만기 때 실물 인수도가 일어나는 일반 선물환거래와 만기 때 실물의 인수 없이 차액만을 정산하는 차액결제선물환(NDF; Non-Deliverable Forward) 거래로 구분된다.
>
> 옵션(Option)이란 거래당사자들이 미리 가격을 정하고, 그 가격으로 미래의 특정시점이나 그 이전에 자산을 사고파는 권리를 매매하는 계약으로, 선도 및 선물, 스왑거래 등과 같은 파생금융상품이다. 옵션은 매입권리가 있는 콜옵션(Call Option)과 매도권리가 있는 풋옵션(Put Option)으로 구분된다. 옵션거래로 매입이나 매도할 수 있는 권리를 가지게 되는 옵션매입자는 시장가격의 변동에 따라 자기에게 유리하거나 불리한 경우를 판단하여, 옵션을 행사하거나 포기할 수도 있다. 옵션매입자는 선택할 권리에 대한 대가로 옵션매도자에게 프리미엄을 지급하고, 옵션매도자는 프리미엄을 받는 대신 옵션매입자가 행사하는 옵션에 따라 발생하는 것에 대해 이해하는 책임을 가진다. 옵션거래의 손해와 이익은 행사가격, 현재가격 및 프리미엄에 의해 결정된다.

① 선물환거래는 투기를 목적으로 사용되기도 한다.
② 옵션은 미래에 조건이 바뀌어도 계약한 금액을 지불해야 한다.
③ 선물환거래는 권리를 행사하거나 포기할 수 있다.
④ 옵션은 환율변동 리스크를 해결하는 데 좋은 선택이다.
⑤ 선물환거래는 행사가격, 현재가격, 프리미엄가에 따라 손해와 이익이 발생한다.

02 다음 글의 내용으로 적절하지 않은 것은?

경제학에서는 가격이 한계 비용과 일치할 때를 가장 이상적인 상태라고 본다. '한계 비용'이란 재화의 생산량을 한 단위 증가시킬 때 추가되는 비용을 말한다. 한계 비용 곡선과 수요 곡선이 만나는 점에서 가격이 정해지면 재화의 생산 과정에 들어가는 자원이 낭비 없이 효율적으로 배분되며, 이때 사회 전체의 만족도가 가장 커진다. 가격이 한계 비용보다 높아지면 상대적으로 높은 가격으로 인해 수요량이 줄면서 거래량이 따라 줄고, 결과적으로 생산량도 감소한다. 이는 사회 전체의 관점에서 볼 때 자원이 효율적으로 배분되지 못하는 상황이므로 사회 전체의 만족도가 떨어지는 결과를 낳는다.

위에서 설명한 일반 재화와 마찬가지로 수도, 전기, 철도와 같은 공익 서비스도 자원배분의 효율성을 생각하면 한계 비용 수준으로 가격 즉, 공공요금을 결정하는 것이 바람직하다. 대부분의 공익 서비스는 초기 시설 투자비용은 막대한 반면 한계 비용은 매우 적다. 이러한 경우, 한계 비용으로 공공요금을 결정하면 공익 서비스를 제공하는 기업은 손실을 볼 수 있다.

예컨대 초기 시설 투자비용이 6억 달러이고, 톤당 1달러의 한계 비용으로 수돗물을 생산하는 상수도 서비스를 가정해 보자. 이때 수돗물 생산량을 '1톤, 2톤, 3톤, …'으로 늘리면 총비용은 '6억 1달러, 6억 2달러, 6억 3달러, …'로 늘어나고, 톤당 평균 비용은 '6억 1달러, 3억 1달러, 2억 1달러, …'로 지속적으로 줄어든다. 그렇지만 평균 비용이 계속 줄어들더라도 한계 비용 아래로는 결코 내려가지 않는다. 따라서 한계 비용으로 수도 요금을 결정하면 총비용보다 총수입이 적으므로 수도 사업자는 손실을 보게 된다.

이를 해결하는 방법에는 크게 두 가지가 있다. 하나는 정부가 공익 서비스 제공 기업에 손실분만큼 보조금을 주는 것이고, 다른 하나는 공공요금을 평균 비용 수준으로 정하는 것이다. 전자의 경우 보조금을 세금으로 충당한다면 다른 부문에 들어갈 재원이 줄어드는 문제가 있다. 평균 비용 곡선과 수요 곡선이 교차하는 점에서 요금을 정하는 후자의 경우에는 총수입과 총비용이 같아져 기업이 손실을 보지는 않는다. 그러나 요금이 한계 비용보다 높기 때문에 사회 전체의 관점에서 자원의 효율적 배분에 문제가 생긴다.

① 자원이 효율적으로 배분될 때 사회 전체의 만족도가 극대화된다.

② 정부는 공공요금을 한계 비용 수준으로 유지하기 위하여 보조금 정책을 펼 수 있다.

③ 공익 서비스와 일반 재화의 생산 과정에서 자원을 효율적으로 배분하기 위한 조건은 서로 같다.

④ 가격이 한계 비용보다 높은 경우에는 한계 비용과 같은 경우에 비해 결국 그 재화의 생산량이 줄어든다.

⑤ 평균 비용이 한계 비용보다 큰 경우, 공공요금을 평균 비용 수준에서 결정하면 자원의 낭비를 방지할 수 있다.

03 다음 글을 읽고 알 수 있는 내용으로 가장 적절한 것은?

상업 광고는 기업은 물론이고 소비자에게도 요긴하다. 기업은 마케팅 활동의 주요한 수단으로 광고를 적극적으로 이용하여 기업과 상품의 인지도를 높이려 한다. 소비자는 소비 생활에 필요한 상품의 성능, 가격, 판매 조건 등의 정보를 광고에서 얻으려 한다. 광고를 통해 기업과 소비자가 모두 이익을 얻는다면 이를 규제할 필요는 없을 것이다. 그러나 광고에서 기업과 소비자의 이익이 상충하는 경우도 있고 광고가 사회 전체에 폐해를 낳는 경우도 있어 다양한 규제 방식이 모색되었다.

이때 문제가 된 것은 과연 광고로 인한 피해를 책임질 당사자로서 누구를 상정할 것인가였다. 초기에는 '소비자 책임 부담 원칙'에 따라 광고 정보를 활용한 소비자의 구매 행위에 대해 소비자가 책임을 져야 한다고 보았다. 여기에는 광고 정보가 정직한 것인지와는 상관없이 소비자는 이성적으로 이를 판단하여 구매할 수 있어야 한다는 전제가 있었다. 그래서 기업은 광고에 의존하여 물건을 구매한 소비자가 입은 피해에 대하여 책임을 지지 않았고, 광고의 기만성에 대한 입증 책임도 소비자에게 있었다.

책임 주체로 기업을 상정하여 '기업 책임 부담 원칙'이 부상하게 된 배경은 복합적이다. 시장의 독과점 상황이 광범위해지면서 소비자의 자유로운 선택이 어려워졌고, 상품에 응용된 과학 기술이 복잡해지고 첨단화되면서 상품 정보에 대한 소비자의 정확한 이해도 기대하기 어려워졌다. 또한 다른 상품 광고와의 차별화를 위해 통념에 어긋나는 표현이나 장면도 자주 활용되었다. 그리하여 경제적, 사회·문화적 측면에서 광고로부터 소비자를 보호해야 한다는 당위를 바탕으로 기업이 광고에 대해 책임을 져야 한다는 공감대가 확산되었다.

오늘날 행해지고 있는 여러 광고 규제는 이런 공감대에서 나온 것인데, 이는 크게 보아 법적 규제와 자율 규제로 나눌 수 있다. 구체적인 법 조항을 통해 광고를 규제하는 법적 규제는 광고 또한 사회적 활동의 일환이라는 점에 근거한다. 특히 자본주의 사회에서는 기업이 시장점유율을 높여 다른 기업과의 경쟁에서 승리하기 위하여 사실에 반하는 광고나 소비자를 현혹하는 광고를 할 가능성이 높다. 법적 규제는 허위 광고나 기만 광고 등을 불공정 경쟁의 수단으로 간주하여 정부 기관이 규제를 가하는 것이다.

자율 규제는 법적 규제에 대한 기업의 대응책으로 등장했다. 법적 규제가 광고의 역기능에 따른 피해를 막기 위한 강제적 조치라면, 자율 규제는 광고의 순기능을 극대화하기 위한 자율적 조치이다. 광고에 대한 기업의 책임감에서 비롯된 자율 규제는 법적 규제를 보완하는 효과가 있다.

① 광고 주체의 자율 규제가 잘 작동될수록 광고에 대한 법적 규제의 역할도 커진다.

② 기업의 이익과 소비자의 이익이 상충하는 정도가 클수록 법적 규제와 자율 규제의 필요성이 약화된다.

③ 시장 독과점 상황이 심각해지면서 기업 책임 부담 원칙이 약화되고 소비자 책임 부담 원칙이 부각되었다.

④ 첨단 기술을 강조한 상품의 광고일수록 소비자가 광고 내용을 정확히 이해하지 못한 채 상품을 구매할 가능성이 커진다.

⑤ 광고의 기만성을 입증할 책임을 소비자에게 돌리는 경우, 그 이유는 소비자에게 이성적 판단 능력이 있다는 전제를 받아들이지 않기 때문이다.

02 | 주제·제목

| 유형분석 |

- 주어진 지문을 파악하여 전달하고자 하는 핵심 주제를 고르는 문제이다.
- 정보를 종합하고 중요한 내용을 구별하는 능력이 필요하다.
- 설명문부터 주장, 반박문까지 다양한 성격의 지문이 제시되므로 글의 성격별 특징을 알아두는 것이 좋다.

다음 글의 주제로 가장 적절한 것은?

> 멸균이란 곰팡이, 세균, 박테리아, 바이러스 등 모든 미생물을 사멸시켜 무균 상태로 만드는 것을 의미한다.
> 멸균 방법에는 물리적, 화학적 방법이 있으며, 멸균 대상의 특성에 따라 적절한 멸균 방법을 선택하여 실시
> 할 수 있다. 먼저 물리적 멸균법에는 열이나 화학약품을 사용하지 않고 여과기를 이용하여 세균을 제거하는
> 여과법, 병원체를 불에 태워 없애는 소각법, 100℃에서 10 ~ 20분간 물품을 끓이는 자비소독법, 미생물을
> 자외선에 직접 노출시키는 자외선 소독법, 160 ~ 170℃의 열에서 1 ~ 2시간 동안 건열 멸균기를 사용하는
> 건열법, 포화된 고압증기 형태의 습열로 미생물을 파괴시키는 고압증기 멸균법 등이 있다. 다음으로 화학적
> 멸균법은 화학약품이나 가스를 사용하여 미생물을 파괴하거나 성장을 억제하는 방법으로, E.O 가스, 알코
> 올, 염소 등 여러 가지 화학약품이 사용된다.

① 멸균의 중요성
② 뛰어난 멸균 효과
③ 다양한 멸균 방법
④ 멸균 시 발생할 수 있는 부작용
⑤ 멸균 시 사용하는 약품의 종류

정답 ③

제시문에서는 멸균에 대해 언급하며, 멸균 방법을 물리적·화학적으로 구분하여 다양한 멸균 방법에 대해 설명하고 있다. 따라서
글의 주제로는 ③이 가장 적절하다.

풀이 전략!

'결국', '즉', '그런데', '그러나', '그러므로' 등의 접속어 뒤에 주제가 드러나는 경우가 많다는 것에 주의하면서 지문을 읽는다.

01 다음 글의 주제로 가장 적절한 것은?

우리는 주변에서 신호등 음성 안내기, 휠체어 리프트, 점자 블록 등의 장애인 편의 시설을 많이 볼 수 있다. 우리는 이러한 편의 시설을 장애인들이 지니고 있는 국민으로서의 기본 권리를 인정한 것이라는 시각에서 바라보고 있다. 물론, 장애인의 일상생활 보장이라는 측면에서 이 시각은 당연한 것이다. 하지만 또 다른 시각이 필요하다. 그것은 바로 편의 시설이 장애인만을 위한 것이 아니라 일상생활에서 활동에 불편을 겪는 모두를 위한 것이라는 시각이다. 편리하고 안전한 시설은 장애인뿐만 아니라 우리 모두에게 유용하기 때문이다. 예를 들어, 건물의 출입구에 설치되어 있는 경사로는 장애인들의 휠체어만 다닐 수 있도록 설치해 놓은 것이 아니라, 몸이 불편해서 계단을 오르내릴 수 없는 노인이나 유모차를 끌고 다니는 사람들도 편하게 다닐 수 있도록 만들어 놓은 시설이다. 결국 이 경사로는 우리 모두에게 유용한 시설인 것이다.

그런 의미에서 근래에 대두되고 있는 '보편적 디자인', 즉 '유니버설 디자인(Universal Design)'이라는 개념은 우리에게 좋은 시사점을 제공해 준다. 보편적 디자인은 가능한 모든 사람이 이용할 수 있도록 제품, 건물, 공간을 디자인한다는 의미를 가지고 있다. 이러한 시각으로 바라본다면 장애인 편의 시설은 우리 모두에게 편리하고 안전한 시설로 인식될 것이다.

① 우리 주변에서는 장애인 편의 시설을 많이 볼 수 있다.
② 보편적 디자인은 근래에 대두되고 있는 중요한 개념이다.
③ 어떤 집단의 사람들이라도 이용할 수 있는 제품을 만들어야 한다.
④ 보편적 디자인이라는 관점에서 장애인 편의 시설을 바라볼 필요가 있다.
⑤ 장애인들의 기본 권리를 보장하기 위해 장애인 편의 시설을 확충해야 한다.

02 다음 글의 제목으로 가장 적절한 것은?

일반적으로 소비자들은 합리적인 경제 행위를 추구하기 때문에 최소 비용으로 최대 효과를 얻으려 한다는 것이 소비의 기본 원칙이다. 그들은 '보이지 않는 손'이라고 일컬어지는 시장 원리 아래에서 생산자와 만난다. 그러나 이러한 일차적 의미의 합리적 소비가 언제나 유효한 것은 아니다. 생산보다는 소비가 화두가 된 소비 자본주의 시대에서 소비는 단순히 필요한 재화, 그리고 경제학적으로 유리한 재화를 구매하는 행위에 머물지 않는다. 최대 효과 자체에 정서적이고 사회 심리학적인 요인이 개입하면서, 이제 소비는 개인이 세계와 만나는 다분히 심리적인 방법이 되어버린 것이다. 즉, 인간의 기본적인 생존 욕구를 충족시켜 주는 합리적 소비 수준에 머물지 않고, 자신을 표현하는 상징적 행위가 된 것이다. 이처럼 오늘날의 소비문화는 물질적 소비 차원이 아닌 심리적 소비 형태를 띠게 된다.

소비 자본주의의 화두는 과소비가 아니라 '과시 소비'로 넘어가게 된 것이다. 과시 소비의 중심에는 신분의 논리가 있다. 신분의 논리는 유용성의 논리, 나아가 시장의 논리로 설명되지 않는 것들을 설명해 준다. 혈통으로 이어지던 폐쇄적 계층 사회는 소비 행위에 대해 계급에 근거한 제한을 부여했다. 먼 옛날 부족 사회에서 수장들만이 걸칠 수 있었던 장신구에서부터 제아무리 권문세가의 정승이라도 아흔아홉 칸을 넘을 수 없던 집이 좋은 예이다. 권력을 가진 자는 힘을 통해 자기의 취향을 주위 사람들과 분리시킴으로써 경외감을 강요하고, 그렇게 자기 취향을 과시함으로써 잠재적 경쟁자들을 통제한 것이다.

가시적 신분 제도가 사라진 현대 사회에서도 이러한 신분의 논리는 여전히 유효하다. 이제 개인은 소비를 통해 자신의 물질적 부를 표현함으로써 신분을 과시하려 한다.

① '보이지 않는 손'에 의한 합리적 소비의 필요성
② 소득을 고려하지 않은 무분별한 과소비의 폐해
③ 계층별 소비 규제의 필요성
④ 신분사회에서 의복 소비와 계층의 관계
⑤ 소비가 곧 신분이 되는 과시 소비의 원리

03 다음 글에서 필자가 주장하는 핵심 내용으로 가장 적절한 것은?

현대 사회는 대중 매체의 영향을 많이 받는 사회이며, 그중에서도 텔레비전의 영향은 거의 절대적입니다. 언어 또한 텔레비전의 영향을 많이 받습니다. 그런데 텔레비전의 언어는 우리의 언어 습관을 부정적인 방향으로 흐르게 하고 있습니다.

텔레비전은 시청자들의 깊이 있는 사고보다는 감각적 자극에 호소하는 전달 방식을 사용하고 있습니다. 또한, 현대 자본주의 사회에서의 텔레비전 방송은 상업주의에 편승하여 대중을 붙잡기 위한 방편으로 쾌락과 흥미 위주의 언어를 무분별하게 사용합니다. 결국 텔레비전은 대중의 이성적 사고 과정을 마비시켜 오염된 언어 습관을 무비판적으로 수용하게 합니다. 그렇기 때문에 언어 사용을 통해 발전시킬 수 있는 상상적 사고를 기대하기 어렵게 하며, 창조적인 언어 습관보다는 단편적인 언어 습관을 갖게 만듭니다.

따라서 좋은 말 습관의 형성을 위해서는 또 다른 문화 매체가 필요합니다. 이러한 문제의 대안으로 문학 작품의 독서를 제시하려고 합니다. 문학은 작가적 현실을 언어를 매개로 형상화한 예술입니다. 작가적 현실을 작품으로 형상화하기 위해서 작가의 복잡한 사고 과정을 거치듯이, 작품을 바르게 이해 · 해석 · 평가하기 위해서는 독자의 상상적 사고를 거치게 됩니다. 또한, 문학은 아름다움을 지향하는 언어 예술로서 정제된 언어를 사용하므로 문학 작품의 감상을 통해 습득된 언어 습관은 아름답고 건전하리라 믿습니다.

① 쾌락과 흥미 위주의 언어 습관을 지양하고 사고 능력을 기를 수 있는 언어 습관을 길러야 한다.

② 사고 능력을 기르고 건전한 언어 습관을 길들이기 위해서 문학 작품의 독서가 필요하다.

③ 바른 언어 습관의 형성과 건전하고 창의적인 사고를 위해 텔레비전을 멀리 해야 한다.

④ 언어는 자신의 사상을 표현하는 매체일 뿐만 아니라 그것을 사용하는 사람의 인격을 가늠하는 척도이므로 바른 언어 습관이 중요하다.

⑤ 대중 매체가 개인의 언어 습관과 사고 과정에 미치는 영향이 절대적이므로 대중 매체에서 문학작품을 다뤄야 한다.

03 | 문단 나열

| 유형분석 |

- 각 문단의 내용을 파악하고 논리적 순서에 맞게 배열하는 복합적인 문제이다.
- 전체적인 글의 흐름을 이해하는 것이 중요하며, 각 문장의 지시어나 접속어에 주의한다.

다음 문단을 논리적 순서대로 바르게 나열한 것은?

(가) 여기에 반해 동양에서는 보름달에 좋은 이미지를 부여한다. 예를 들어, 우리나라의 처녀귀신이나 도깨비는 달빛이 흐린 그믐 무렵에나 활동하는 것이다. 그런데 최근에는 동서양의 개념이 마구 뒤섞여 보름달을 배경으로 악마의 상징인 늑대가 우는 광경이 동양의 영화에 나오기도 한다.

(나) 동양에서 달은 '음(陰)'의 기운을, 해는 '양(陽)'의 기운을 상징한다는 통념이 자리를 잡았다. 그래서 달을 '태음', 해를 '태양'이라고 불렀다. 동양에서는 해와 달의 크기가 같은 덕에 음과 양도 동등한 자격을 갖춘다. 즉, 음과 양은 어느 하나가 좋고 다른 하나는 나쁜 것이 아니라 서로 보완하는 관계를 이루는 것이다.

(다) 옛날부터 형성된 이러한 동서양 간의 차이는 오늘날까지 영향을 끼치고 있다. 동양에서는 달이 밝으면 달맞이를 하는데, 서양에서는 달맞이를 자살 행위처럼 여기고 있다. 특히 보름달은 서양인들에게 거의 공포의 상징과 같은 존재이다. 예를 들어, 13일의 금요일에 보름달이 뜨게 되면 사람들이 외출조차 꺼린다.

(라) 하지만 서양의 경우는 다르다. 서양에서 낮은 신이, 밤은 악마가 지배한다는 통념이 자리를 잡았다. 따라서 밤의 상징인 달에 좋지 않은 이미지를 부여하게 되었다. 이는 해와 달의 명칭을 보면 알 수 있다. 라틴어로 해를 'Sol', 달을 'Luna'라고 하는데 정신병을 뜻하는 단어 'Lunacy'의 어원이 바로 'Luna'이다.

① (가) - (나) - (라) - (다)   ② (나) - (라) - (가) - (다)

③ (나) - (라) - (다) - (가)   ④ (다) - (가) - (나) - (라)

⑤ (다) - (나) - (라) - (가)

정답 ③

제시문은 동양과 서양에서 서로 다른 의미를 부여하고 있는 달에 대해 설명하고 있는 글이다. 따라서 (나) 동양에서 나타나는 해와 달의 의미 → (라) 동양과 상반되는 서양에서의 해와 달의 의미 → (다) 최근까지 지속되고 있는 달에 대한 서양의 부정적 의미 → (가) 동양에서의 변화된 달의 이미지의 순서대로 나열하는 것이 적절하다.

풀이 전략!

상대적으로 시간이 부족하다고 느낄 때는 선택지를 참고하여 문장의 순서를 생각해 본다.

※ 다음 문단을 논리적 순서대로 바르게 나열한 것을 고르시오. [1~2]

01

(가) 상품의 가격은 기본적으로 수요와 공급의 힘으로 결정된다. 시장에 참여하고 있는 경제 주체들은 자신이 가진 정보를 기초로 하여 수요와 공급을 결정한다.

(나) 이런 경우에는 상품의 가격이 우리의 상식으로는 도저히 이해하기 힘든 수준까지 일시적으로 뛰어오르는 현상이 나타날 가능성이 있다. 이런 현상은 특히 투기의 대상이 되는 자산의 경우 자주 나타나는데, 이를 '거품 현상'이라고 부른다.

(다) 그러나 현실에서는 사람들이 서로 다른 정보를 갖고 시장에 참여하는 경우가 많다. 어떤 사람은 특정한 정보를 갖고 있는데 거래 상대방은 그 정보를 갖고 있지 못한 경우도 있다.

(라) 일반적으로 거품 현상이란 것은 어떤 상품, 자산의 가격이 지속해서 급격히 상승하는 현상을 가리킨다. 이와 같은 지속적인 가격 상승이 일어나는 이유는 애초에 발생한 가격 상승이 추가적인 가격 상승의 기대로 이어져 투기 바람이 형성되기 때문이다.

(마) 이들이 똑같은 정보를 함께 갖고 있으며, 이 정보가 아주 틀린 것이 아닌 이상 상품의 가격은 어떤 기본적인 수준에서 크게 벗어나지 않을 것이라고 예상할 수 있다.

① (가) - (다) - (나) - (라) - (마) ② (가) - (마) - (다) - (나) - (라)
③ (라) - (가) - (다) - (나) - (마) ④ (라) - (다) - (가) - (나) - (마)
⑤ (마) - (가) - (다) - (라) - (나)

02

(가) 그뿐 아니라, 자신을 알아주는 이, 즉 지기자(知己者)를 위해서라면 기꺼이 자신의 전부를 버릴 수 있어야 하며, 더불어 은혜는 은혜대로, 원수는 원수대로 자신이 받은 만큼 되갚기 위해 진력하여야 한다.

(나) 무공이 높다고 하여 반드시 협객으로 인정되지 않는 이유는 바로 이런 원칙에 위배되는 경우가 심심치 않게 발생하기 때문이다. 요컨대 협이란 사생취의(捨生取義)의 정신에 입각하여 살신성명(殺身成名)의 의지를 실천하는 것, 또는 그러한 실천을 기꺼이 감수할 준비가 되어 있는 상태를 뜻한다고 할 수 있다.

(다) 협으로 인정받기 위해서는 무엇보다도 절개와 의리를 숭상하여야 하며, 개인의 존엄을 중시하고 간악함을 제거하기 위해 노력해야만 한다. 신의(信義)를 목숨보다 중히 여길 것도 강조되는데, 여기서의 신의란 상대방을 향한 것인 동시에 스스로에게 해당되는 것이기도 하다.

(라) 무(武)와 더불어 보다 신중하게 다루어야 할 것이 '협(俠)'의 개념이다. 무협 소설에서 문제가 되는 협이란 무덕(武德), 즉 무인으로서의 덕망이나 인격과 관계가 되는 것으로, 이는 곧 무공 사용의 전제가 되는 기준 내지는 원칙이라고 할 수 있다.

① (나) - (다) - (가) - (라) ② (나) - (다) - (라) - (가)
③ (다) - (라) - (나) - (가) ④ (라) - (가) - (다) - (나)
⑤ (라) - (다) - (가) - (나)

04 | 내용 추론

| 유형분석 |

- 주어진 지문을 바탕으로 도출할 수 있는 내용을 찾는 문제이다.
- 선택지의 내용을 정확하게 확인하고 지문의 정보와 비교하여 추론하는 능력이 필요하다.

다음 글을 읽고 추론한 내용으로 적절하지 않은 것은?

1977년 개관한 퐁피두 센터의 정식명칭은 국립 조르주 퐁피두 예술문화 센터로, 공공정보기관(BPI), 공업창작센터(CCI), 음악·음향의 탐구와 조정연구소(IRCAM), 파리 국립 근현대 미술관(MNAM) 등이 있는 종합문화예술 공간이다. 퐁피두라는 이름은 이 센터의 창설에 힘을 기울인 조르주 퐁피두 대통령의 이름을 딴 것이다.

1969년 당시 대통령이었던 퐁피두는 파리의 중심지에 미술관이면서 동시에 조형예술과 음악, 영화, 서적 그리고 모든 창조적 활동의 중심이 될 수 있는 문화 복합센터를 지어 프랑스 미술을 더욱 발전시키고자 했다. 요즘 미술관들은 미술관의 이러한 복합적인 기능과 역할을 인식하고 변화를 시도하는 곳이 많다. 미술관은 더 이상 전시만 보는 곳이 아니라 식사도 하고 영화도 보고 강연도 들을 수 있는 곳으로, 대중과의 거리 좁히기를 시도하고 있는 것도 그리 특별한 일은 아니다. 그러나 이미 40년 전에 21세기 미술관의 기능과 역할을 미리 내다볼 줄 아는 혜안을 가지고 설립된 퐁피두 미술관은 프랑스가 왜 문화강국이라 불리는지를 알 수 있게 해준다.

① 퐁피두 미술관의 모습은 기존 미술관의 모습과 다를 것이다.
② 퐁피두 미술관을 찾는 사람들의 목적은 다양할 것이다.
③ 퐁피두 미술관은 전통적인 예술작품들을 선호할 것이다.
④ 퐁피두 미술관은 파격적인 예술작품들을 배척하지 않을 것이다.
⑤ 퐁피두 미술관은 현대 미술관의 선구자라는 자긍심을 가지고 있을 것이다.

> **정답** ③
>
> 제시문에 따르면 퐁피두 미술관은 모든 창조적 활동을 위한 공간이므로, 퐁피두가 전통적인 예술작품을 선호할 것이라는 내용은 추론할 수 없다.

풀이 전략!

주어진 지문이 어떠한 내용을 다루고 있는지 파악한 후 선택지의 키워드를 확실하게 체크하고, 지문의 정보에서 도출할 수 있는 내용을 찾는다.

01 다음 글의 내용이 참일 때 항상 거짓인 것은?

> 사회 구성원들이 경제적 이익을 추구하는 과정에서 불법 행위를 감행하기 쉬운 상황일수록 이를 억제하는 데에는 금전적 제재 수단이 효과적이다.
>
> 현행법상 불법 행위에 대한 금전적 제재 수단에는 민사적 수단인 손해 배상, 형사적 수단인 벌금, 행정적 수단인 과징금이 있으며, 이들은 각각 피해자의 구제, 가해자의 징벌, 법 위반 상태의 시정을 목적으로 한다. 예를 들어 기업들이 담합하여 제품 가격을 인상했다가 적발된 경우, 그 기업들은 피해자에게 손해 배상 소송을 제기당하거나 법원으로부터 벌금형을 선고받을 수 있고, 행정 기관으로부터 과징금도 부과받을 수 있다. 이처럼 하나의 불법 행위에 대해 세 가지 금전적 제재가 내려질 수 있지만 제재의 목적이 서로 다르므로 중복 제재는 아니라는 것이 법원의 판단이다.
>
> 그런데 우리나라에서는 기업의 불법 행위에 대해 손해 배상 소송이 제기되거나 벌금이 부과되는 사례는 드물어서 과징금 등의 행정적 제재 수단이 억제 기능을 수행하는 경우가 많다. 이런 상황에서는 과징금 등의 행정적 제재의 강도를 높임으로써 불법 행위의 억제력을 끌어올릴 수 있다. 그러나 적발 가능성이 매우 낮은 불법 행위의 경우에는 과징금을 올리는 방법만으로는 억제력을 유지하는 데 한계가 있다. 또한 피해자에게 귀속되는 손해 배상금과는 달리 벌금과 과징금은 국가에 귀속되므로 과징금을 올려도 피해자에게는 직접적인 도움이 되지 못한다.

① 금전적 제재 수단은 불법 행위를 억제하기 위해서 사용된다.
② 과징금은 가해자를 징벌하기 위해 부과된다.
③ 기업의 불법 행위에 대해 벌금과 과징금 모두 부과 가능하다.
④ 우리나라에서 주로 사용하는 방법은 행정적 제재이다.
⑤ 행정적 제재는 피해자에게 직접적인 도움이 되지 못한다.

02 다음 중 밑줄 친 ㉠에 해당하는 사례로 적절하지 않은 것은?

> 지금까지 산업혁명들은 주로 제조업과 서비스업에서 혁신이 일어나 경제 시스템을 변화시켜 왔다. 이에 반해 4차 산업혁명은 제조와 서비스의 혁신뿐만 아니라 경제, 사회, 문화, 고용, 노동 시스템 등 인류 삶의 전반에 걸친 ㉠ 변혁을 초래할 것이다.
>
> 4차 산업혁명이 삶과 일하는 방식에 어떠한 변화를 줄 것인가. 무엇보다 4차 산업혁명 시대에 인류의 삶의 편의성은 더욱 향상될 것이라는 전망이다. 우선 의료 분야에서 빅데이터 활용과 인공지능의 분석력, 예측력이 높아지면서 질병 진단 및 치료 정확도를 향상시켜 궁극적으로 의료비용 절감과 의료품질 및 의료접근성 향상 등의 긍정적인 영향을 미칠 것이다. 또한 고도화된 언어 인지와 자동 번역 기술의 발달로 국내 외 서비스 이용이 편리해지고, 그 덕택에 많은 사람들이 언어 장벽으로 인해 느끼는 불편이 크게 감소할 것이다.
>
> 인류의 생활환경도 한층 안전해질 것으로 전망된다. 경계 감시, 위험임무 수행에 무인 시스템과 로봇·드론 기술이 도입되고, 빅데이터를 활용한 범죄예측 모델이 활용됨으로써, 안전한 생활을 보장하는 시스템이 확산될 것이다. 아울러 각종 센서와 사물인터넷 기술을 이용해 실시간으로 교통정보를 획득하고, 인공지능 기술로 교통 빅데이터를 분석·예측하면 교통정보의 실시간 공유와 교통흐름의 지능적 제어를 통해 교통 혼잡을 줄여 교통사고 발생도 획기적으로 줄일 것으로 보인다.
>
> 교육 분야에서는 개인 맞춤형 서비스 제공이 늘어나 학원, 과외 등 사교육 부담이 줄어들게 되고, 보다 효율적·창의적인 교육환경이 구축될 것이다. 최근 들어 점차 증가하는 복지 수요에 대한 효율적 대응도 가능해질 것이다. 노인, 장애인, 아동 등 취약계층과 저숙련, 저임금 노동자 등의 빈곤계층에 대한 복지 사각지대의 예측을 강화해 복지 행정을 내실화하고, 복지 예산의 효율적 지출을 가능하게 한다.

① 해외여행을 떠난 A는 인공지능이 탑재된 번역 앱을 통해 현지인과 자유롭게 의사소통을 한다.

② B국에서는 신종 바이러스로 인해 감염증이 확산되자 사람과의 직접적인 접촉을 피하기 위해 체온을 측정하는 무인 로봇을 도입하였다.

③ C사가 개발한 전자알약은 내장된 인공지능 칩을 통해 환자의 복약 순응도를 객관적으로 추적할 수 있다.

④ D사는 인공지능 기술로 교통 빅데이터를 분석하여 설 연휴 귀성·귀경길 교통상황을 예측하고, 최적의 교통정보를 제공하였다.

⑤ 공부방을 운영 중인 E는 다양한 연령대의 아동들을 혼합반으로 구성하여 관찰과 모방의 효율적 교육 경험을 제공한다.

03 다음 글을 토대로 〈보기〉에서 추론할 수 있는 내용으로 가장 적절한 것은?

독립신문은 우리나라 최초의 민간 신문이다. 사장 겸 주필(신문의 최고 책임자)은 서재필 선생이, 국문판 편집과 교정은 최고의 국어학자로 유명한 주시경 선생이, 그리고 영문판 편집은 선교사 호머 헐버트가 맡았다. 창간 당시 독립신문은 이들 세 명에 기자 두 명과 몇몇 인쇄공들이 합쳐 단출하게 시작했다.

신문은 우리가 흔히 사용하는 'A4 용지'보다 약간 큰 '국배판(218×304mm)' 크기로 제작됐고, 총 4면 중 3면은 순 한글판으로, 나머지 1면은 영문판으로 발행했다. 제1호는 '독닙신문'이고 영문판은 'Independent(독립)'로 조판했고, 내용을 살펴보면 제1면에는 대체로 논설과 광고가 실렸으며, 제2면에는 관보·외국통신·잡보가, 제3면에는 물가·우체시간표·제물포 기선 출입항 시간표와 광고가 게재됐다.

독립신문은 민중을 개화시키고 교육하기 위해 발간된 것이지만, 그 이름에서부터 알 수 있듯 스스로 우뚝 서는 독립국을 만들고자 자주적 근대화 사상을 강조했다. 창간호 표지에는 '뎨일권 뎨일호. 조선 서울 건양 원년 사월 초칠일 금요일'이라고 표기했는데, '건양(建陽)'은 조선의 연호이고, 한성 대신 서울을 표기한 점과 음력 대신 양력을 쓴 점 모두 중국 사대주의에서 벗어난 자주독립을 꾀한 것으로 볼 수 있다.

독립신문이 발행되자 사람들은 모두 깜짝 놀랄 수밖에 없었다. 순 한글로 만들어진 것은 물론 유려한 편집 솜씨에 조판과 내용까지 완벽했기 때문이다. 무엇보다 제4면을 영어로 발행해 국내 사정을 외국에 알린다는 점은 호시탐탐 한반도를 노리던 일본 당국에 큰 부담을 안겨주었고, 더는 자기네들 마음대로 조선의 사정을 왜곡 보도할 수 없게 되었다.

날이 갈수록 독립신문을 구독하려는 사람은 늘어났고, 처음 300부씩 인쇄되던 신문이 곧 500부로, 나중에는 3,000부까지 확대되었다. 오늘날에는 한 사람이 신문 한 부를 읽으면 폐지 처리하지만, 과거에는 돌려가며 읽는 경우가 많았고 시장이나 광장에서 글을 아는 사람이 낭독해 주는 일도 빈번했기에 한 부의 독자 수는 50명에서 100명에 달했다. 이런 점을 감안해 보면 실제 독립신문의 독자 수는 10만 명을 넘어섰다고 가늠해 볼 수 있다.

> **보기**
>
> 우리 신문이 한문은 아니 쓰고 다만 국문으로만 쓰는 것은 상하귀천이 다 보게 함이라. 또 국문을 이렇게 구절을 떼어 쓴즉 아무라도 이 신문을 보기가 쉽고 신문 속에 있는 말을 자세히 알아보게 함이라.

① 교통수단도 발달하지 않던 과거에는 활자 매체인 신문이 소식 전달에 있어 절대적인 역할을 차지했다.

② 민중을 개화시키고 교육하기 위해 발간된 것으로 역사적·정치적으로 큰 의의를 가진다.

③ 한글을 사용해야 누구나 읽을 수 있다는 점을 인식해 한문우월주의에 영향을 받지 않고, 소신 있는 행보를 했다.

④ 일본이 한반도를 집어삼키려 하던 혼란기 우리만의 신문을 펴낼 수 있었다는 것에 큰 의의가 있다.

⑤ 중국의 지배에서 벗어나 자주독립을 꾀하고 스스로 우뚝 서는 독립국을 만들고자 자주적 사상을 강조했다.

05 | 빈칸 넣기

| 유형분석 |

- 주어진 지문을 바탕으로 빈칸에 들어갈 내용을 찾는 문제이다.
- 선택지의 내용을 정확하게 확인하고 빈칸 앞뒤 문맥을 파악하는 능력이 필요하다.

다음 글의 빈칸에 들어갈 내용으로 가장 적절한 것은?

힐링(Healing)은 사회적 압박과 스트레스 등으로 손상된 몸과 마음을 치유하는 방법을 포괄적으로 일컫는 말이다. 우리보다 먼저 힐링이 정착된 서구에서는 질병 치유의 대체 요법 또는 영적·심리적 치료 요법 등을 지칭하고 있다. 국내에서도 최근 힐링과 관련된 갖가지 상품이 유행하고 있다. 간단한 인터넷 검색을 통해 수천 가지의 상품을 확인할 수 있을 정도이다. 종교적 명상, 자연 요법, 운동 요법 등 다양한 형태의 힐링 상품이 존재한다. 심지어 고가의 힐링 여행이나 힐링 주택 등의 상품도 나오고 있다. 그러나 _____
우선 명상이나 기도 등을 통해 내면에 눈뜨고, 필라테스나 요가를 통해 육체적 건강을 회복하여 자신감을 얻는 것부터 출발할 수 있다.

① 힐링이 먼저 정착된 서구의 힐링 상품들을 참고해야 할 것이다.
② 많은 돈을 들이지 않고서도 쉽게 할 수 있는 일부터 찾는 것이 좋을 것이다.
③ 이러한 상품들의 값이 터무니없이 비싸다고 느껴지지는 않을 것이다.
④ 자신을 진정으로 사랑하는 법을 알아야 할 것이다.

정답 ②

빈칸의 전후 문장을 통해 내용을 파악해야 한다. 우선 '그러나'라는 접속어를 통해 빈칸에는 앞의 내용에 상반되는 내용이 오는 것임을 알 수 있다. 따라서 수천 가지의 힐링 상품이나 고가의 상품들을 참고하는 것과는 상반된 내용을 찾으면 된다. 또한, 빈칸 뒤의 내용이 주위에서 쉽게 할 수 있는 힐링 방법을 통해 자신감을 얻는 것부터 출발해야 한다는 내용이므로, 빈칸에는 많은 돈을 들이지 않고도 쉽게 할 수 있는 일부터 찾아야 한다는 내용이 담긴 문장이 오는 것이 적절하다.

풀이 전략!

빈칸 앞뒤의 문맥을 파악한 후 선택지에서 가장 어울리는 내용을 찾는다. 빈칸 앞에 접속어가 있다면 이를 활용한다.

※ 다음 글의 빈칸에 들어갈 내용으로 가장 적절한 것을 고르시오. [1~3]

01

무엇보다도 전통은 문화적 개념이다. 문화는 복합 생성을 그 본질로 한다. 그 복합은 질적으로 유사한 것끼리는 짧은 시간에 무리 없이 융합되지만, 이질적일수록 그 혼융의 역사적 기간과 길항이 오래 걸리는 것은 사실이다. 그러나 전통이 그 주류에 있어서 이질적인 것은 교체가 더디다 해서 전통을 단절된 것으로 볼 수는 없다. 오늘은 이미 하나의 문화적 전통을 이룬 서구의 전통도, 그리스·로마 이래 장구한 역사로써 헬레니즘과 히브리즘의 이질적 전통이 융합된 것임은 이미 다 아는 상식 아닌가.

지금은 끊어졌다는 우리의 고대 이래의 전통도 알고 보면 샤머니즘에, 선교에, 불교에, 도교에, 유교에 실학파를 통해 받아들인 천주교적 전통까지 혼합된 것이고, 그것들 사이에는 유사한 것도 있었지만 상당히 이질적인 것이 교차하여 겯고 튼 끝에 이루어진 전통이요, 그것은 어느 것이나 '우리화' 시켜 받아들임으로써 우리의 전통이 되었던 것이다. 이런 의미에서 보자면 오늘날 일시적 전통의 혼미를 전통의 단절로 속단하고 이를 전통 부정의 논거로 삼는 것은 허황된 논리이다. ＿＿＿＿＿＿ ＿＿＿＿＿＿＿＿＿＿＿＿＿＿＿＿＿＿＿＿ 그러므로 전통의 혼미란 곧 주체 의식의 혼미란 뜻에 지나지 않는다. 전통 탐구의 현대적 의의는 바로 문화의 기본적 주체 의식의 각성과 시대적 가치관의 검토, 이 양자의 관계에 대한 탐구의 요구에 다름 아니다.

① 전통은 우리의 현실에 작용하는 경우가 있다.

② 전통은 물론 과거로부터 이어 온 것을 말한다.

③ 우리 민족 문화의 전통은 부단한 창조 활동 속에서 이어 온 것이다.

④ 전통은 대체로 그 사회 및 그 사회의 구성원인 개인의 몸에 배어 있는 것이다.

⑤ 이질적이어도 끊어지고 바뀌고 붙고 녹는 것을 계속하면서 그것을 일관하는 것이 전통이란 것이다.

스마트팩토리는 인공지능(AI), 사물인터넷(IoT) 등 다양한 기술이 융합된 자율화 공장으로, 제품 설계와 제조, 유통, 물류 등의 산업 현장에서 생산성 향상에 초점을 맞췄다. 이곳에서는 기계, 로봇, 부품 등의 상호 간 정보 교환을 통해 제조 활동을 하고, 모든 공정 이력이 기록되며, 빅데이터 분석으로 사고나 불량을 예측할 수 있다. 스마트팩토리에서는 컨베이어 생산 활동으로 대표되는 산업 현장의 모듈형 생산이 컨베이어를 대체하고 IoT가 신경망 역할을 한다. 센서와 기기 간 다양한 데이터를 수집하고, 이를 서버에 전송하면 서버는 데이터를 분석해 결과를 도출한다. 서버는 AI 기계학습 기술이 적용돼 빅데이터를 분석하고 생산성 향상을 위한 최적의 방법을 제시한다.

스마트팩토리의 대표 사례로는 고도화된 시뮬레이션 '디지털 트윈'을 들 수 있다. 디지털 트윈은 데이터를 기반으로 가상공간에서 미리 시뮬레이션하는 기술이다. 시뮬레이션을 위해 빅데이터를 수집하고 분석과 예측을 위한 통신·분석 기술에 가상현실(VR), 증강현실(AR)과 같은 기술을 더한다. 이를 통해 산업 현장에서 작업 프로세스를 미리 시뮬레이션하고, VR·AR로 검증함으로써 실제 시행에 따른 손실을 줄이고, 작업 효율성을 높일 수 있다.

한편 '에지 컴퓨팅'도 스마트팩토리의 주요 기술 중 하나이다. 에지 컴퓨팅은 산업 현장에서 발생하는 방대한 데이터를 클라우드로 한 번에 전송하지 않고, 에지에서 사전 처리한 후 데이터를 선별해서 전송한다. 서버와 에지가 연동해 데이터 분석 및 실시간 제어를 수행하여 산업 현장에서 생산되는 데이터가 기하급수로 늘어도 서버에 부하를 주지 않는다. 현재 클라우드 컴퓨팅이 중앙 데이터센터와 직접 소통하는 방식이라면 에지 컴퓨팅은 기기 가까이에 위치한 일명 '에지 데이터 센터'와 소통하며, 저장을 중앙 클라우드에 맡기는 형식이다. 이를 통해 데이터 처리 지연 시간을 줄이고 즉각적인 현장 대처를 가능하게 한다.

이러한 스마트팩토리의 발전은 _____ 최근 선진국에서 나타나는 주요 현상 중의 하나는 바로 '리쇼어링'의 가속화이다. 리쇼어링이란 인건비 등 각종 비용 절감을 이유로 해외에 나간 자국 기업들이 다시 본국으로 돌아오는 현상을 의미하는 용어이다. 2000년대 초반까지는 국가적 차원에서 세제 혜택 등의 회유책을 통해 추진되어왔지만, 스마트팩토리의 등장으로 인해 자국 내 스마트팩토리에서의 제조 비용과 중국이나 멕시코와 같은 제3국에서 제조 후 수출 비용에 큰 차이가 없어 리쇼어링 현상은 더욱 가속화되고 있다.

① 공장의 제조 비용을 절감시키고 있다.
② 공장의 세제 혜택을 사라지게 하고 있다.
③ 공장의 위치를 변화시키고 있다.
④ 수출 비용을 줄이는 데 도움이 된다.
⑤ 공장의 생산성을 높이고 있다.

03

오늘날 인류가 왼손보다 오른손을 선호하는 경향은 어디서 비롯되었을까? 오른손을 귀하게 여기고 왼손을 천대하는 현상은 어쩌면 산업화 이전 사회에서 배변 후 사용할 휴지가 없었다는 사실과 관련이 있을 법하다. 맨손으로 배변 뒤처리를 하는 것은 불쾌할 뿐더러 병균을 옮길 위험을 수반하는 일이었다. 이러한 위험성을 낮추는 간단한 방법은 음식을 먹거나 인사할 때 다른 손을 사용하는 것이었다. 기술 발달 이전의 사회에서는 대개 왼손을 배변 뒤처리에, 오른손을 먹고 인사하는 일에 사용했다.

이러한 배경은 인간 사회에 널리 나타나는 '오른쪽'에 대한 긍정과 '왼쪽'에 대한 반감을 어느 정도 설명해 줄 수 있으리라고 생각되었다. 그러나 이 설명은 왜 애초에 오른손이 먹는 일에, 그리고 왼손이 배변 처리에 사용되었는지 설명해 주지 못한다. _____ 따라서 근본적인 설명은 다른 곳에서 찾아야 할 것이다.

한쪽 손을 주로 쓰는 경향은 뇌의 좌우반구의 기능 분화와 관련되어 있는 것으로 보인다. 보고된 증거에 따르면, 왼손잡이는 읽기와 쓰기, 개념적·논리적 사고 같은 좌반구 기능에서 오른손잡이보다 상대적으로 미약한 대신 상상력, 패턴 인식, 창의력 등 전형적인 우반구 기능에서는 상대적으로 기민한 경우가 많다.

이성 대 직관의 힘겨루기, 뇌의 두 반구 사이의 힘겨루기가 오른손과 왼손의 힘겨루기로 표면화된 것이 아닐까 생각해 볼 수 있다. 즉, 오른손이 원래 왼손보다 더 능숙했기 때문이 아니라 뇌의 좌반구가 인간의 행동을 지배하는 권력을 갖게 되었기 때문에 오른손 선호에 이르렀다는 것이다.

① 동서양을 막론하고 왼손잡이 사회는 확인된 바 없기 때문이다.
② 기능적으로 왼손이 오른손보다 섬세하기 때문이다.
③ 모든 사람들이 오른쪽을 선호하는 것이 아니기 때문이다.
④ 양손의 기능을 분담시키지 않는 사람이 존재할 수도 있기 때문이다.
⑤ 현대사회에 들어서 왼손잡이가 늘어나고 있기 때문이다.

06 │ 문서 작성 및 수정

| 유형분석 |

- 기본적인 어휘력과 어법에 대한 지식을 필요로 하는 문제이다.
- 글의 내용을 파악하고 문맥을 읽을 줄 알아야 한다.

다음 글에서 ㉠ ~ ㉤의 수정 방안으로 적절하지 않은 것은?

근대화는 전통 사회의 생활양식에 큰 변화를 가져온다. 특히 급속한 근대화로 인해 전통 사회의 해체 과정이 빨라진 만큼 ㉠ 급격한 변화를 일으킨다. 생활양식의 급격한 변화는 전통 사회 문화의 해체 과정이라고 보아도 ㉡ 무던할 정도이다.

전통문화의 해체는 새롭게 변화하는 사회 구조에 대해서 전통적인 문화가 당면하게 되는 적합성(適合性)의 위기에서 초래되는 현상이다. ㉢ 이처럼 근대화 과정에서 외래문화와 전통문화는 숱하게 갈등을 겪었다. ㉣ 오랫동안 생활양식으로 유지되었던 전통 사회의 문화가 사회 구조 변화의 속도에 맞먹을 정도로 신속하게 변화할 수는 없다.

그러나 문화적 전통을 확립한다는 것은 과거의 전통문화가 고유성을 유지하면서도 현재의 변화된 사회에 적합성을 가지는 것이라 할 수 있다.

① ㉠ : 필요한 문장 성분이 생략되었으므로 '급격한' 앞에 '문화도'를 추가한다.
② ㉡ : 문맥에 어울리지 않으므로 '무방할'로 고친다.
③ ㉢ : 글의 흐름에 어긋나는 내용이므로 삭제한다.
④ ㉣ : 띄어쓰기가 올바르지 않으므로 '오랫 동안'으로 고친다.

정답 ④
'오랫동안'은 부사 '오래'와 명사 '동안'이 결합하면서 사이시옷이 들어간 합성어이다. 따라서 한 단어이므로 붙여 써야 한다.

풀이 전략!

문장에서 주어와 서술어의 호응 관계가 적절한지 주어와 서술어를 찾아 확인해 보는 연습을 하며, 문서 작성의 원칙과 주의사항은 미리 알아 두는 것이 좋다.

01 다음 중 밑줄 친 ㉠ ~ ㉤의 수정 방안으로 적절하지 않은 것은?

사회복지와 근로 의욕과의 관계에 대한 설문 조사 결과를 보면 '사회복지와 근로 의욕이 관계가 있다.'는 응답과 '그렇지 않다.'는 응답의 비율이 비슷하게 나타난다. 하지만 기타 의견에 ㉠ <u>따라</u> 과도한 사회복지는 근로 의욕을 떨어뜨릴 수 있다는 응답이 많았던 것으로 조사되었다. 예를 들어 정부 지원금을 받으나 아르바이트를 하나 비슷한 돈이 나온다면 ㉡ <u>더군다나</u> 일하지 않고 정부 지원금으로만 먹고사는 사람들이 많이 있다는 것이다. 여기서 주목해야 할 점은 과도한 복지 때문이 아닌 정책상의 문제라는 의견도 있다는 사실이다. 현실적으로 일을 할 수 있는 능력이 있는 사람에게는 ㉢ <u>최대한의</u> 생계 비용 이외의 수입을 인정하고, 빈곤층에서 벗어날 수 있게 지원해 주는 것이 개인에게도, 국가에도 바람직한 방식이라는 것이다.

이 설문 조사 결과에서 주목해야 할 또 다른 측면은 사회복지 체제가 잘 되어 있을수록 근로 의욕이 떨어진다고 응답한 사람의 ㉣ <u>과반수 이상이</u> 중산층 이상의 경제력을 가지고 있었다는 점이다. 재산이 많은 사람에게는 약간의 세금 확대도 ㉤ <u>영향이 적을 수 있기 때문에</u> 경제 발전을 위한 세금 확대는 찬성하더라도 복지 정책을 위한 세금 확대는 반대하는 것이다. 이러한 점을 고려해 보면 소득 격차 축소를 원하는 국민보다 복지 정책을 위한 세금 확대에 반대하는 국민이 많은 다소 모순된 설문 조사 결과에 대한 설명이 가능하다.

① ㉠ : 호응 관계를 고려하여 '따르면'으로 수정한다.
② ㉡ : 앞뒤 내용의 관계를 고려하여 '차라리'로 수정한다.
③ ㉢ : 전반적인 내용의 흐름을 고려하여 '최소한의'로 수정한다.
④ ㉣ : '과반수'의 뜻을 고려하여 '절반 이상이' 또는 '과반수가'로 수정한다.
⑤ ㉤ : 일반적인 사실을 말하는 것이므로 '영향이 적기 때문에'로 수정한다.

02 다음 중 ㉠~㉤의 수정 방안으로 가장 적절한 것은?

> 최근 사물인터넷에 대한 사람들의 관심이 부쩍 늘고 있는 추세이다. 사물인터넷은 '인터넷을 기반으로 모든 사물을 연결하여 사람과 사물, 사물과 사물 간에 정보를 상호 소통하는 지능형 기술 및 서비스'를 말한다.
>
> ㉠ 통계에 따르면 사물인터넷은 전 세계적으로 민간 부문 14조 4,000억 달러, 공공 부문 4조 6,000억 달러에 달하는 경제적 가치를 창출할 것으로 ㉡ 예상되며 그 가치는 더욱 커질 것으로 기대된다. 그래서 사물인터넷 사업은 국가 경쟁력을 확보할 수 있는 미래 산업으로서 그 중요성이 강조되고 있으며, 이에 선진국들은 에너지, 교통, 의료, 안전 등 다양한 분야에 걸쳐 투자를 하고 있다. 그러나 우리나라는 정부 차원의 경제적 지원이 부족하여 사물인터넷 산업이 활성화되는 데 어려움이 있다. 또한 국내의 기업들은 사물인터넷 시장의 불확실성 때문에 적극적으로 투자에 나서지 못하고 있으며, 사물인터넷 관련 기술을 확보하지 못하고 있는 실정이다.
> ㉢ 그 결과 우리나라의 사물인터넷 시장은 선진국에 비해 확대되지 못하고 있다.
> 그렇다면 국내 사물인터넷 산업을 활성화하기 위한 방안은 무엇일까? 우선 정부에서는 사물인터넷 산업의 기반을 구축하는 데 필요한 정책과 제도를 정비하고, 관련 기업에 경제적 지원책을 마련해야 한다. 또한 수익성이 불투명하다고 느끼는 기업으로 하여금 투자를 하도록 유도하여 사물인터넷 산업이 발전할 수 있도록 해야 한다. 그리고 기업들은 이동 통신 기술 및 차세대 빅데이터 기술 개발에 집중하여 사물인터넷으로 인해 발생하는 대용량의 데이터를 원활하게 수집하고 분석할 수 있는 기술력을 ㉣ 확증해야 할 것이다.
> ㉤ 사물인터넷은 세상을 연결하여 소통하게 하는 끈이다. 이러한 사물인터넷은 우리에게 편리한 삶을 약속할 뿐만 아니라 경제적 가치를 창출할 미래 산업으로 자리매김할 것이다.

① ㉠ : 서로 다른 내용을 다루고 있는 부분이 있으므로 문단을 두 개로 나눈다.

② ㉡ : 불필요한 피동 표현에 해당하므로 '예상하며'로 수정한다.

③ ㉢ : 앞 문장의 결과라기보다는 원인이므로 '그 이유는 우리나라의 사물인터넷 시장은 선진국에 비해 확대되지 못하고 있기 때문이다.'로 수정한다.

④ ㉣ : 문맥상 어울리지 않는 단어이므로 '확인'으로 바꾼다.

⑤ ㉤ : 글과 상관없는 내용이므로 삭제한다.

03   다음 중 밑줄 친 ㉠ ~ ㉤의 수정 방안으로 적절하지 않은 것은?

> 동양의 산수화에는 자연의 다양한 모습을 대하는 화가의 개성 혹은 태도가 ㉠ 드러나 있는데, 이를 표현하는 기법 중의 하나가 준법이다. 준법(皴法)이란 점과 선의 특성을 활용하여 산, 바위, 토파(土坡) 등의 입체감, 양감, 질감, 명암 등을 나타내는 기법으로, 산수화 중 특히 수묵화에서 발달하였다.
>
> 수묵화는 선의 예술이다. 수묵화에서는 먹(墨)만을 사용하기 때문에 대상의 다양한 모습이나 질감을 ㉡ 표현하는데 한계가 있다. ㉢ 거친 선, 부드러운 선, 곧은 선, 꺾은 선 등 다양한 선을 활용하여 대상에 대한 느낌, 분위기를 표현한다. 이 과정에서 선들이 지닌 특성과 효과 등이 점차 유형화되어 발전된 것이 준법이다.
>
> 준법 가운데 보편적으로 쓰이는 것에는 피마준, 수직준, 절대준, 미점준 등이 있다. 일정한 방향과 간격으로 선을 여러 개 그어 산의 등선을 표현하여 부드럽고 차분한 느낌을 주는 것이 피마준이다. 반면 수직준은 선을 위에서 아래로 죽죽 내려 그어 강하고 힘찬 느낌을 주어 뾰족한 바위산을 표현할 때 주로 사용한다. 절대준은 수평으로 선을 긋다가 수직으로 꺾어 내리는 것을 반복하여 마치 'ㄱ'자 모양이 겹쳐진 듯 표현한 것이다. 이는 주로 모나고 거친 느낌을 주는 지층이나 바위산을 표현할 때 쓰인다. 미점준은 쌀알 같은 타원형의 작은 점을 연속적으로 ㉣ 찍혀 주로 비 온 뒤의 습한 느낌이나 수풀을 표현할 때 사용한다.
>
> ㉤ 준법은 화가가 자연에 대해 인식하고 표현하는 수단이다. 화가는 준법을 통해 단순히 대상의 외양뿐만 아니라 대상에 대한 자신의 느낌, 인식의 깊이까지 화폭에 그려내는 것이다.

① ㉠ : 문맥의 흐름을 고려하여 '들어나'로 고친다.

② ㉡ : 띄어쓰기가 올바르지 않으므로 '표현하는 데'로 고친다.

③ ㉢ : 문장을 자연스럽게 연결하기 위해 문장 앞에 '그래서'를 추가한다.

④ ㉣ : 목적어와 서술어의 호응 관계를 고려하여 '찍어'로 고친다.

⑤ ㉤ : 필요한 문장 성분이 생략되었으므로 '표현하는' 앞에 '인식의 결과를'을 추가한다.

07 | 맞춤법 및 어휘

| 유형분석 |

- 맞춤법에 맞는 단어를 찾거나 주어진 지문의 내용에 어울리는 단어를 찾는 문제가 주로 출제된다.
- 단어 사이의 관계에 대한 문제가 출제되므로 뜻이 비슷하거나 반대되는 단어를 함께 학습하는 것이 좋다.
- 자주 출제되는 단어나 헷갈리는 단어에 대한 학습을 꾸준히 하는 것이 좋다.

다음 중 밑줄 친 단어와 바꿔 사용할 수 있는 것은?

최저임금법 시행령 제5조 제1항 제2호 및 제3호는 주 단위 또는 월 단위로 지급된 임금에 대해 1주 또는 월의 소정근로시간 수로 나눈 금액을 시간에 대한 임금으로 규정하고 있다. 그러나 최저임금 산정을 위한 소정근로시간 수에 대해 고용노동부와 대법원의 해석이 <u>어긋나</u> 눈길을 끈다. 고용노동부는 소정근로시간에 유급주휴시간을 포함하여 계산하여 통상임금 산정기준 근로시간 수와 동일하게 본 반면, 대법원은 최저임금 산정을 위한 소정근로시간 수에 유급주휴시간을 제외하고 산정하였다.

① 배치되어　　　　　　　　　　② 도치되어
③ 대두되어　　　　　　　　　　④ 전도되어
⑤ 발생되어

정답 ①
- 어긋나다 : 방향이 비껴서 서로 만나지 못하다.
- 배치하다 : 서로 반대로 되어 어그러지거나 어긋나다.

오답분석
② 도치하다 : 차례나 위치 따위를 서로 뒤바꾸다.
③ 대두하다 : 어떤 세력이나 현상이 새롭게 나타나다.
④ 전도하다 : 거꾸로 되거나 거꾸로 하다.
⑤ 발생하다 : 어떤 일이나 사물이 생겨나다.

풀이 전략!
문제에서 물어보는 단어를 정확히 확인해야 하고, 문제에서 다루고 있는 단어의 앞뒤 내용을 읽고 글의 전체적 흐름을 생각하며 문제에 접근해야 한다.

01 다음 중 밑줄 친 부분이 맞춤법상 옳지 않은 것은?

① 바리스타로서 자부심을 가지고 커피를 내렸다.
② 어제는 왠지 피곤한 하루였다.
③ 용감한 시민의 제보로 진실이 드러났다.
④ 점심을 먹은 뒤 바로 설겆이를 했다.
⑤ 그 나무는 밑동만 남아 있었다.

02 다음 중 밑줄 친 부분의 맞춤법이 옳은 것은?

① 그는 손가락으로 북쪽을 가르켰다.
② 뚝배기에 담겨 나와서 시간이 지나도 식지 않았다.
③ 열심히 하는 것은 좋은데 촛점이 틀렸다.
④ 몸이 너무 약해서 보약을 다려 먹어야겠다.
⑤ 벽을 가득 덮고 있는 덩쿨 덕에 여름 분위기가 난다.

03 다음 빈칸 ㉠~㉢에 들어갈 단어를 순서대로 바르게 나열한 것은?

> • A씨는 작년에 이어 올해에도 사장직을 ___㉠___ 하였다.
> • 수입품에 대한 고율의 관세를 ___㉡___ 할 방침이다.
> • 은행 돈을 빌려 사무실을 ___㉢___ 하였다.

	㉠	㉡	㉢
①	역임	부여	임대
②	역임	부과	임차
③	연임	부과	임차
④	역임	부여	임대
⑤	연임	부과	임대

08 | 한자성어 · 속담

| 유형분석 |

- 실생활에서 활용되는 한자성어나 속담을 이해할 수 있는지 평가한다.
- 제시된 상황과 일치하는 사자성어 또는 속담을 고르거나 한자의 훈음·독음을 맞히는 등 다양한 유형이 출제된다.

다음 상황에 어울리는 속담으로 가장 적절한 것은?

얼마 전 반장 민수는 실수로 칠판을 늦게 지운 주번 상우에게 벌점을 부과하였고, 이로 인해 벌점이 초과된 상우는 방과 후 학교에 남아 반성문을 쓰게 되었다. 이처럼 민수는 사소한 잘못을 저지른 학급 친구에게도 가차 없이 벌점을 부여하여 학급 친구들의 원망을 샀고, 결국에는 민수를 반장으로 추천했던 친구들 모두 민수에게 등을 돌렸다.

① 원님 덕에 나팔 분다.
② 듣기 좋은 꽃노래도 한두 번이지.
③ 집 태우고 바늘 줍는다.
④ 맑은 물에 고기 안 논다.
⑤ 찬물도 위아래가 있다.

정답 ④

④는 사람이 지나치게 결백하면 남이 따르지 않음을 비유적으로 이르는 말로, 지나치게 원리·원칙을 지키다 친구들의 신뢰를 잃게 된 반장 민수의 상황에 적절하다.

오답분석

① 남의 덕으로 대접을 받고 우쭐댄다.
② 아무리 좋은 일이라도 여러 번 되풀이하여 대하게 되면 싫어진다.
③ 큰 것을 잃은 후에 작은 것을 아끼려고 한다.
⑤ 무엇에나 순서가 있으니, 그 차례를 따라 하여야 한다.

풀이 전략!

- 한자성어나 속담 관련 문제의 경우 일정 수준 이상의 사전지식을 요구하므로, 지원 기업 관련 기사 및 이슈를 틈틈이 찾아보며 한자성어나 속담에 대입하는 연습을 하면 효과적으로 대처할 수 있다.
- 문제에 제시된 한자성어의 의미를 파악하기 어렵다면, 먼저 알고 있는 한자가 있는지 확인한 후 글의 문맥과 상황에 대입하며 선택지를 하나씩 소거해 나가는 것이 효율적이다.

01 다음 글과 가장 관련 있는 한자성어는?

우리나라의 200만 개 일자리를 창출 중인 건설업에서 매년 400여 명이 목숨을 잃고 있는 것으로 나타났다. 이에 고용노동부 장관은 최근 희생자가 발생한 8개의 건설사 대표이사들을 불러 이 문제에 대한 간담회를 가졌다.

간담회에서 이 장관은 단순히 안전 구호를 외치며 안전 체조를 하던 과거 방식은 더 이상 사망사고를 막을 수 없다며, 사망사고를 예방하기 위해서는 각 작업장에서의 위험 요소를 파악하고 이에 대한 안전조치를 파악해 현장 자체를 변화시켜야 한다고 주장했다. 또한 특정 건설사에서 계속하여 사망사고가 발생하는 것은 경영자와 본사의 노력이 현장에 미치지 못하고 형식적인 데에서만 그치고 있는 것이라며 안전경영 리더십을 글이 아닌 직접 행동으로 보여줄 것을 촉구하였다.

① 각주구검(刻舟求劍)   ② 수주대토(守株待兔)
③ 자강불식(自强不息)   ④ 오하아몽(吳下阿蒙)
⑤ 일취월장(日就月將)

02 다음 글과 가장 관련 있는 속담은?

한국을 방문한 외국인들을 대상으로 한 설문조사에서 인상 깊은 한국의 '빨리빨리' 문화로 '자판기에 손 넣고 기다리기, 웹사이트가 3초 안에 안 나오면 창 닫기, 엘리베이터 닫힘 버튼 계속 누르기' 등이 뽑혔다. 외국인들에게 가장 큰 충격을 준 것은 바로 '가게 주인의 대리 서명'이었다. 외국인들은 가게 주인이 카드 모서리로 대충 사인을 하는 것을 보고 큰 충격을 받았다고 하였다. 외국에서는 서명을 대조하여 확인하기 때문에 대리 서명은 상상도 할 수 없다는 것이다.

① 가재는 게 편이다.
② 우물에 가 숭늉 찾는다.
③ 봇짐 내어 주며 앉으라 한다.
④ 하나를 듣고 열을 안다.
⑤ 낙숫물이 댓돌을 뚫는다.

CHAPTER 02

수리능력

합격 Cheat Key

수리능력은 사칙 연산·통계·확률의 의미를 정확하게 이해하고 이를 업무에 적용하는 능력으로, 기초 연산과 기초 통계, 도표 분석 및 작성의 문제 유형으로 출제된다. 수리능력 역시 채택하지 않는 공사·공단이 거의 없을 만큼 필기시험에서 중요도가 높은 영역이다.

특히, 난이도가 높은 공사·공단의 시험에서는 도표 분석, 즉 자료 해석 유형의 문제가 많이 출제되고 있고, 응용 수리 역시 꾸준히 출제하는 공사·공단이 많기 때문에 기초 연산과 기초 통계에 대한 공식의 암기와 자료 해석 능력을 기를 수 있는 꾸준한 연습이 필요하다.

1 응용 수리의 공식은 반드시 암기하라!

응용 수리는 공사·공단마다 출제되는 문제는 다르지만, 사용되는 공식은 비슷한 경우가 많으므로 자주 출제되는 공식을 반드시 암기하여야 한다. 문제에서 묻는 것을 정확하게 파악하여 그에 맞는 공식을 적절하게 적용하는 꾸준한 노력과 공식을 암기하는 연습이 필요하다.

2 자료의 해석은 자료에서 즉시 확인할 수 있는 지문부터 확인하라!

수리능력 중 도표 분석, 즉 자료 해석 능력은 많은 시간을 필요로 하는 문제가 출제되므로, 증가·감소 추이와 같이 눈으로 확인이 가능한 지문을 먼저 확인한 후 복잡한 계산이 필요한 지문을 확인하는 방법으로 문제를 풀이한다면 시간을 조금이라도 아낄 수 있다. 또한, 여러 가지 보기가 주어진 문제 역시 지문을 잘 확인하고 문제를 풀이한다면 불필요한 계산을 생략할 수 있으므로 항상 지문부터 확인하는 습관을 들여야 한다.

3 도표 작성에서 지문에 작성된 도표의 제목을 반드시 확인하라!

도표 작성은 하나의 자료 혹은 보고서와 같은 수치가 표현된 자료를 도표로 작성하는 형식으로 출제되는데, 대체로 표보다는 그래프를 작성하는 형태로 많이 출제된다. 지문을 살펴보면 각 지문에서 주어진 도표에도 소제목이 있는 경우가 대부분이다. 이때, 자료의 수치와 도표의 제목이 일치하지 않는 경우 함정이 존재하는 문제일 가능성이 높으므로 도표의 제목을 반드시 확인하는 것이 중요하다.

01 | 응용 수리

| 유형분석 |

- 문제에서 제공하는 정보를 파악한 뒤, 사칙연산을 활용하여 계산하는 전형적인 수리문제이다.
- 문제를 풀기 위한 정보가 산재되어 있는 경우가 많으므로 주어진 조건 등을 꼼꼼히 확인해야 한다.

세희네 가족의 올해 휴가비용은 작년 대비 교통비는 15%, 숙박비는 24% 증가하였고, 전체 휴가비용은 20% 증가하였다. 작년 전체 휴가비용이 36만 원일 때, 올해 숙박비는?(단, 전체 휴가비는 교통비와 숙박비의 합이다)

① 160,000원
② 184,000원
③ 200,000원
④ 248,000원
⑤ 268,000원

정답 ④

작년 교통비를 x원, 숙박비를 y원이라 하자.
$1.15x + 1.24y = 1.2(x+y)$ … ㉠
$x + y = 36$ … ㉡
㉠과 ㉡을 연립하면 $x=16$, $y=20$이다.
따라서 올해 숙박비는 $20 \times 1.24 = 24.8$만 원이다.

풀이 전략!

문제에서 묻는 바를 정확하게 확인한 후, 필요한 조건 또는 정보를 구분하여 신속하게 풀어 나간다. 단, 계산에 착오가 생기지 않도록 유의한다.

01 물이 가득 차 있는 물통의 밑변이 각각 5cm×4cm이고, 높이는 12cm이다. 이 물통 바닥에 갑자기 구멍이 나서 5mL/s의 속도로 물이 빠져나가게 되었다. 물이 완전히 다 빠지고 난 직후 15mL/s의 속도로 다시 물을 채워 넣는다면, 물이 빠져나가기 시작해서 물통에 물이 다시 가득 차게 될 때까지 몇 초가 걸리겠는가?

① 24초   ② 36초

③ 48초   ④ 60초

⑤ 72초

02 출입국관리사무소에서는 우리나라에 입국한 외국인을 조사하고 있다. 당일 조사한 결과 외국인 100명 중 중국인은 30%였고, 관광을 목적으로 온 외국인은 20%였다. 또한, 중국인을 제외한 외국인 중 관광을 목적으로 온 사람은 20%였다. 임의로 중국인 1명을 조사할 때, 관광을 목적으로 온 사람일 확률은 얼마인가?

① $\dfrac{1}{2}$ ② $\dfrac{1}{3}$

③ $\dfrac{1}{4}$ ④ $\dfrac{1}{5}$

⑤ $\dfrac{1}{6}$

03 농도가 10%인 소금물 200g에 농도가 15%인 소금물을 섞어서 농도가 13%인 소금물을 만들려고 한다. 이때, 농도가 15%인 소금물은 몇 g이 필요한가?

① 150g   ② 200g

③ 250g   ④ 300g

⑤ 350g

04 어느 공장에서 작년에 A제품과 B제품을 합하여 1,000개를 생산하였다. 올해는 작년에 비하여 A제품의 생산이 10% 증가하였고, B제품의 생산은 10% 감소하였으며, 전체 생산량은 4% 증가하였다. 올해에 생산된 A제품의 수는?

① 550개
② 600개
③ 660개
④ 700개
⑤ 770개

05 경기도 Y시에는 세계 4대 테마파크로 꼽히는 K랜드가 있다. K랜드는 회원제 시스템을 운영 중이다. 비회원은 매표소에서 자유이용권 1장을 20,000원에 구매할 수 있고, 회원은 자유이용권 1장을 20% 할인된 가격에 구매할 수 있다. 회원 가입비가 50,000원이라 할 때, K랜드를 최소 몇 번 이용해야 회원 가입한 것이 이익인가?(단, 회원 1인당 1회 방문 시 자유이용권 1장을 구매할 수 있다)

① 11회
② 12회
③ 13회
④ 14회
⑤ 15회

06 어떤 공원의 트랙 모양의 산책로를 걷는데 시작 지점에서 민주는 분속 40m의 속력으로, 세희는 분속 45m의 속력으로 서로 반대 방향으로 걷고 있다. 출발한 지 40분 후에 두 사람이 두 번째로 마주치게 된다고 할 때, 산책로의 길이는?

① 1,350m
② 1,400m
③ 1,550m
④ 1,700m
⑤ 1,750m

07 K고등학교 운동장은 다음과 같이 양 끝이 반원 모양이다. 한 학생이 운동장 가장자리를 따라 한 바퀴를 달린다고 할 때, 학생이 달린 거리는 몇 m인가?(단, 원주율 $\pi \fallingdotseq 3$으로 계산한다)

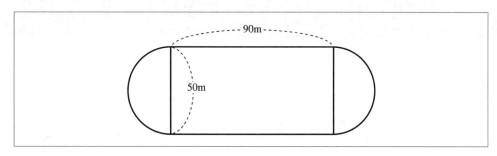

① 300m ② 310m

③ 320m ④ 330m

⑤ 340m

08 진영이는 이번 출장을 위해 KTX 표를 미리 구매하여 40% 할인된 가격에 구매하였다. 하지만 출장 일정이 바뀌어서 하루 전날 표를 취소하였다. 환불 규정에 따라 16,800원을 돌려받았을 때, 할인되지 않은 KTX 표의 가격은 얼마인가?

〈환불 규정〉
• 2일 전 : 구매 가격의 100%
• 1일 전부터 열차 출발 전 : 구매 가격의 70%
• 열차 출발 후 : 구매 가격의 50%

① 40,000원 ② 48,000원

③ 56,000원 ④ 67,200원

⑤ 70,000원

02 | 수열 규칙

| 유형분석 |

- 나열된 수의 규칙을 찾아 해결하는 문제이다.
- 등차·등비수열 등 다양한 수열 규칙에 대한 사전 학습이 요구된다.

다음과 같이 일정한 규칙으로 수를 나열할 때, 빈칸에 들어갈 수는?

| 0 | 3 | 5 | 10 | 17 | 29 | 48 | ( ) |

① 55 ② 60
③ 71 ④ 79

정답 ④

n을 자연수라 하면 $(n+1)$항에서 n항을 더하고 $+2$를 한 값인 $(n+2)$항이 되는 수열이다.

따라서 ( )$=48+29+2=79$이다.

풀이 전략!

- 수열을 풀이할 때는 다음과 같은 규칙이 적용되는지를 순차적으로 판단한다.
  1) 각 항에 일정한 수를 사칙연산(+, −, ×, ÷)하는 규칙
  2) 홀수 항, 짝수 항 규칙
  3) 피보나치 수열과 같은 계차를 이용한 규칙
  4) 군수열을 활용한 규칙
  5) 항끼리 사칙연산을 하는 규칙

주요 수열 규칙

구분	내용
등차수열	앞의 항에 일정한 수를 더해 이루어지는 수열
등비수열	앞의 항에 일정한 수를 곱해 이루어지는 수열
피보나치 수열	앞의 두 항의 합이 그 다음 항의 수가 되는 수열
건너뛰기 수열	두 개 이상의 수열 또는 규칙이 일정한 간격을 두고 번갈아가며 적용되는 수열
계차수열	앞의 항과 차가 일정하게 증가하는 수열
군수열	일정한 규칙성으로 몇 항씩 묶어 나눈 수열

※ 다음과 같이 일정한 규칙으로 수를 나열할 때, 빈칸에 들어갈 수를 고르시오. [1~3]

01

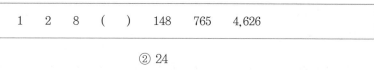

| | 1 | 2 | 8 | (|) | 148 | 765 | 4,626 |

① 12   ② 24
③ 27   ④ 33
⑤ 36

02

| | 2 | 2 | 6 | 30 | (|) | 1,890 |

① 150   ② 180
③ 210   ④ 240
⑤ 270

03

| | 94 | 52 | 80 | 62 | (|) | 72 | 52 | 82 |

① 60   ② 62
③ 64   ④ 66
⑤ 68

03 | 자료 계산

| 유형분석 |

- 문제에 주어진 자료를 분석하여 각 선택지의 값을 계산해 정답 유무를 판단하는 문제이다.
- 주로 그래프와 표로 제시되며, 경영·경제·산업 등과 관련된 최신 이슈를 많이 다룬다.
- 자료 간의 증감률·비율·추세 등을 자주 묻는다.

다음은 K국의 부양인구비를 나타낸 자료이다. 2023년 15세 미만 인구 대비 65세 이상 인구의 비율은 얼마인가?(단, 비율은 소수점 둘째 자리에서 반올림한다)

〈부양인구비〉

구분	2019년	2020년	2021년	2022년	2023년
부양비	37.3	36.9	36.8	36.8	36.9
유소년부양비	22.2	21.4	20.7	20.1	19.5
노년부양비	15.2	15.6	16.1	16.7	17.3

※ (유소년부양비)$=\dfrac{(15세 미만 인구)}{(15 \sim 64세 인구)} \times 100$

※ (노년부양비)$=\dfrac{(65세 이상 인구)}{(15 \sim 64세 인구)} \times 100$

① 72.4%

② 77.6%

③ 81.5%

④ 88.7%

정답 ④

2023년 15세 미만 인구를 x명, 65세 이상 인구를 y명, $15 \sim 64$세 인구를 a명이라 하면,

15세 미만 인구 대비 65세 이상 인구 비율은 $\dfrac{y}{x} \times 100$이므로

(2023년 유소년부양비)$=\dfrac{x}{a} \times 100 = 19.5 \to a = \dfrac{x}{19.5} \times 100 \cdots \unicode{x1F150}$

(2023년 노년부양비)$=\dfrac{y}{a} \times 100 = 17.3 \to a = \dfrac{y}{17.3} \times 100 \cdots \unicode{x1F151}$

㉠, ㉡을 연립하면 $\dfrac{x}{19.5} = \dfrac{y}{17.3} \to \dfrac{y}{x} = \dfrac{17.3}{19.5}$이므로, 15세 미만 인구 대비 65세 이상 인구의 비율은 $\dfrac{17.3}{19.5} \times 100 ≒ 88.7\%$이다.

풀이 전략!

선택지를 먼저 읽고 필요한 정보를 도표에서 확인하도록 하며, 계산이 필요한 경우에는 실제 수치를 사용하여 복잡한 계산을 하는 대신, 대소 관계의 비교나 선택지의 옳고 그름만을 판단할 수 있을 정도로 간소화하여 계산해 풀이시간을 단축할 수 있도록 한다.

01 다음은 2018년부터 2023년까지 자원봉사 참여 현황에 대한 자료이다. 6년 동안 참여율이 4번째로 높은 해의 전년 대비 참여율의 증가율은?(단, 증가율은 소수점 첫째 자리에서 반올림한다)

〈자원봉사 참여 현황〉

구분	2018년	2019년	2020년	2021년	2022년	2023년
총 성인 인구수	35,744	36,786	37,188	37,618	38,038	38,931
자원봉사 참여 성인 인구수	1,621	2,103	2,548	3,294	3,879	4,634
참여율	4.5	5.7	6.9	8.8	10.2	11.9

① 약 17%　　　　　　　　　　　　② 약 19%

③ 약 21%　　　　　　　　　　　　④ 약 23%

⑤ 약 25%

02 서울에 위치한 A회사는 거래처인 B, C회사에 소포를 보냈다. 서울에 위치한 B회사에는 800g의 소포를, 인천에 위치한 C회사에는 2.4kg의 소포를 보냈다. 두 회사로 보낸 소포의 총중량은 16kg 이하이고, 택배요금의 합계는 6만 원이다. K택배회사의 요금표가 다음과 같을 때, A회사는 800g 소포와 2.4kg 소포를 각각 몇 개씩 보냈는가?(단, 소포는 각 회사로 1개 이상 보낸다)

〈K택배회사 요금표〉

구분	~2kg	~4kg	~6kg	~8kg	~10kg
동일지역	4,000원	5,000원	6,500원	8,000원	9,500원
타지역	5,000원	6,000원	7,500원	9,000원	10,500원

	800g	2.4kg
①	12개	2개
②	12개	4개
③	9개	2개
④	9개	4개
⑤	6개	6개

04 | 자료 이해

| 유형분석 |

- 제시된 자료를 분석하여 선택지의 정답 유무를 판단하는 문제이다.
- 자료의 수치 등을 통해 변화량이나 증감률, 비중 등을 비교하여 판단하는 문제가 자주 출제된다.
- 지원하고자 하는 기업이나 산업과 관련된 자료 등이 문제의 자료로 많이 다뤄진다.

다음은 도시폐기물량 상위 10개국의 도시폐기물량지수와 한국의 도시폐기물량을 나타낸 자료이다. 이에 대한 〈보기〉 중 옳은 것을 모두 고르면?

〈도시폐기물량 상위 10개국의 도시폐기물량지수〉

순위	2020년		2021년		2022년		2023년	
	국가	지수	국가	지수	국가	지수	국가	지수
1	미국	12.05	미국	11.94	미국	12.72	미국	12.73
2	러시아	3.40	러시아	3.60	러시아	3.87	러시아	4.51
3	독일	2.54	브라질	2.85	브라질	2.97	브라질	3.24
4	일본	2.53	독일	2.61	독일	2.81	독일	2.78
5	멕시코	1.98	일본	2.49	일본	2.54	일본	2.53
6	프랑스	1.83	멕시코	2.06	멕시코	2.30	멕시코	2.35
7	영국	1.76	프랑스	1.86	프랑스	1.96	프랑스	1.91
8	이탈리아	1.71	영국	1.75	이탈리아	1.76	터키	1.72
9	터키	1.50	이탈리아	1.73	영국	1.74	영국	1.70
10	스페인	1.33	터키	1.63	터키	1.73	이탈리아	1.40

※ (도시폐기물량지수)=$\dfrac{(해당\ 연도\ 해당\ 국가의\ 도시폐기물량)}{(해당\ 연도\ 한국의\ 도시폐기물량)}$

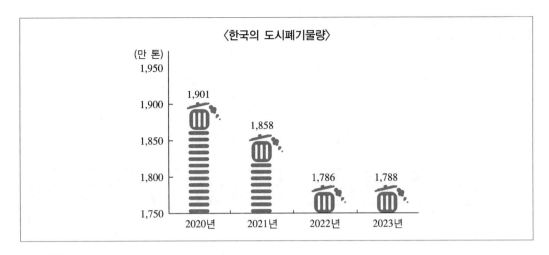

〈한국의 도시폐기물량〉

보기

㉠ 2023년 도시폐기물량은 미국이 일본의 4배 이상이다.
㉡ 2022년 러시아의 도시폐기물량은 8,000만 톤 이상이다.
㉢ 2023년 스페인의 도시폐기물량은 2020년에 비해 감소하였다.
㉣ 영국의 도시폐기물량은 터키의 도시폐기물량보다 매년 많다.

① ㉠, ㉢   ② ㉠, ㉣
③ ㉡, ㉢   ④ ㉢, ㉣

정답 ①

㉠ 제시된 자료의 각주에 의해 같은 해의 각국의 도시폐기물량지수는 그 해 한국의 도시폐기물량을 기준해 도출된다. 즉, 같은 해의 여러 국가의 도시폐기물량을 비교할 때 도시폐기물량지수로도 비교가 가능하다. 2023년 미국과 일본의 도시폐기물량지수는 각각 12.73, 2.53이며, 2.53×4＝10.12＜12.73이므로 옳은 설명이다.

㉢ 2020년 한국의 도시폐기물량은 1,901만 톤이므로 2020년 스페인의 도시폐기물량은 1,901×1.33＝2,528.33만 톤이다. 도시폐기물량 상위 10개국의 도시폐기물량지수 자료를 보면 2023년 스페인의 도시폐기물량지수는 상위 10개국에 포함되지 않았음을 확인할 수 있다. 즉, 스페인의 도시폐기물량은 도시폐기물량지수 10위인 이탈리아의 도시폐기물량보다 적다. 2023년 한국의 도시폐기물량은 1,788만 톤이므로 이탈리아의 도시폐기물량은 1,788×1.40＝2,503.2만 톤이다. 즉, 2023년 이탈리아의 도시폐기물량은 2020년 스페인의 도시폐기물량보다 적다. 따라서 2023년 스페인의 도시폐기물량은 2020년에 비해 감소했다.

오답분석

㉡ 2022년 한국의 도시폐기물량은 1,786만 톤이므로 2022년 러시아의 도시폐기물량은 1,786×3.87＝6,911.82만 톤이다.
㉣ 2023년의 경우 터키의 도시폐기물량지수는 영국보다 높다. 따라서 2023년 영국의 도시폐기물량은 터키의 도시폐기물량보다 적다.

풀이 전략!

평소 변화량이나 증감률, 비중 등을 구하는 공식을 알아두고 있어야 하며, 지원하는 기업이나 산업에 관한 자료 등을 확인하여 비교하는 연습 등을 한다.

01 다음은 2023년 경제자유구역 입주 사업체 투자재원조달 실태조사 결과이다. 이에 대한 〈보기〉의 설명 중 옳은 것을 모두 고르면?

〈2023년 경제자유구역 입주 사업체 투자재원조달 실태조사 결과〉

(단위 : 백만 원, %)

구분		전체		국내투자		해외투자	
		금액	비중	금액	비중	금액	비중
국내재원	자체	4,025	57.2	2,682	52.6	1,343	69.3
	정부	2,288	32.5	2,138	42.0	150	7.7
	기타	356	5.0	276	5.4	80	4.2
	소계	6,669	94.7	5,096	100.0	1,573	81.2
해외재원	소계	365	5.3	–	–	365	18.8
합계		7,034	100.0	5,096	100.0	1,938	100.0

보기

ㄱ. 자체 재원조달금액 중 국내투자에 사용되는 금액이 차지하는 비중은 60%를 초과한다.

ㄴ. 해외재원은 모두 해외투자에 사용되고 있다.

ㄷ. 국내재원 중 정부조달금액이 차지하는 비중은 40%를 초과한다.

ㄹ. 국내재원 중 국내투자금액은 해외투자금액의 3배 미만이다.

① ㄱ, ㄴ

② ㄱ, ㄷ

③ ㄴ, ㄷ

④ ㄴ, ㄹ

⑤ ㄷ, ㄹ

02 다음은 2023년 항목별 상위 7개 동의 자산규모를 나타낸 자료이다. 이에 대한 설명으로 옳은 것은?

〈2023년 항목별 상위 7개 동의 자산규모〉

순위 \ 구분	총자산(조 원)		부동산자산(조 원)		예금자산(조 원)		가구당 총자산(억 원)	
	동명	규모	동명	규모	동명	규모	동명	규모
1	여의도동	24.9	대치동	17.7	여의도동	9.6	을지로동	51.2
2	대치동	23.0	서초동	16.8	태평로동	7.0	여의도동	26.7
3	서초동	22.6	압구정동	14.3	을지로동	4.5	압구정동	12.8
4	반포동	15.6	목동	13.7	서초동	4.3	도곡동	9.2
5	목동	15.5	신정동	13.6	역삼동	3.9	잠원동	8.7
6	도곡동	15.0	반포동	12.5	대치동	3.1	이촌동	7.4
7	압구정동	14.4	도곡동	12.3	반포동	2.5	서초동	6.4

※ (총자산)＝(부동산자산)＋(예금자산)＋(증권자산)

※ (가구 수)＝$\dfrac{(총자산)}{(가구당 총자산)}$

① 압구정동의 가구 수는 여의도동의 가구 수보다 적다.

② 이촌동의 가구 수는 2만 가구 이상이다.

③ 대치동의 증권자산은 서초동의 증권자산보다 많다.

④ 여의도동의 증권자산은 최소 4조 원 이상이다.

⑤ 도곡동의 총자산 대비 부동산자산의 비율은 목동보다 높다.

03 다음은 8개국의 무역수지에 대한 자료이다. 이에 대한 설명으로 옳지 않은 것은?

〈8개국의 무역수지 현황〉

(단위 : 백만 USD)

구분	한국	그리스	노르웨이	뉴질랜드	대만	독일	러시아	미국
7월	40,882	2,490	7,040	2,825	24,092	106,308	22,462	125,208
8월	40,125	2,145	7,109	2,445	24,629	107,910	23,196	116,218
9월	40,846	2,656	7,067	2,534	22,553	118,736	25,432	122,933
10월	41,983	2,596	8,005	2,809	26,736	111,981	24,904	125,142
11월	45,309	2,409	8,257	2,754	25,330	116,569	26,648	128,722
12월	45,069	2,426	8,472	3,088	25,696	102,742	31,128	123,557

① 한국 무역수지의 전월 대비 증가량이 가장 많았던 달은 11월이다.

② 뉴질랜드의 무역수지는 8월 이후 지속해서 증가하였다.

③ 그리스의 12월 무역수지의 전월 대비 증가율은 약 0.7%이다.

④ 10월부터 12월 사이 한국의 무역수지 변화 추이와 같은 양상을 보이는 나라는 2개국이다.

⑤ 12월 무역수지가 7월 대비 감소한 나라는 그리스, 독일, 미국이다.

04 다음은 주요 5개국의 경제 및 사회 지표이다. 이에 대한 설명으로 옳지 않은 것은?

〈주요 5개국의 경제 및 사회 지표〉

구분	1인당 GDP(달러)	경제성장률(%)	수출(백만 달러)	수입(백만 달러)	총인구(백만 명)
A국	27,214	2.6	526,757	436,499	50.6
B국	32,477	0.5	624,787	648,315	126.6
C국	55,837	2.4	1,504,580	2,315,300	321.8
D국	25,832	3.2	277,423	304,315	46.1
E국	56,328	2.3	188,445	208,414	24.0

※ (총 GDP)=(1인당 GDP)×(총인구)

① 경제성장률이 가장 큰 나라는 총 GDP가 가장 작다.

② 총 GDP는 가장 큰 나라가 가장 작은 나라보다 10배 이상 더 크다.

③ 5개국을 수출 및 수입의 규모에 따라 나열한 순위는 서로 일치한다.

④ A국이 E국보다 총 GDP가 더 크다.

⑤ 1인당 GDP에 따른 순위와 총 GDP에 따른 순위는 서로 일치한다.

05 다음은 K국의 자동차 매출에 대한 자료이다. 이에 대한 설명으로 옳은 것은?

〈2023년 10월 월매출액 상위 10개 자동차의 매출 현황〉

(단위 : 억 원, %)

자동차	순위	월매출액		
			시장점유율	전월 대비 증가율
A	1	1,139	34.3	60
B	2	1,097	33.0	40
C	3	285	8.6	50
D	4	196	5.9	50
E	5	154	4.6	40
F	6	149	4.5	20
G	7	138	4.2	50
H	8	40	1.2	30
I	9	30	0.9	150
J	10	27	0.8	40

※ (시장점유율) $= \dfrac{\text{(해당 자동차 월매출액)}}{\text{(전체 자동차 월매출 총액)}} \times 100$

〈2023년 I자동차 누적매출액〉

(단위 : 억 원)

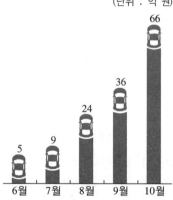

※ 월매출액은 해당 월 말에 집계됨

① 2023년 9월 C자동차의 월매출액은 200억 원 이상이다.
② 2023년 10월 월매출액 상위 6개 자동차의 순위는 전월과 동일하다.
③ 2023년 6월부터 9월 중 I자동차의 월매출액이 가장 큰 달은 9월이다.
④ 2023년 10월 월매출액 상위 5개 자동차의 10월 월매출액 기준 시장점유율은 80% 미만이다.
⑤ 2023년 10월 K국의 전체 자동차 월매출 총액은 4,000억 원 미만이다.

CHAPTER 03

문제해결능력

합격 Cheat Key

문제해결능력은 업무를 수행하면서 여러 가지 문제 상황이 발생하였을 때, 창의적이고 논리적인 사고를 통하여 이를 올바르게 인식하고 적절히 해결하는 능력으로, 하위 능력에는 사고력과 문제처리능력이 있다.

문제해결능력은 NCS 기반 채용을 진행하는 대다수의 공사·공단에서 채택하고 있으며, 다양한 자료와 함께 출제되는 경우가 많아 어렵게 느껴질 수 있다. 특히, 난이도가 높은 문제로 자주 출제되기 때문에 다른 영역보다 더 많은 노력이 필요할 수는 있지만 그렇기에 차별화를 할 수 있는 득점 영역이므로 포기하지 말고 꾸준하게 노력해야 한다.

1 질문의 의도를 정확하게 파악하라!

문제해결능력은 문제에서 무엇을 묻고 있는지 정확하게 파악하여 먼저 풀이 방향을 설정하는 것이 가장 효율적인 방법이다. 특히, 조건이 주어지고 답을 찾는 창의적·분석적인 문제가 주로 출제되고 있기 때문에 처음에 정확한 풀이 방향이 설정되지 않는다면 문제를 제대로 풀지 못하게 되므로 첫 번째로 출제 의도 파악에 집중해야 한다.

2 중요한 정보는 반드시 표시하라!

출제 의도를 정확히 파악하기 위해서는 문제의 중요한 정보를 반드시 표시하거나 메모하여 하나의 조건, 단서도 잊고 넘어가는 일이 없도록 해야 한다. 실제 시험에서는 시간의 압박과 긴장감으로 정보를 잘못 적용하거나 잊어버리는 실수가 많이 발생하므로 사전에 충분한 연습이 필요하다.

3 반복 풀이를 통해 취약 유형을 파악하라!

문제해결능력은 특히 시간관리가 중요한 영역이다. 따라서 정해진 시간 안에 고득점을 할 수 있는 효율적인 문제 풀이 방법을 찾아야 한다. 이때, 반복적인 문제 풀이를 통해 자신이 취약한 유형을 파악하는 것이 중요하다. 정확하게 풀 수 있는 문제부터 빠르게 풀고 취약한 유형은 나중에 푸는 효율적인 문제 풀이를 통해 최대한 고득점을 맞는 것이 중요하다.

01 | 명제 추론

| 유형분석 |

- 주어진 문장을 토대로 논리적으로 추론하여 참 또는 거짓을 구분하는 문제이다.
- 대체로 연역추론을 활용한 명제 문제가 출제된다.
- 자료를 제시하고 새로운 결과나 자료에 주어지지 않은 내용을 추론해 가는 형식의 문제가 출제된다.

K공사는 공휴일 세미나 진행을 위해 인근의 가게 A ~ F에서 필요한 물품을 구매하고자 한다. 다음 〈조건〉을 참고할 때, 공휴일에 영업하는 가게의 수는?

조건

- C는 공휴일에 영업하지 않는다.
- B가 공휴일에 영업하지 않으면, C와 E는 공휴일에 영업한다.
- E 또는 F가 영업하지 않는 날이면, D는 영업한다.
- B가 공휴일에 영업하면, A와 E는 공휴일에 영업하지 않는다.
- B와 F 중 한 곳만 공휴일에 영업한다.

① 2곳   ② 3곳
③ 4곳   ④ 5곳
⑤ 6곳

정답 ①

주어진 조건을 순서대로 논리 기호화하면 다음과 같다.
- 첫 번째 조건 : $\sim$C
- 두 번째 조건 : $\sim$B → (C ∧ E)
- 세 번째 조건 : ($\sim$E ∨ $\sim$F) → D
- 네 번째 조건 : B → ($\sim$A ∧ $\sim$E)

첫 번째 조건이 참이므로 두 번째 조건의 대우[($\sim$C ∨ $\sim$E) → B]에 따라 B는 공휴일에 영업한다. 이때 네 번째 조건에 따라 A와 E는 영업하지 않고, 다섯 번째 조건에 따라 F도 영업하지 않는다. 마지막으로 세 번째 조건에 따라 D는 영업한다. 따라서 공휴일에 영업하는 가게는 B와 D 2곳이다.

풀이 전략!

명제와 관련한 기본적인 논법에 대해서는 미리 학습해 두며, 이를 바탕으로 각 문장에 있는 핵심단어 또는 문구를 기호화하여 정리한 후, 선택지와 비교하여 참 또는 거짓을 판단한다.

01 K공사에서는 보고서를 통과시키기 위해서 A ~ F 6명에게 결재를 받아야 한다. 다음 〈조건〉에 따라 최종 결재를 받아야 하는 사람이 C일 때, 세 번째로 결재를 받아야 할 사람은?

> **조건**
> • C 바로 앞 순서인 사람은 F이다.
> • B는 F와 C 보다는 앞 순서이다.
> • E는 B보다는 앞 순서이다.
> • E와 C는 D보다 뒤의 순서다.
> • A는 E보다 앞 순서이다.
> • 결재를 받을 때는 한 사람당 한 번만 거친다.

① A   ② B
③ D   ④ E
⑤ F

02 현수, 정훈, 승규, 태경, 형욱 다섯 명이 마라톤 경기에서 뛰고 있다. 한 시간이 지난 후 현재 다섯 명 사이의 거리가 다음 〈조건〉과 같을 때, 항상 참이 되는 것은?

> **조건**
> • 태경이는 승규보다 3km 앞에서 뛰고 있다.
> • 형욱이는 태경이보다 5km 뒤에서 뛰고 있다.
> • 현수는 승규보다 5km 앞에서 뛰고 있다.
> • 정훈이는 태경이보다 뒤에서 뛰고 있다.
> • 1등과 5등의 거리는 10km 이하이다.

① 정훈이와 승규의 거리는 최소 0km, 최대 4km이다.
② 정훈이는 형욱이보다 최대 2km 뒤까지 위치할 수 있다.
③ 현수와 태경이의 거리와 승규와 형욱이의 거리는 같다.
④ 현재 마라톤 경기의 1등은 태경이다.
⑤ 현수 – 태경 – 승규 – 형욱 – 정훈의 순서로 달리고 있다.

03 미국, 영국, 중국, 프랑스에 파견된 4명의 외교관 A ~ D는 1년의 파견기간이 지나면 다시 새로운 국가로 파견된다. 다음 〈조건〉을 참고할 때, 반드시 참인 것은?

- 두 번 연속 같은 국가에 파견될 수는 없다.
- A는 작년에 영국에 파견되어 있었다.
- C와 D는 이번에 프랑스에 파견되지는 않는다.
- D는 작년에 중국에 파견되어 있었다.
- C가 작년에 파견된 나라는 미국이다.
- B가 이번에 파견된 국가는 중국이다.

① A가 이번에 파견된 국가는 영국이다.
② C가 이번에 파견된 국가는 미국이다.
③ D가 이번에 파견된 국가는 프랑스다.
④ B가 작년에 파견된 국가는 프랑스일 것이다.
⑤ A는 영국 또는 미국에 파견되었을 것이다.

04 오늘 철도씨는 종합병원에 방문하여 A ~ C과 진료를 모두 받아야 한다. 〈조건〉이 다음과 같을 때, 가장 빠르게 진료를 받을 수 있는 경로는?(단, 주어진 조건 외에는 고려하지 않는다)

- 모든 과의 진료와 예약은 오전 9시 시작이다.
- 모든 과의 점심시간은 오후 12시 30분부터 1시 30분이다.
- A과와 C과는 본관에 있고 B과는 별관동에 있다. 본관과 별관동 이동에는 셔틀로 약 30분이 소요되며, 점심시간에는 셔틀이 운행하지 않는다.
- A과는 오전 10시부터 오후 3시까지만 진료를 한다.
- B과는 점심시간 후에 사람이 몰려 약 1시간의 대기시간이 필요하다.
- A과 진료는 단순 진료로 30분 정도 소요될 예정이다.
- B과 진료는 치료가 필요하여 1시간 정도 소요될 예정이다.
- C과 진료는 정밀 검사가 필요하여 2시간 정도 소요될 예정이다.

① A – B – C   ② A – C – B
③ B – C – A   ④ C – B – A
⑤ C – A – B

05 A ~ D 네 사람은 한 아파트에 살고 있고, 이 아파트는 1층, 2층, 층별로 1호, 2호로 구성되어 있다. 다음 〈조건〉을 참고할 때, 〈보기〉 중 옳은 것을 모두 고르면?

> **조건**
> • 각 집에는 한 명씩만 산다.
> • D는 2호에 살고, A는 C보다 위층에 산다.
> • B와 C는 서로 다른 호수에 산다.
> • A와 B는 이웃해 있다.

> **보기**
> ㉠ 1층 1호 - C   ㉡ 1층 2호 - B
> ㉢ 2층 1호 - A   ㉣ 2층 2호 - D

① ㉠, ㉡   ② ㉠, ㉢
③ ㉡, ㉢   ④ ㉡, ㉣
⑤ ㉠, ㉡, ㉢, ㉣

06 A는 서점에서 소설, 에세이, 만화, 수험서, 잡지를 구매했다. 다음 〈조건〉이 모두 참일 때 A가 세 번째로 구매한 책으로 옳은 것은?

> **조건**
> • 만화와 소설보다 잡지를 먼저 구매했다.
> • 수험서를 가장 먼저 구매하지 않았다.
> • 에세이와 만화를 연달아 구매하지 않았다.
> • 수험서를 구매한 다음 곧바로 에세이를 구매했다.
> • 에세이나 소설을 마지막에 구매하지 않았다.

① 소설   ② 에세이
③ 만화   ④ 잡지
⑤ 수험서

02 | SWOT 분석

| 유형분석 |

- 상황에 대한 환경 분석 결과를 통해 주요 과제를 도출하는 문제이다.
- 주로 3C 분석 또는 SWOT 분석을 활용한 문제들이 출제되고 있으므로 해당 분석도구에 대한 사전 학습이 요구된다.

다음은 한 분식점에 대한 SWOT 분석 결과이다. 이에 대한 대응 방안으로 가장 적절한 것은?

S(강점)	W(약점)
• 좋은 품질의 재료만 사용 • 청결하고 차별화된 이미지	• 타 분식점에 비해 한정된 메뉴 • 배달서비스를 제공하지 않음
O(기회)	T(위협)
• 분식점 앞에 곧 학교가 들어설 예정 • 최근 TV프로그램 섭외 요청을 받음	• 프랜차이즈 분식점들로 포화상태 • 저렴한 길거리 음식으로 취급하는 경향이 있음

① ST전략 : 비싼 재료들을 사용하여 가격을 올려 저렴한 길거리 음식이라는 인식을 바꾼다.
② WT전략 : 다른 분식점들과 차별화된 전략을 유지하기 위해 배달서비스를 시작한다.
③ SO전략 : TV프로그램에 출연해 좋은 품질의 재료만 사용한다는 점을 부각시킨다.
④ WO전략 : TV프로그램 출연용으로 다양한 메뉴를 일시적으로 개발한다.
⑤ WT전략 : 포화 상태의 시장에서 살아남기 위해 다른 가게보다 저렴한 가격으로 판매한다.

정답 ③
SO전략은 강점을 살려 기회를 포착하는 전략이므로 TV프로그램에 출연하여 좋은 품질의 재료만 사용한다는 점을 홍보하는 것이 적절하다.

풀이 전략!
문제에 제시된 분석도구를 확인한 후, 분석 결과를 종합적으로 판단하여 각 선택지의 전략 과제와 일치 여부를 판단한다.

01 다음은 국내 금융기관에 대한 SWOT 분석 자료이다. 이를 토대로 SWOT 전략을 세운다고 할 때, 〈보기〉 중 분석 결과에 대응하는 전략과 그 내용이 바르게 연결된 것을 모두 고르면?

> 국내 대부분의 예금과 대출을 국내 은행이 차지하고 있을 정도로 국내 금융기관에 대한 우리나라 국민들의 충성도는 높은 편이다. 또한 국내 금융기관은 철저한 신용 리스크 관리로 해외 금융기관과 비교해 자산건전성 지표가 매우 우수한 편이다. 시장 리스크 관리도 해외 선진 금융기관 수준에 도 달한 것으로 평가받는다. 국내 금융기관은 외환위기와 글로벌 금융위기 등을 거치며 꾸준히 자산건 전성을 강화해 왔기 때문이다.
>
> 그러나 은행과 이자 이익에 수익이 편중돼 있다는 점은 국내 금융기관의 가장 큰 약점이 된다. 대부 분 예금과 대출 거래 중심의 영업구조로 되어 있기 때문이다. 취약한 해외 비즈니스도 문제로 들 수 있다. 최근 동남아 시장을 중심으로 해외 진출에 박차를 가하고 있지만, 아직 눈에 띄는 성과가 많지 않은 상황이다.
>
> 많은 어려움에도 불구하고 국내 금융기관의 발전 가능성은 아직 무궁무진하다. 우선 해외 시장으로 눈을 돌리면 다양한 기회가 열려 있다. 전 세계 신용·단기 자금 확대, 글로벌 무역 회복세로 국내 금융기관의 해외 진출 여건은 양호한 편이다. 따라서 해외 시장 개척을 통해 어떻게 신규 수익원을 확보하느냐가 성장의 새로운 기회로 작용할 전망이다. IT 기술 발달에 따른 핀테크의 등장도 새로운 기회가 될 수 있다. 국내의 발달된 인터넷과 모바일뱅킹 서비스, IT 인프라를 활용한 새로운 수익 창출 가능성이 열려 있는 것이다.
>
> 그러나 역설적으로 핀테크의 등장은 오히려 국내 금융기관의 발목을 잡을 수 있다. 블록체인 기술에 기반한 암호화폐, 간편결제와 송금, 로보어드바이저, 인터넷 은행, P2P 대출 등 다양한 핀테크 분 야의 새로운 서비스들이 기존 금융 서비스의 대체재로서 출현하고 있기 때문이다. 금융시장 개방에 따른 글로벌 금융기관과의 경쟁 심화도 넘어야 할 산이다. 특히 중국 은행을 비롯한 중국 금융이 급성장하고 있어 이에 대한 대비책 마련이 시급하다.

보기

㉠ SO전략 : 높은 국내 시장점유율을 기반으로 국내 핀테크 사업에 진출한다.
㉡ WO전략 : 위기관리 역량을 강화하여 해외 금융시장에 진출한다.
㉢ ST전략 : 해외 금융기관과 비교해 우수한 자산건전성을 강조하여 글로벌 금융기관과의 경쟁에 서 우위를 차지한다.
㉣ WT전략 : 해외 비즈니스 역량을 강화하여 해외 금융시장에 진출한다.

① ㉠, ㉡
② ㉠, ㉢
③ ㉡, ㉢
④ ㉡, ㉣
⑤ ㉢, ㉣

02 K공사에서 근무하는 A사원은 경제자유구역사업에 대한 SWOT 분석 결과를 토대로 SWOT 분석에 의한 경영전략을 세웠다. 다음 〈보기〉 중 SWOT 분석에 의한 경영전략의 내용으로 적절하지 않은 것을 모두 고르면?

〈경제자유구역사업에 대한 SWOT 분석 결과〉

구분	분석 결과
강점(Strength)	• 성공적인 경제자유구역 조성 및 육성 경험 • 다양한 분야의 경제자유구역 입주희망 국내기업 확보
약점(Weakness)	• 과다하게 높은 외자금액 비율 • 외국계 기업과 국내기업 간의 구조 및 운영상 이질감
기회(Opportunity)	• 국제경제 호황으로 인하여 타국 사업지구 입주를 희망하는 해외시장부문의 지속적 증가 • 국내진출 해외기업 증가로 인한 동형화 및 협업 사례 급증
위협(Threat)	• 국내거주 외국인 근로자에 대한 사회적 포용심 부족 • 대대적 교통망 정비로 인한 기성 대도시의 흡수효과 확대

〈SWOT 분석에 의한 경영전략〉

• SO전략 : 강점을 활용하여 기회를 선점하는 전략
• ST전략 : 강점을 활용하여 위협을 최소화하거나 극복하는 전략
• WO전략 : 기회를 활용하여 약점을 보완하는 전략
• WT전략 : 약점을 최소화하고 위협을 회피하는 전략

보기

ㄱ. 성공적인 경제자유구역 조성 노하우를 활용하여 타국 사업지구로의 진출을 희망하는 해외기업을 유인 및 유치하는 전략은 SO전략에 해당한다.
ㄴ. 다수의 풍부한 경제자유구역 성공 사례를 바탕으로 외국인 근로자를 국내주민과 문화적으로 동화시킴으로써 원활한 지역발전의 토대를 조성하는 전략은 ST전략에 해당한다.
ㄷ. 기존에 국내에 입주한 해외기업의 동형화 사례를 활용하여 국내기업과 외국계 기업의 운영상 이질감을 해소하여 생산성을 증대시키는 전략은 WO전략에 해당한다.
ㄹ. 경제자유구역 인근 대도시와의 연계를 활성화하여 경제자유구역 내 국내·외 기업 간의 이질감을 해소하는 전략은 WT전략에 해당한다.

① ㄱ, ㄴ
② ㄱ, ㄷ
③ ㄴ, ㄷ
④ ㄴ, ㄹ
⑤ ㄷ, ㄹ

03 다음은 K섬유회사에 대한 SWOT 분석 자료이다. 분석에 따른 대응 전략으로 적절한 것을 〈보기〉에서 모두 고르면?

• 첨단 신소재 관련 특허 다수 보유	• 신규 생산 설비 투자 미흡 • 브랜드의 인지도 부족
S 강점	**W 약점**
O 기회	**T 위협**
• 고기능성 제품에 대한 수요 증가 • 정부 주도의 문화 콘텐츠 사업 지원	• 중저가 의류용 제품의 공급 과잉 • 저임금의 개발도상국과 경쟁 심화

보기

ㄱ. SO전략으로 첨단 신소재를 적용한 고기능성 제품을 개발한다.
ㄴ. ST전략으로 첨단 신소재 관련 특허를 개발도상국의 경쟁업체에 무상 이전한다.
ㄷ. WO전략으로 문화 콘텐츠와 디자인을 접목한 신규 브랜드 개발을 통해 적극적으로 마케팅 한다.
ㄹ. WT전략으로 기존 설비에 대한 재투자를 통해 대량생산 체제로 전환한다.

① ㄱ, ㄷ
② ㄱ, ㄹ
③ ㄴ, ㄷ
④ ㄴ, ㄹ
⑤ ㄷ, ㄹ

03 | 규칙 적용

| 유형분석 |

- 주어진 상황과 규칙을 종합적으로 활용하여 풀어 가는 문제이다.
- 일정, 비용, 순서 등 다양한 내용을 다루고 있어 유형을 한 가지로 단일화하기 어렵다.

갑은 다음 규칙을 참고하여 알파벳 단어를 숫자로 변환하고자 한다. 〈보기〉의 ㉠ ~ ㉢ 단어에서 알파벳 Z에 해당하는 자연수들을 모두 더한 값은?

〈규칙〉

① 알파벳 'A'부터 'Z'까지 순서대로 자연수를 부여한다.

　　예 A=2라고 하면 B=3, C=4, D=5이다.

② 단어의 음절에 같은 알파벳이 연속되는 경우 ①에서 부여한 숫자를 알파벳이 연속되는 횟수만큼 거듭제곱한다.

　　예 A=2이고 단어가 'AABB'이면 AA는 '2^2'이고, BB는 '3^2'이므로 '49'로 적는다.

보기

㉠ AAABBCC는 100000010020110404로 변환된다.

㉡ CDFE는 3465로 변환된다.

㉢ PJJYZZ는 1712126729로 변환된다.

㉣ QQTSR은 625282726으로 변환된다.

---

① 154　　　　　　　　　　　② 176

③ 199　　　　　　　　　　　④ 212

⑤ 234

정답 ④

㉠ A=100, B=101, C=102이다. 따라서 Z=125이다.

㉡ C=3, D=4, E=5, F=6이다. 따라서 Z=26이다.

㉢ P가 17임을 볼 때, J=11, Y=26, Z=27이다.

㉣ Q=25, R=26, S=27, T=28이다. 따라서 Z=34이다.

따라서 해당하는 Z값을 모두 더하면 125+26+27+34=212이다.

풀이 전략!

문제에 제시된 조건이나 규칙을 정확히 파악한 후, 선택지나 상황에 적용하여 문제를 풀어 나간다.

01 다음 〈조건〉을 근거로 〈보기〉를 계산한 값은?

> **조건**
>
> 연산자 A, B, C, D는 다음과 같이 정의한다.
> - A : 좌우에 있는 두 수를 더한다. 단, 더한 값이 10 미만이면 좌우에 있는 두 수를 곱한다.
> - B : 좌우에 있는 두 수 가운데 큰 수에서 작은 수를 뺀다. 단, 두 수가 같거나 뺀 값이 10 미만이면 두 수를 곱한다.
> - C : 좌우에 있는 두 수를 곱한다. 단, 곱한 값이 10 미만이면 좌우에 있는 두 수를 더한다.
> - D : 좌우에 있는 두 수 가운데 큰 수를 작은 수로 나눈다. 단, 두 수가 같거나 나눈 값이 10 미만이면 두 수를 곱한다.
> ※ 연산은 '( )', '[ ]'의 순으로 한다.

> **보기**
>
> $$[(1 A 5) B (3 C 4)] D 6$$

① 10   ② 12

③ 90   ④ 210

⑤ 360

02 K사는 신제품의 품번을 다음과 같은 규칙에 따라 정한다고 한다. 제품에 설정된 임의의 영단어가 'INTELLECTUAL'이라면 이 제품의 품번으로 옳은 것은?

> **〈규칙〉**
>
> 1단계 : 알파벳 A ~ Z를 숫자 1, 2, 3, …으로 변환하여 계산한다.
> 2단계 : 제품에 설정된 임의의 영단어를 숫자로 변환한 값의 합을 구한다.
> 3단계 : 임의의 영단어 속 자음의 합에서 모음의 합을 뺀 값의 절댓값을 구한다.
> 4단계 : 2단계와 3단계의 값을 더한 다음 4로 나누어 2단계의 값에 더한다.
> 5단계 : 4단계의 값이 정수가 아닐 경우에는 소수점 첫째 자리에서 버림한다.

① 120   ② 140

③ 160   ④ 180

⑤ 200

PART 1

04 | 자료 해석

| 유형분석 |

- 주어진 자료를 해석하고 활용하여 풀어가는 문제이다.
- 꼼꼼하고 분석적인 접근이 필요한 다양한 자료들이 출제된다.

다음 중 정수장 수질검사 현황에 대해 바르게 설명한 사람은?

〈정수장 수질검사 현황〉

급수 지역	항목						검사결과	
	일반세균 100 이하 (CFU/mL)	대장균 불검출 (수/100mL)	NH3-N 0.5 이하 (mg/L)	잔류염소 4.0 이하 (mg/L)	구리 1 이하 (mg/L)	망간 0.05 이하 (mg/L)	적합	기준 초과
함평읍	0	불검출	불검출	0.14	0.045	불검출	적합	없음
이삼읍	0	불검출	불검출	0.27	불검출	불검출	적합	없음
학교면	0	불검출	불검출	0.13	0.028	불검출	적합	없음
엄다면	0	불검출	불검출	0.16	0.011	불검출	적합	없음
나산면	0	불검출	불검출	0.12	불검출	불검출	적합	없음

① A사원 : 함평읍의 잔류염소는 가장 낮은 수치를 보였고, 기준치에 적합하네.

② B사원 : 모든 급수지역에서 일반세균이 나오지 않았어.

③ C사원 : 기준치를 초과한 곳은 없었지만 적합하지 않은 지역은 있어.

④ D사원 : 대장균과 구리가 검출되면 부적합 판정을 받는구나.

⑤ E사원 : 구리가 검출되지 않은 지역은 세 곳이야.

정답 ②

오답분석

① 잔류염소에서 가장 낮은 수치를 보인 지역은 나산면(0.12)이고, 함평읍(0.14)은 세 번째로 낮다.
③ 기준치를 초과한 곳도 없고, 모두 적합 판정을 받았다.
④ 항평읍과 학교면, 엄다면은 구리가 검출되었지만 적합 판정을 받았다.
⑤ 구리가 검출되지 않은 지역은 이삼읍과 나산면으로 두 곳이다.

풀이 전략!

문제 해결을 위해 필요한 정보가 무엇인지 먼저 파악한 후, 제시된 자료를 분석적으로 읽고 해석한다.

01 갑돌이는 해외에서 1개당 1,000달러인 시계를 2개를 구매하여 세관신고 없이 밀반입하려고 하였으나 결국 걸리고 말았다. 다음은 이와 같이 밀반입하려는 사람들을 방지하기 위해 마련된 정책변경 기사이다. 이에 대해 적절하지 않은 설명을 한 사람은?

> 올해부터 해외에서 600달러 이상 신용카드로 물건을 사거나 현금을 인출하면, 그 내역이 세관에 실시간으로 통보된다. 여행객 등이 600달러 이상의 구매 한도를 넘기게 되면, 국내 입국을 하면서 세관에 자진 신고를 해야 한다.
>
> 기존의 관세청은 분기별로 5,000달러 이상 물품을 해외에서 구매한 경우, 여신전문금융업법에 따라 신용카드업자・여신전문금융업협회가 매년 1월 31일, 4월 30일, 7월 31일, 10월 31일 국세청에 그 내역을 제출해 왔다.
>
> 그러나 올해부터는 관세청이 분기마다 통보를 받지 않고, 실시간으로 구매 내역을 넘겨 받을 수 있다. 신용카드 결제뿐 아니라 해외에 머물며 600달러 이상 현금을 인출하는 것도 마찬가지로 통보 대상에 해당한다. 관세청은 이러한 제도를 오는 4월부터 적용할 계획이다.

① A : 갑돌이가 인출하지 않고 가져간 현금으로만 물건을 결제하였다면, 세관에 신고하지 않아도 되는군.

② B : 해외에서 구매한 총금액이 600달러보다 낮으면 세관에 신고할 필요가 없겠군.

③ C : 갑돌이가 5월에 해외에 체류하며 신용카드로 같은 소비를 했다면 관세청에 실시간으로 통보되겠군.

④ D : 3월에 해외에서 5,000달러 이상을 신용카드로 사용한다면 4월에 국세청에 내역이 넘어가겠군.

⑤ E : 가족들끼리 여행하고 있을 때 여러 사람이 나누어 카드를 사용한다면 관세청에 내역이 들어가지 않을 수도 있겠군.

02 본사 이전으로 인해 사무실 배치를 새롭게 바꾸기로 하였다. 다음 고려사항을 참고할 때, (가로) 3,000mm×(세로) 3,400mm인 직사각형의 사무실에 가능한 가구 배치는?

〈배치 시 고려사항〉

- 사무실 문을 여닫는 데 1,000mm의 간격이 필요함
- 서랍장의 서랍(●로 표시하며, 가로면 전체에 위치)을 열려면 400mm의 간격이 필요(회의 탁자, 책상, 캐비닛은 서랍 없음)하며, 반드시 여닫을 수 있어야 함
- 붙박이 수납장 문을 열려면 앞면 전체에 550mm의 간격이 필요하며, 반드시 여닫을 수 있어야 함
- 가구들은 쌓을 수 없음
- 각각의 가구는 사무실에 넣을 수 있는 것으로 가정함
  - 회의 탁자 : (가로) 1,500mm×(세로) 2,110mm
  - 책상 : (가로) 450mm×(세로) 450mm
  - 서랍장 : (가로) 1,100mm×(세로) 500mm
  - 캐비닛 : (가로) 1,000mm×(세로) 300mm
  - 붙박이 수납장은 벽 한 면 전체를 남김없이 차지함
    (깊이 650mm)

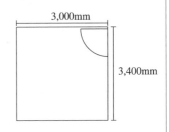

①

②

③

④

⑤

03 다음은 K교통카드의 환불 방법에 대한 자료이다. 이에 대한 설명으로 적절하지 않은 것은?

〈K교통카드 정상카드 잔액 환불 안내〉

환불처		환불금액	환불 방법	환불 수수료	비고
편의점	A편의점	2만 원 이하	• 환불처에 방문하여 환불 수수료를 제외한 카드 잔액 전액을 현금으로 환불받음	500원	카드값 환불 불가
	B편의점	3만 원 이하			
	C편의점				
	D편의점				
	E편의점				
지하철	역사 내 K교통카드 서비스센터	5만 원 이하	• 환불처에 방문하여 환불수수료를 제외한 카드 잔액 전액 또는 일부 금액을 현금으로 환불받음 ※ 한 카드당 한 달에 최대 50만 원까지 환불 가능	500원 ※ 기본운임료 (1,250원) 미만 잔액은 수수료 없음	
은행 ATM	A은행	20만 원 이하	• 본인 명의의 해당은행 계좌로 환불 수수료를 제외한 잔액 이체 ※ 환불불가 카드 : 모바일 K교통카드, Y사 플러스카드	500원	
	B은행	50만 원 이하			
	C은행				
	D은행				
	E은행				
	F은행				
모바일 (P사, Q사, R사)		50만 원 이하	• 1인 월 3회, 최대 50만 원까지 환불 가능 : 10만 원 초과 환불은 월 1회, 연 5회 가능 ※ App에서 환불신청 가능하며 고객명의 계좌로 환불 수수료를 제외한 금액이 입금	500원 ※ 기본운임료 (1,250원) 미만 잔액은 수수료 없음	
K교통카드 본사			• 1인 1일 최대 50만 원까지 환불 가능 • 5만 원 이상 환불 요청 시 신분 확인 (이름, 생년월일, 연락처) ※ 10만 원 이상 고액 환불의 경우 내방 당일 카드 잔액 차감 후 익일 18시 이후 계좌로 입금(주말, 공휴일 제외) ※ 지참서류 : 통장사본, 신분증	월 누적 50만 원까지 수수료 없음 (50만 원 초과 시 수수료 1%)	

※ 잔액이 5만 원을 초과하는 경우 K교통카드 본사로 내방하시거나, K교통카드 잔액 환불 기능이 있는 ATM에서 해당은행 계좌로 환불이 가능합니다(단, 모바일 K교통카드, Y사 플러스카드는 ATM에서 환불이 불가능합니다).
※ ATM 환불은 주민번호 기준으로 월 50만 원까지 가능하며, 환불금액은 해당은행의 본인명의 계좌로 입금됩니다.
 − 환불접수처 : K교통카드 본사, 지하철 역사 내 K교통카드 서비스센터, 은행 ATM, 편의점 등
  단, 부분환불 서비스는 K교통카드 본사, 지하철 역사 내 K교통카드 서비스센터에서만 가능합니다.
 − 부분 환불 금액 제한 : 부분 환불 요청금액 1만 원 이상 5만 원 이하만 가능(이용 건당 수수료는 500원입니다)

① 카드 잔액이 4만 원이고 환불 요청금액이 2만 원일 경우 지하철 역사 내 K교통카드 서비스센터에서 환불이 가능하다.
② 모바일에서 환불 시 카드 잔액이 40만 원일 경우 399,500원을 환불받을 수 있다.
③ 카드 잔액 30만 원을 환불할 경우 A은행을 제외한 은행 ATM에서 299,500원을 환불받을 수 있다.
④ 환불금액이 13만 원일 경우 K교통카드 본사 방문 시 수수료 없이 전액 환불받을 수 있다.
⑤ 카드 잔액 17만 원을 K교통카드 본사에 방문해 환불한다면 당일 카드 잔액을 차감하고 즉시 계좌로 이체받을 수 있다.

04 경영기획실에서 근무하는 A씨는 매년 부서별 사업계획을 정리하는 업무를 맡고 있다. 다음 중 부서별 사업계획을 간략하게 정리한 보고서를 보고 A씨가 할 수 있는 생각으로 가장 적절한 것은?

〈사업별 기간 및 소요예산〉

- A사업 : 총사업기간은 2년으로, 첫해에는 1조 원, 둘째 해에는 4조 원의 예산이 필요하다.
- B사업 : 총사업기간은 3년으로, 첫해에는 15조 원, 둘째 해에는 18조 원, 셋째 해에는 21조 원의 예산이 필요하다.
- C사업 : 총사업기간은 1년으로, 총소요예산은 15조 원이다.
- D사업 : 총사업기간은 2년으로, 첫해에는 15조 원, 둘째 해에는 8조 원의 예산이 필요하다.
- E사업 : 총사업기간은 3년으로, 첫해에는 6조 원, 둘째 해에는 12조 원, 셋째 해에는 24조 원의 예산이 필요하다.

올해를 포함한 향후 5년간 위의 5개 사업에 투자할 수 있는 예산은 아래와 같다.

〈연도별 가용예산〉

(단위 : 조 원)

1차 연도(올해)	2차 연도	3차 연도	4차 연도	5차 연도
20	24	28.8	34.5	41.5

〈규정〉

- 모든 사업은 한번 시작하면 완료될 때까지 중단할 수 없다.
- 예산은 당해 사업연도에 남아도 상관없다.
- 각 사업연도의 예산은 이월될 수 없다.
- 모든 사업을 향후 5년 이내에 반드시 완료한다.

---

① B사업을 세 번째 해에 시작하고 C사업을 최종연도에 시행한다.
② A사업과 D사업을 첫해에 동시에 시작한다.
③ 첫해에는 E사업만 시작한다.
④ D사업을 첫해에 시작한다.
⑤ 첫해에 E사업과 A사업을 같이 시작한다.

PART 2

직무수행능력

01 | 경영
적중예상문제

정답 및 해설 p.040

01 다음 중 자원기반관점(RBV)에 대한 설명으로 옳지 않은 것은?

① 인적자원은 기업의 지속적인 경쟁력 확보의 주요한 원천이라고 할 수 있다.

② 기업의 전략과 성과의 주요결정요인은 기업내부의 자원과 핵심역량의 보유라고 주장한다.

③ 경쟁우위의 원천이 되는 자원은 이질성(Heterogeneous)과 비이동성(Immobile)을 가정한다.

④ 주요결정요인은 진입장벽, 제품차별화 정도, 사업들의 산업집중도 등이다.

⑤ 기업이 보유한 가치(Value), 희소성(Rareness), 모방불가능(Inimitability), 대체불가능성(Non − Substitutability) 자원들은 경쟁우위를 창출할 수 있다.

02 다음 중 가중평균자본비용(WACC)에 대한 설명으로 옳지 않은 것은?

① 일반적으로 기업의 자본비용은 가중평균자본비용을 의미한다.

② 기업자산에 대한 요구수익률은 자본을 제공한 채권자와 주주가 평균적으로 요구하는 수익률을 의미한다.

③ 가중치를 시장가치 기준의 구성 비율이 아닌 장부가치 기준의 구성 비율로 하는 이유는 주주와 채권자의 현재 청구권에 대한 요구수익률을 측정하기 위해서이다.

④ 가중평균자본비용(WACC)은 기업의 자본비용을 시장가치 기준에 따라 총자본 중에서 차지하는 가중치로 가중평균한 것이다.

⑤ 부채비율을 높임으로써 가중평균자본비용은 점차 떨어지게 되지만 일정한 선을 넘어 부채비율이 상승하면 가중평균자본비용은 상승한다.

03 다음 중 소비자에게 제품의 가격이 낮게 책정되었다는 인식을 심어주기 위해 이용하는 가격설정방법은?

① 단수가격(Odd Pricing) ② 준거가격(Reference Pricing)

③ 명성가격(Prestige Pricing) ④ 관습가격(Customary Pricing)

⑤ 기점가격(Basing − Point Pricing)

04 다음 두 가지 투자프로젝트에 대한 NPV와 IRR을 참고하여 두 프로젝트를 동시에 투자할 경우 NPV와 IRR의 계산으로 옳은 것은?

구분	NPV	IRR
A프로젝트	24억 원	35%
B프로젝트	18억 원	15%

   NPV   IRR   NPV   IRR

① 21억 원   25%   ② 21억 원 알 수 없음

③ 42억 원 알 수 없음 ④ 42억 원 25%

⑤ 알 수 없음 알 수 없음

05 다음 중 액면가가 10,000원, 만기가 5년, 표면이자율이 0%인 순할인채 채권의 듀레이션은?

① 5년   ② 6년

③ 7년   ④ 8년

⑤ 9년

06 다음 중 슈퍼 리더십(Super Leadership)에 대한 설명으로 옳은 것은?

① 다른 사람이 스스로 자기 자신을 이끌어갈 수 있게 도와주는 리더십이다.

② 자기 스스로 리더가 되어 자기 자신을 이끌어가는 리더십이다.

③ 다른 사람을 섬기는 사람이 리더가 될 수 있다는 이론이다.

④ 명확한 목표, 권한, 책임, 지도를 제공해 맡은 일에 주인의식을 심어주는 리더십이다.

⑤ 구성원들의 가치관, 정서, 행동규범 등을 변화시켜 개인, 집단, 조직을 바람직한 방향으로 변혁시키는 리더십이다.

07 다음 글에서 설명하는 조직 구조는?

> • 수평적 분화에 중점을 두고 있다.
> • 각자의 전문분야에서 작업능률을 증대시킬 수 있다.
> • 생산, 회계, 인사, 영업, 총무 등의 기능을 나누고 각 기능을 담당할 부서단위로 조직된 구조이다.

① 기능 조직   ② 사업부 조직

③ 매트릭스 조직   ④ 수평적 조직

⑤ 네트워크 조직

08 다음 글에서 설명하는 제도는?

> • 기업이 주어진 인건비로 평소보다 더 많은 부가가치를 창출하였을 경우, 이 초과된 부가가치를 노사협동의 산물로 보고 기업과 종업원 간에 배분하는 제도이다.
> • 노무비 외 원재료비 및 기타 비용의 절감액도 인센티브 산정에 반영한다.

① 연봉제   ② 개인성과급제

③ 임금피크제   ④ 러커 플랜(Rucker Plan)

⑤ 스캔런 플랜(Scanlon Plan)

09 다음 중 자회사 주식의 일부 또는 전부를 소유해서 자회사 경영권을 지배하는 지주회사와 관련이 있는 기업결합은?

① 콘체른(Konzern)   ② 카르텔(Cartel)

③ 트러스트(Trust)   ④ 콤비나트(Kombinat)

⑤ 조인트 벤처(Joint Venture)

10 K회사는 평균영업용자산과 영업이익을 이용하여 투자수익률(ROI)과 잔여이익(RI)을 산출하고 있다. K회사의 2023년 평균영업용자산은 ₩2,500,000이며, 투자수익률은 10%이다. K회사의 2023년 잔여이익이 ₩25,000이라면 최저필수수익률은?

① 8% ② 9%

③ 10% ④ 11%

⑤ 12%

PART 2

11 다음 중 동기부여 이론에 대한 설명으로 옳지 않은 것은?

① 로크(Locke)의 목표설정이론은 추후 목표에 의한 관리(MBO)의 이론적 기반이 되었다.

② 허즈버그(Herzberg)의 2요인이론에 따르면 임금수준이 높아지면 직무에 대한 만족도 또한 높아진다.

③ 애덤스(Adams)의 공정성이론은 다른 사람과의 상대적인 관계에서 동기요인이 작용한다는 것을 강조한다.

④ 조직의 관점에서 동기부여는 목표달성을 위한 종업원의 지속적 노력을 효과적으로 발생시키는 것을 의미한다.

⑤ 브룸(Vroom)의 기대이론에 따르면 유의성은 결과에 대한 개인의 선호도를 나타내는 것으로, 동기를 유발시키는 힘 또는 가치를 뜻한다.

12 다음 중 자기자본비용에 대한 설명으로 옳은 것은?

① 자기자본비용은 기업이 조달한 자기자본의 가치를 유지하기 위해 최대한 벌어들어야 하는 수익률이다.

② 새로운 투자안의 선택에 있어서도 투자수익률이 자기자본비용을 넘어서는 안 된다.

③ 기업이 주식발행을 통해 자금조달을 할 경우 자본이용의 대가로 얼마의 이용 지급료를 산정해야하는지는 명확하다.

④ 위험프리미엄을 포함한 자기자본비용 계산 시 보통 자본자산가격결정모형(CAPM)을 이용한다.

⑤ CAPM을 사용하는 경우 베타와 증권시장선을 계산해서 미래의 증권시장선으로 사용하는데 이는 과거와는 다른 현상들이 미래에 발생하더라도 타당한 방법이다.

13 다음 중 균형성과표(BSC)의 4가지 성과측정 관점이 아닌 것은?

① 재무관점   ② 고객관점
③ 공급자관점   ④ 학습 및 성장관점
⑤ 내부 프로세스관점

14 다음 중 델파이 기법에 대한 설명으로 옳지 않은 것은?

① 전문가들을 두 그룹으로 나누어 진행한다.
② 많은 전문가들의 의견을 취합하여 재조정 과정을 거친다.
③ 의사결정 및 의견개진 과정에서 타인의 압력이 배제된다.
④ 전문가들을 공식적으로 소집하여 한 장소에 모이게 할 필요가 없다.
⑤ 미래의 불확실성에 대한 의사결정 및 장기예측에 좋은 방법이다.

15 다음은 2023년 초 설립한 K회사의 법인세에 대한 자료이다. 이를 참고할 때, K회사의 2023년 법인세비용는 얼마인가?

> • 2023년 세무조정사항
>   - 감가상각비한도초과액 : 125,000원
>   - 접대비한도초과액 : 60,000원
>   - 정기예금 미수이자 : 25,000원
> • 2023년 법인세비용차감전순이익 : 490,000원
> • 연도별 법인세율은 20%로 일정하다.
> • 이연법인세자산(부채)의 실현가능성은 거의 확실하다.

① 85,000원   ② 98,000원
③ 105,000원   ④ 110,000원
⑤ 122,000원

16 A씨는 차량을 200만 원에 구입하여 40만 원은 현금 지급하고 잔액은 외상으로 하였다. 다음 〈보기〉 중 거래결과로 옳은 것을 모두 고르면?

> **보기**
> ㄱ. 총자산 감소　　　　　　　　　ㄴ. 총자산 증가
> ㄷ. 총부채 감소　　　　　　　　　ㄹ. 총부채 증가

① ㄱ, ㄷ　　　　　　　　　　　② ㄱ, ㄹ
③ ㄴ, ㄷ　　　　　　　　　　　④ ㄴ, ㄹ
⑤ ㄷ, ㄹ

17 다음 중 재고자산에 대한 설명으로 옳은 것은?(단, 재고자산감모손실 및 재고자산평가손실은 없다)

① 선입선출법 적용 시 물가가 지속적으로 상승한다면, 계속기록법에 의한 기말재고자산금액이 실지재고조사법에 의한 기말재고자산 금액보다 작다.

② 선입선출법 적용 시 물가가 지속적으로 상승한다면, 계속기록법에 의한 기말재고자산금액이 실지재고조사법에 의한 기말재고자산 금액보다 크다.

③ 재고자산 매입 시 부담한 매입운임은 운반비로 구분하여 비용처리한다.

④ 부동산 매매기업이 정상적인 영업과정에서 판매를 목적으로 보유하는 건물은 재고자산으로 구분한다.

⑤ 재고자산을 순실현가능가치로 감액한 평가손실과 모든 감모손실은 감액이나 감모가 발생한 다음 기간에 매출원가로 인식한다.

18 A회사는 B회사를 합병하고 합병대가로 ₩30,000,000의 현금을 지급하였다. 합병 시점에서 B회사의 재무상태표상 자산총액은 ₩20,000,000이고 부채총액은 ₩11,000,000이다. B회사의 재무상태표상 장부금액은 토지를 제외하고는 공정가치와 같다. 토지는 장부상 ₩10,000,000으로 기록되어 있으나, 합병 시점에 공정가치는 ₩18,000,000인 것으로 평가되었다. 이 합병으로 A회사가 인식할 영업권은?

① ₩9,000,000　　　　　　　　　② ₩10,000,000
③ ₩13,000,000　　　　　　　　　④ ₩21,000,000
⑤ ₩23,000,000

19 다음 글의 사례에 해당하는 브랜드 개발 전략은?

바나나맛 우유는 1974년 출시된 이후 꾸준히 인기를 끌고 있는 장수 제품이다. 빙그레는 최근 기존의 바나나맛 우유에서 벗어나 멜론의 달콤한 향을 더한 메론맛 우유를 내놓았는데, 그로 인해 사람들은 기존 제품에서 벗어난 신선함에 관심을 가졌고, 바나나맛 우유라는 상표를 다시금 사람들의 머릿속에 기억시키는 전략적 성과를 거두었다.

① 카테고리 확장   ② 라인 확장
③ 시장침투 전략   ④ 생산라인 확대
⑤ 푸쉬(Push) 전략

20 다음 중 소비자의 구매의사결정 과정을 순서대로 바르게 나열한 것은?

① 문제인식 → 정보탐색 → 대안평가 → 구매 → 구매 후 행동
② 문제인식 → 대안평가 → 정보탐색 → 구매 → 구매 후 행동
③ 정보탐색 → 문제인식 → 대안평가 → 구매 → 구매 후 행동
④ 정보탐색 → 대안평가 → 문제인식 → 구매 → 구매 후 행동
⑤ 대안평가 → 정보탐색 → 문제인식 → 구매 → 구매 후 행동

02 | 경제
적중예상문제

정답 및 해설 p.044

01 다음 글의 의미에 대한 설명으로 옳은 것은?

> 조세 부과로 인해 발생하는 조세의 비효율성인 자중손실의 크기는 수요 및 공급의 가격탄력성에 의존한다.

① 수요자 및 공급자가 가격의 변화에 민감하게 반응할수록 시장 왜곡이 더 커진다.

② 수요자 및 공급자가 가격의 변화에 적절히 반응하지 않을수록 시장 왜곡이 더 커진다.

③ 수요곡선 및 공급곡선의 이동이 클수록 시장 균형이 더 크게 영향을 받는다.

④ 수요곡선 및 공급곡선의 이동이 적절히 발생하지 않을수록 시장 균형이 더 크게 영향을 받는다.

⑤ 수요곡선 및 공급곡선의 이동이 작을수록 시장 균형이 더 크게 영향을 받는다.

02 다음 중 고전학파와 케인스학파의 거시경제관에 대한 설명으로 옳지 않은 것은?

① 고전학파는 공급이 수요를 창출한다고 보는 반면, 케인스학파는 수요가 공급을 창출한다고 본다.

② 고전학파는 화폐가 베일(Veil)에 불과하다고 보는 반면, 케인스학파는 화폐가 실물경제에 영향을 미친다고 본다.

③ 고전학파는 저축과 투자가 같아지는 과정에서 이자율이 중심적인 역할을 한다고 본 반면, 케인스학파는 국민소득이 중심적인 역할을 한다고 본다.

④ 고전학파는 실업문제 해소에 대해 케인스학파와 동일하게 재정정책이 금융정책보다 더 효과적이라고 본다.

⑤ 고전학파는 자발적인 실업만 존재한다고 보는 반면, 케인스학파는 비자발적 실업이 존재한다고 본다.

03 다음 중 독점기업의 가격전략에 대한 설명으로 옳지 않은 것은?

① 독점기업이 시장에서 한계수입보다 높은 수준으로 가격을 책정하는 것은 가격차별전략이다.

② 1급 가격차별의 경우 생산량은 완전경쟁시장과 같다.

③ 2급 가격차별은 소비자들의 구매수량과 같이 구매 특성에 따라서 다른 가격을 책정하는 경우 발생한다.

④ 3급 가격차별의 경우 재판매가 불가능해야 가격차별이 성립한다.

⑤ 영화관 조조할인은 3급 가격차별의 사례이다.

04 일반적인 형태의 수요곡선과 공급곡선을 가지는 재화 X의 가격이 상승하고 생산량이 감소하였다면 재화 X의 수요곡선과 공급곡선은 어떻게 이동한 것인가?

① 수요곡선이 하방이동하였다.

② 공급곡선이 하방이동하였다.

③ 수요곡선이 상방이동하였다.

④ 공급곡선이 상방이동하였다.

⑤ 수요곡선과 공급곡선이 동시에 하방이동하였다.

05 다음 중 독점적 경쟁시장의 장기균형에 대한 설명으로 옳지 않은 것은?(단, P는 가격, SAC는 단기평균비용, LAC는 장기평균비용, SMC는 단기한계비용을 의미한다)

① $P=SAC$가 성립한다.

② $P=LAC$가 성립한다.

③ $P=SMC$가 성립한다.

④ 균형생산량은 SAC가 최소화되는 수준보다 작다.

⑤ 기업의 장기 초과이윤은 0이다.

06 다음은 A국과 B국의 경제에 대한 자료이다. A국의 실질환율과 수출량의 변화로 옳은 것은?

구분	2022년	2023년
A국 통화로 표시한 B국 통화 1단위의 가치	1,000	1,150
A국의 물가지수	100	107
B국의 물가지수	100	103

	실질환율	수출량			실질환율	수출량
①	불변	감소		②	11% 상승	증가
③	11% 하락	감소		④	19% 상승	증가
⑤	19% 하락	증가				

07 국민소득, 소비, 투자, 정부지출, 순수출, 조세를 각각 Y, C, I, G, NX, T라고 표현할 때, 국민경제의 균형이 다음과 같다면 균형재정승수(Balanced Budget Multiplier)는?

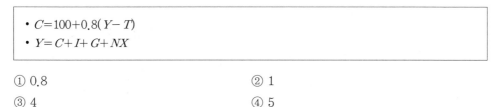

- $C = 100 + 0.8(Y - T)$
- $Y = C + I + G + NX$

① 0.8 ② 1

③ 4 ④ 5

⑤ 7

08 어떤 산업에서 임금이 상승할 경우, 노동공급은 증가하고 노동수요는 감소하는 상태에서 균형을 이루고 있다. 이 산업에서 생산물 가격이 하락할 때, 새로운 균형 달성을 위한 임금수준과 고용량의 변화에 대한 설명으로 옳은 것은?(단, 생산물시장과 생산요소시장은 완전경쟁이고, 기업들은 이윤 극대화를 추구한다)

① 임금 상승, 고용량 감소
② 임금 상승, 고용량 증가
③ 임금 하락, 고용량 감소
④ 임금 하락, 고용량 증가
⑤ 임금 및 고용량 변화 없음

09 다음은 기업 A와 기업 B의 광고 여부에 따른 보수행렬을 나타낸 자료이다. 내쉬균형에서 기업 A와 기업 B의 이윤은 각각 얼마인가?

구분		기업 B의 광고 전략	
		광고를 함	광고를 하지 않음
기업 A의 광고 전략	광고를 함	(55, 75)	(235, 45)
	광고를 하지 않음	(25, 115)	(165, 85)

① 25, 75 ② 55, 75

③ 55, 115 ④ 235, 45

⑤ 235, 115

10 A근로자의 연봉이 올해 1,500만 원에서 1,650만 원으로 150만 원 인상되었다. 이 기간에 인플레이션율이 12%일 때, A근로자의 임금변동에 대한 설명으로 옳은 것은?

① 2% 명목임금 증가 ② 2% 명목임금 감소

③ 2% 실질임금 증가 ④ 2% 실질임금 감소

⑤ 4% 명목임금 증가

11 A국과 B국의 상황이 다음과 같을 때 나타날 수 있는 경제현상이 아닌 것은?(단, 미 달러화로 결제하며, 각국의 환율은 달러 대비 자국 화폐의 가격으로 표시한다)

A국	• A국의 해외 유학생 수가 증가하고 있다. • 외국인 관광객이 증가하고 있다.
B국	• B국 기업의 해외 투자가 증가하고 있다. • 외국의 투자자들이 투자자금을 회수하고 있다.

① A국의 환율은 하락할 것이다.

② A국의 경상수지는 악화될 것이다.

③ B국이 생산하는 수출상품의 가격경쟁력이 높아질 것이다.

④ A국 국민이 B국으로 여행갈 경우 경비 부담이 증가할 것이다.

⑤ B국 국민들 중 환전하지 않은 환율 변동 전 달러를 보유하고 있는 사람은 이익을 얻게 될 것이다.

12 다음은 어느 기업의 총비용곡선과 총가변비용곡선이다. 이에 대한 설명으로 옳지 않은 것은?

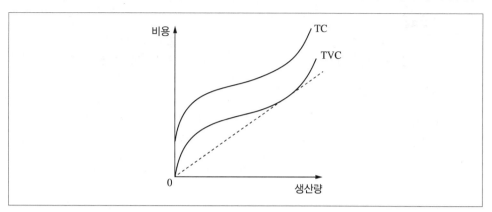

① 평균비용곡선은 평균가변비용곡선의 위에 위치한다.
② 평균비용곡선이 상승할 때 한계비용곡선은 평균비용곡선 아래에 있다.
③ 원점을 지나는 직선이 총비용곡선과 접하는 점에서 평균비용은 최소이다.
④ 원점을 지나는 직선이 총가변비용곡선과 접하는 점에서 평균가변비용은 최소이다.
⑤ 총비용곡선의 임의의 한 점에서 그은 접선의 기울기는 그 점에서의 한계비용을 나타낸다.

13 다음 상황과 관련이 있는 경제용어는 무엇인가?

> 지난 10여 년간 A국은 장기침체를 벗어나지 못하고 있다. 이에 대한 대책의 하나로 A국 정부는 극단적으로 이자율을 낮추고 사실상 제로금리정책을 시행하고 있으나, 투자 및 소비의 활성화 등 의도했던 수요확대 효과가 전혀 나타나지 않고 있다.

① 화폐 환상   ② 유동성 함정
③ 구축 효과   ④ J커브 효과
⑤ 피셔 방정식

14 다음 〈보기〉 중 애덤 스미스(Adam Smith)의 보상적 임금격차의 요인으로 옳은 것을 모두 고르면?

> **보기**
>
> ㄱ. 노동의 난이도　　　　　　　　　ㄴ. 작업의 쾌적성
> ㄷ. 임금의 불안정성　　　　　　　　ㄹ. 요구되는 교육훈련의 차이

① ㄱ, ㄴ　　　　　　　　　　　　② ㄴ, ㄷ
③ ㄱ, ㄴ, ㄹ　　　　　　　　　　　④ ㄴ, ㄷ, ㄹ
⑤ ㄱ, ㄴ, ㄷ, ㄹ

15 다음 중 수요독점 노동시장에서 기업이 이윤을 극대화하기 위한 조건으로 옳은 것은?(단, 상품시장은 독점이고 생산에서 자본은 고정되어 있다)

① 한계비용과 임금이 일치한다.
② 한계비용과 평균수입이 일치한다.
③ 노동의 한계생산물가치와 임금이 일치한다.
④ 노동의 한계생산물가치와 한계노동비용이 일치한다.
⑤ 노동의 한계수입생산과 한계노동비용이 일치한다.

16 갑국은 4개의 기업이 자동차 시장을 동일하게 점유하고 있다. 완전경쟁시장의 수요곡선은 $P = 10 - Q$이고, 각 기업의 한계비용은 6으로 고정되어 있다. 4개의 기업이 합병을 통해 하나의 독점기업이 되어 한계비용이 2로 낮아지고 합병 기업은 독점 가격을 설정할 경우, 독점시장에서의 생산량으로 옳은 것은?

① 2　　　　　　　　　　　　　　　② 4
③ 6　　　　　　　　　　　　　　　④ 8
⑤ 10

17 다음 중 경기종합지수에서 경기선행지수를 구성하는 변수가 아닌 것은?

① 광공업 생산지수　　　　　　　　② 구인구직비율
③ 재고순환지표　　　　　　　　　　④ 소비자기대지수
⑤ 수출입물가비율

18 대학 졸업 후 구직활동을 꾸준히 해온 30대 초반의 A씨는 당분간 구직활동을 포기하기로 하였다. A씨와 같이 구직활동을 포기하는 사람이 많아지면 실업률과 고용률에 어떠한 변화가 생기는가?

① 실업률 상승, 고용률 하락　　　　② 실업률 상승, 고용률 불변
③ 실업률 하락, 고용률 하락　　　　④ 실업률 하락, 고용률 불변
⑤ 실업률 불변, 고용률 하락

19 다음 중 인플레이션에 대한 설명으로 옳은 것은?

① 피셔가설은 '명목이자율＝실질이자율＋물가상승률'이라는 명제로, 예상된 인플레이션이 금융거래에 미리 반영됨을 의미한다.
② 새케인스학파에 의하면 예상된 인플레이션의 경우에는 어떤 형태의 사회적 비용도 발생하지 않는다.
③ 실제 물가상승률이 예상된 물가상승률보다 더 큰 경우, 채권자는 이득을 보고 채무자는 손해를 본다.
④ 실제 물가상승률이 예상된 물가상승률보다 더 큰 경우, 고정된 명목임금을 받는 노동자와 기업 사이의 관계에서 노동자는 이득을 보고 기업은 손해를 보게 된다.
⑤ 예상하지 못한 인플레이션 발생의 불확실성이 커지면 장기계약이 활성화되고 단기계약이 위축된다.

20 다음 글에 대한 분석으로 옳은 것을 〈보기〉에서 모두 고르면?

> 우리나라에 거주 중인 광성이는 ⊙ <u>여름휴가를 앞두고 휴가 동안 발리로 서핑을 갈지, 빈 필하모닉 오케스트라의 3년 만의 내한 협주를 들으러 갈지 고민하다가</u> ⓒ <u>발리로 서핑을 갔다.</u> 그러나 화산폭발의 위험이 있어 안전의 위협을 느끼고 ⓒ <u>환불이 불가능한 숙박비를 포기한 채 우리나라로 돌아왔다.</u>

보기

ㄱ. ⊙의 고민은 광성이의 주관적 희소성 때문이다.
ㄴ. ⊙의 고민을 할 때는 기회비용을 고려한다.
ㄷ. ⓒ의 기회비용은 빈 필하모닉 오케스트라 내한 협주이다.
ㄹ. ⓒ은 경제재이다.
ㅁ. ⓒ은 비합리적 선택 행위의 일면이다.

① ㄱ, ㄴ, ㅁ
② ㄴ, ㄷ, ㄹ
③ ㄷ, ㄹ, ㅁ
④ ㄱ, ㄴ, ㄷ, ㄹ
⑤ ㄱ, ㄴ, ㄷ, ㄹ, ㅁ

PART **3**

최종점검 모의고사

제1회
최종점검 모의고사

※ 한국자산관리공사 최종점검 모의고사는 2024년 채용공고를 기준으로 구성한 것으로 실제 시험과 다를 수 있습니다.

■ 취약영역 분석

번호	O/×	영역
01		
02		
03		
04		의사소통능력
05		
06		
07		
08		
09		
10		
11		수리능력
12		
13		
14		
15		
16		
17		문제해결능력
18		
19		
20		

평가문항	20문항	평가시간	30분
시작시간	:	종료시간	:
취약영역			

최종점검 모의고사

🕐 응시시간 : 30분 📝 문항 수 : 20문항

모바일 OMR

정답 및 해설 p.050

01 다음은 키덜트(Kidult)에 대한 글이다. 이에 대한 설명으로 적절하지 않은 것은?

> 키덜트란 키드와 어덜트의 합성어로, 20 ~ 40대의 어른이 되었음에도 불구하고 여전히 어린이의 분위기와 감성을 간직하고 추구하는 성인들을 일컫는 말이다. 한때 이들은 책임감 없고 보호받기만을 바라는 '피터팬증후군'이라는 말로 표현되기도 하였으나, 이와 달리 키덜트는 각박한 현대인의 생활 속에서 마음 한구석에 어린이의 심상을 유지하는 사람들이라는 긍정적인 이미지를 가지고 있다. 이들의 특징은 무엇보다 진지하고 무거운 것 대신 유치하고 재미있는 것을 추구한다는 점이다. 예를 들면 대학생이나 직장인들이 앙증맞은 인형을 가방이나 핸드폰에 매달고 다니는 것, 회사 책상 위에 인형을 올려놓는 것 등이다. 키덜트들은 이를 통해 얻은 영감이나 에너지가 일에 도움이 된다고 한다. 이렇게 생활하면 정서 안정과 스트레스 해소에 도움이 된다는 긍정적인 의견이 나오면서 키덜트 특유의 감성이 반영된 트렌드가 유행하고 있다. 기업들은 키덜트족을 타깃으로 하는 상품과 서비스를 만들어내고 있으며, 엔터테인먼트 쇼핑몰과 온라인 쇼핑몰도 쇼핑과 놀이를 동시에 즐기려는 키덜트족의 욕구를 적극 반영하고 있는 추세이다.

① 키덜트의 나이도 범위가 존재한다.
② 피터팬증후군과 키덜트는 혼용하여 사용한다.
③ 키덜트는 현대사회와 밀접한 관련이 있다.
④ 키덜트의 행위가 긍정적인 영향을 끼치기도 한다.
⑤ 키덜트도 시장의 수요자의 한 범주에 속한다.

02 다음 문단을 논리적 순서대로 바르게 나열한 것은?

(가) 결국 이를 다시 생각하면, 과거와 현재의 문화 체계와 당시 사람들의 의식 구조, 생활상 등을 역추적할 수 있다는 말이 된다. 즉, 동물의 상징적 의미가 문화를 푸는 또 하나의 열쇠이자 암호가 되는 것이다. 그리고 동물의 상징적 의미를 통해 인류의 총체인 문화의 실타래를 푸는 것은 우리는 어떤 존재인가라는 정체성에 대한 답을 하는 과정이 될 수 있다.

(나) 인류는 선사시대부터 생존을 위한 원초적 본능에서 동굴이나 바위에 그림을 그리는 일종의 신앙 미술을 창조했다. 신앙 미술은 동물에게 여러 의미를 부여하기 시작했고, 동물의 상징적 의미는 현재까지도 이어지고 있다. 1억 원 이상 복권 당첨자의 23%가 돼지꿈을 꿨다거나, 황금 돼지해에 태어난 아이는 만복을 타고난다는 속설 때문에 결혼과 출산이 줄을 이었고, 대통령 선거에서 후보들은 '두 돼지가 나타나 두 뱀을 잡아 먹는다.'는 식으로 홍보를 하기도 했다. 이렇게 동물의 상징적 의미는 우리 시대에도 여전히 유효한 관념으로 남아 있다.

(다) 동물의 상징적 의미는 시대나 나라에 따라 변하고 새로운 역사성을 담기도 했다. 예를 들면, 뱀은 다산의 상징이자 불사의 존재이기도 했지만, 사악하고 차가운 간사한 동물로 여겨지기도 했다. 하지만 그리스에서 뱀은 지혜의 신이자, 아테네의 상징물이었고, 논리학의 상징이었다. 그리고 과거에 용은 숭배의 대상이었으나, 상상의 동물일 뿐이라는 현대의 과학적 사고는 지금의 용에 대한 믿음을 약화시키고 있다.

(라) 동물의 상징적 의미가 이렇게 다양하게 변하는 것은 문화가 살아 움직이기 때문이다. 문화는 인류의 지식, 신념, 행위의 총체로서, 동물의 상징적 의미 또한 문화에 속한다. 문화는 항상 현재 진행형이기 때문에 현재의 생활이 바로 문화이며, 이것은 미래의 문화로 전이된다. 문화는 과거, 현재, 미래가 따로 떨어진 게 아니라 뫼비우스의 띠처럼 연결되어 있는 것이다. 다시 말하면 그 속에 포함된 동물의 상징적 의미 또한 거미줄처럼 얽히고설켜 형성된 것으로, 그 시대의 관념과 종교, 사회·정치적 상황에 따라 의미가 달라질 수밖에 없다.

① (가) – (다) – (라) – (나)
② (나) – (다) – (라) – (가)
③ (나) – (라) – (다) – (가)
④ (다) – (나) – (라) – (가)
⑤ (다) – (라) – (가) – (나)

03 다음 글의 빈칸에 들어갈 내용으로 가장 적절한 것은?

중세 이전에는 예술가와 장인의 경계가 분명치 않았다. 화가들도 당시에는 왕족과 귀족의 주문을 받아 제작하는 일종의 장인 취급을 받아왔다. 근대에 접어들면서 예술은 독창적인 창조 활동으로 존중받게 되었고, 아름다움의 가치를 만들어내는 예술가들의 독창성이 인정받게 된 것이다. 그리고 이 가치의 중심에 작가가 있다. 작가가 담려 했던 의도, 그것이 바로 아름다움을 창조하는 예술의 가치인 셈이다. 예술작품은 작가의 의도를 담고 있고, 작가의 의노가 없다면 직품은 만들어질 수 없다. 이것이 작품에 포함된 작가의 권위를 인정해야 하는 이유이다.

또한 예술은 예술가가 표현하고자 하는 것을 창작해 내는 그 과정 자체로 완성되는 것이지 독자의 해석으로 완성되는 게 아니다. 설사 작품을 감상하고 해석해 줄 독자가 없어도 예술은 그 자체로 가치 있는 법이다. 예술가는 독자를 위해 작품을 창작하는 것이 아니라 자신의 열정과 열망으로 표현하고자 하는 바를 표현해 내는 것이다. 물론 예술작품을 해석하고 이해하는 데에 독자의 역할도 분명 존재하고 필요한 것이 사실이다. 하지만 그렇다고 해도 이는 예술적 가치가 있는 작품에서 파생된 2차적인 활동이지 작품을 새롭게 완성하는 창조적 활동이라고 보기 어렵다. 따라서 독자의 수용과 이해는 _____

① 독자가 가지고 있는 작품에 대한 사전 정보에 따라 다르게 나타날 것이다.

② 작품에 담긴 아름다움의 가치를 독자가 나름대로 해석하는 활동으로 볼 수 있다.

③ 권위가 높은 작가의 작품에서 더욱 다양하게 나타난다.

④ 작가의 의도와 작품을 왜곡하지 않는 범위에서 이루어져야 한다.

⑤ 작품이 만들어진 시대적 배경과 문화적 배경을 고려하여야 한다.

04 다음 중 밑줄 친 단어의 표기가 옳지 않은 것은?

① 그는 쥐꼬리만 한 수입으로 <u>근근히</u> 살아간다.

② 우리는 <u>익히</u> 알고 지내는 사이다.

③ <u>어차피</u> 죽을 바엔 밥이라도 배불리 먹고 싶다.

④ 그들은 모두 배가 고팠던 터라 자장면을 <u>곱빼기</u>로 시켜 먹었다.

⑤ <u>널빤지</u>로 궤짝을 짰다.

05 다음 글에서 밑줄 친 ㉠~㉤의 수정 방안으로 적절하지 않은 것은?

> 심리학자들은 학습 이후 망각이 생기는 심리적 이유를 다음과 같이 설명하고 있다. 앞서 배운 내용이 나중에 공부한 내용을 밀어내는 순행 억제, 뒤에 배운 내용이 앞에서 배운 내용을 기억의 저편으로 밀어내는 역행 억제, 또한 공부한 두 내용이 서로 비슷해 간섭이 일어나는 유사 억제 등이 작용해 기억을 방해했기 때문이라는 것이다. 이러한 망각을 뇌 속에서 어떤 기억을 잃어버린 것으로 이해해서는 ㉠ 안된다. 기억을 담고 있는 세포들은 내용물을 흘려버리지 않는다. 기억들은 여전히 ㉡ 머리 속에 있는 것이다. 우리가 뭔가 기억해 내려고 애쓰는데도 찾지 못하는 것은 기억들이 ㉢ 혼재해 있기 때문이다. ㉣ 그리고 학습한 내용을 일정한 원리에 따라 ㉤ 짜임새 있게 체계적으로 잘 정리한다면 학습한 내용을 어렵지 않게 기억해 낼 수 있다.

① ㉠ : 띄어쓰기가 올바르지 않으므로 '안 된다'로 고친다.
② ㉡ : 맞춤법에 어긋나므로 '머릿속에'로 고친다.
③ ㉢ : 문맥에 어울리지 않으므로 '잠재'로 고친다.
④ ㉣ : 앞 문장과의 관계를 고려하여 '그러므로'로 고친다.
⑤ ㉤ : 의미가 중복되므로 '체계적으로'를 삭제한다.

06 다음 글과 가장 관련 있는 한자성어는?

> 서로 다른 산업 분야의 기업 간 협업이 그 어느 때보다 절실해진 상황에서 기업은 '협업'과 '소통'을 고민하지 않을 수 없다. 협업과 소통의 중요성은 기업의 경쟁력 강화를 위해 항상 강조되어 왔지만, 한 기업 내에서조차 성공적으로 운영하기가 쉽지 않았다. 그런데 이제는 서로 다른 산업 분야에서 기업 간의 원활한 협업과 소통까지 이뤄내야 하니, 기업의 고민은 깊어질 수밖에 없다.
> 협업과 소통의 문화 및 환경을 성공적으로 정착시키는 길은 결코 쉽게 갈 수 없다. 하지만 그 길을 가기 위해 첫걸음을 내디딜 수만 있다면 절반의 성공은 담보할 수 있다. 우선 직원 개인에게 '혼자서 큰일을 할 수 있는 시대는 끝이 났음'을 명확하게 인지시키고, 협업과 소통을 통한 실질적 성공 사례들을 탐구하여 그 가치를 직접 깨닫게 해야 한다.
> 그런 다음에는 협업과 소통을 위한 시스템을 갖추는 데 힘을 쏟아야 한다. 당장 협업 시스템을 전사 차원에서 적용하라는 것은 결코 아니다. 작은 변화를 통해 직원들 간 또는 협력업체 간, 고객들 간의 협업과 소통을 조금이나마 도울 수 있는 노력을 시작하라는 것이다. 동시에 시스템을 십분 활용할 수 있도록 독려하는 노력도 간과하지 말아야 한다.

① 장삼이사   ② 하석상대
③ 등고자비   ④ 주야장천
⑤ 내유외강

07 다음 (가) ~ (마)의 핵심 주제로 적절하지 않은 것은?

> (가) 한 아이가 길을 가다가 골목에서 갑자기 튀어나온 큰 개에게 발목을 물렸다. 아이는 이 일을 겪은 뒤 개에 대한 극심한 불안에 시달렸다. 멀리 있는 강아지만 봐도 몸이 경직되고 호흡 곤란을 느꼈으며 심한 경우 응급실을 찾기도 하였다. 이것은 한 번의 부정적인 경험이 공포증으로 이어진 경우라고 할 수 있다.
>
> (나) '공포증'이란 위의 경우에서 보듯이 특성 대상에 대한 과도한 두려움으로 그 대상을 계속해서 피하게 되는 증세를 말한다. 특정한 동물, 높은 곳, 비행기나 엘리베이터 등이 공포증을 유발하는 대상이 될 수 있다. 물론 일반적인 사람들도 이런 대상을 접하여 부정적인 경험을 할 수 있지만 공포증으로까지 이어지는 경우는 드물다.
>
> (다) 심리학자 와이너는 부정적인 경험을 한 상황을 어떻게 해석하느냐에 따라 이러한 공포증이 생길 수도 있고 그렇지 않을 수도 있으며, 공포증이 지속될 수도 있고 극복될 수도 있다고 했다. 그는 상황을 해석하는 방식을 설명하기 위해 상황의 원인을 어디에서 찾느냐, 상황의 변화 가능성에 대해 어떻게 인식하느냐의 두 가지 기준을 제시했다. 상황의 원인을 자신에게서 찾으면 '내부적'으로 해석한 것이고, 자신이 아닌 다른 것에서 찾으면 '외부적'으로 해석한 것이다. 또 상황이 바뀔 가능성이 전혀 없다고 생각하면 '고정적'으로 인식한 것이고, 상황이 충분히 바뀔 수 있다고 생각하면 '가변적'으로 인식한 것이다.
>
> (라) 와이너에 의하면, 큰 개에게 물렸지만 공포증에 시달리지 않는 사람들은 개에게 물린 상황에 대해 '내 대처 방식이 잘못되었어.'라며 내부적이고 가변적으로 해석한다. 이것은 나의 대처 방식에 따라 상황이 충분히 바뀔 수 있다고 생각하는 것이므로 이들은 개와 마주치는 상황을 굳이 피하지 않는다. 그 후 개에게 물리지 않는 상황이 반복되면 '나도 어떤 경우라도 개를 감당할 수 있어.'라며 내부적이고 고정적으로 해석하는 단계로 나아가게 된다.
>
> (마) 반면에 공포증을 겪는 사람들은 개에 물린 상황에 대해 '나는 약해서 개를 감당하지 못해.'라며 내부적이고 고정적으로 해석하거나 '개는 위험한 동물이야.'라며 외부적이고 고정적으로 해석한다. 자신의 힘이 개보다 약하다고 생각하거나 개를 맹수로 여기는 것이므로 이들은 자신이 개에게 물린 것을 당연한 일로 받아들인다. 하지만 공포증에 시달리지 않는 사람들처럼 상황을 해석하고 개를 피하지 않는 노력을 기울이면 공포증에서 벗어날 수 있다.

① (가) : 공포증이 생긴 구체적 상황
② (나) : 공포증의 개념과 공포증을 유발하는 대상
③ (다) : 와이너가 제시한 상황 해석의 기준
④ (라) : 공포증을 겪지 않는 사람들의 상황 해석 방식
⑤ (마) : 공포증을 겪는 사람들의 행동 유형

※ 다음과 같이 일정한 규칙으로 수를 나열할 때, 빈칸에 들어갈 수를 고르시오. [8~9]

08

| 132 | 156 | 182 | 210 | 240 | ( ) | 306 | 342 |

① 270 ② 272
③ 285 ④ 288
⑤ 293

09

| 5 | 35 | 24 | 168 | 157 | 1,099 | ( ) | 7,616 |

① 1,088 ② 1,110
③ 1,190 ④ 2,148
⑤ 2,450

10 비행기가 순항 중일 때에는 860km/h의 속력으로 날아가고, 기상이 악화되면 40km/h의 속력이 줄어든다. 어떤 비행기가 3시간 30분 동안 비행하는 데 15분 동안 기상이 악화되었다면 날아간 거리는 총 몇 km인가?

① 2,850km ② 2,900km
③ 2,950km ④ 3,000km
⑤ 3,050km

11 다음은 2023년 우리나라의 LPCD(Liter Per Capital Day)에 대한 자료이다. 1인 1일 사용량에서 영업용 사용량이 차지하는 비중과 1인 1일 가정용 사용량의 하위 두 항목이 차지하는 비중을 순서대로 바르게 나열한 것은?(단, 소수점 셋째 자리에서 반올림한다)

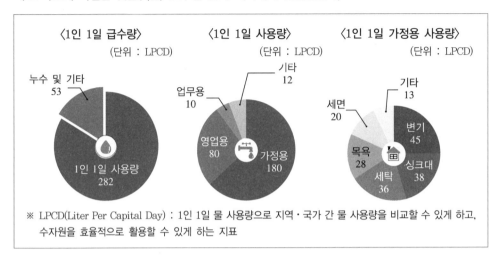

※ LPCD(Liter Per Capital Day) : 1인 1일 물 사용량으로 지역·국가 간 물 사용량을 비교할 수 있게 하고, 수자원을 효율적으로 활용할 수 있게 하는 지표

① 27.57%, 16.25%
② 27.57%, 19.24%
③ 28.37%, 18.33%
④ 28.37%, 19.24%
⑤ 30.56%, 20.78%

12 출장을 가는 K사원은 오후 2시에 출발하는 KTX를 타기 위해 오후 12시 30분에 역에 도착하였다. K사원은 남은 시간을 이용하여 음식을 포장해 오려고 한다. 역에서 음식점까지의 거리는 아래와 같으며, 음식을 포장하는 데 15분이 걸린다고 한다. K사원이 시속 3km로 걸어서 갔다 올 때, 구입할 수 있는 음식의 종류는?

음식점	G김밥	P빵집	N버거	M만두	B도시락
거리	2km	1.9km	1.8km	1.95km	1.7km

① 도시락
② 도시락, 햄버거
③ 도시락, 햄버거, 빵
④ 도시락, 햄버거, 빵, 만두
⑤ 도시락, 햄버거, 빵, 만두, 김밥

13 다음은 국내 이민자의 경제활동에 대한 자료이다. 이에 대한 설명으로 옳은 것을 〈보기〉에서 모두 고르면?

〈국내 이민자 경제활동인구〉

(단위 : 천 명, %)

구분	이민자			국내인 전체
	외국인		귀화허가자	
	남성	여성		
15세 이상 인구	695.7	529.6	52.7	43,735
경제활동인구	576.1	292.6	35.6	27,828
취업자	560.5	273.7	33.8	26,824
실업자	15.6	18.8	1.8	1,003.0
비경제활동인구	119.5	237.0	17.1	15,907.0
경제활동 참가율	82.8	55.2	67.6	63.6

보기

㉠ 15세 이상 국내 인구 중 이민자가 차지하는 비율은 4% 이상이다.
㉡ 15세 이상 외국인 중 실업자의 비율이 귀화허가자 중 실업자의 비율보다 낮다.
㉢ 외국인 취업자의 수는 귀화허가자 취업자 수의 20배 이상이다.
㉣ 외국인 여성의 경제활동 참가율이 국내인 여성의 경제활동 참가율보다 낮다.

① ㉠, ㉡
② ㉠, ㉣
③ ㉡, ㉢
④ ㉠, ㉡, ㉢
⑤ ㉡, ㉢, ㉣

14 화창한 어느 날 낮에 농도 3%의 설탕물 400g이 들어있는 컵을 창가에 놓아두었다. 저녁에 살펴보니 물이 증발하여 농도가 5%가 되었다. 이때 남아있는 설탕물의 양은 몇 g인가?

① 220g
② 230g
③ 240g
④ 250g
⑤ 260g

15 K공사는 2024년 신입사원 채용을 진행하고 있다. 최종 관문인 면접평가는 다대다 면접으로, A ~ E면접자를 포함하여 총 8명이 입장하였고 다음 〈조건〉과 같이 의자에 앉았다. D면접자가 2번 의자에 앉았을 때, 항상 옳은 것은?(단, 면접실 의자는 순서대로 1번부터 8번까지 번호가 매겨져 있다)

> **조건**
> • C면접지의 D면접자는 이웃해 앉지 않고, D면접자와 E면접자는 이웃해 앉는다.
> • A면접자와 C면접자 사이에는 2명이 앉는다.
> • A면접자는 양 끝(1번, 8번)에 앉지 않는다.
> • B면접자는 6번 또는 7번 의자에 앉고, E면접자는 3번 의자에 앉는다.

① A면접자는 4번에 앉는다.

② C면접자는 1번에 앉는다.

③ A면접자와 B면접자가 서로 이웃해 앉는다면 C면접자는 4번 또는 8번에 앉는다.

④ B면접자가 7번에 앉으면, A면접자와 B면접자 사이에 2명이 앉는다.

⑤ C면접자가 8번에 앉으면, B면접자는 6번에 앉는다.

16 아마추어 야구 리그에서 활동하는 A ~ D팀은 빨간색, 노란색, 파란색, 보라색 중에서 매년 상징하는 색을 바꾸고 있다. 다음 〈조건〉을 참고할 때, 반드시 참인 것은?

> **조건**
> • 하나의 팀은 하나의 상징색을 갖는다.
> • 이전에 사용했던 상징색을 다시 사용할 수는 없다.
> • A팀과 B팀은 빨간색을 사용한 적이 있다.
> • B팀과 C팀은 보라색을 사용한 적이 있다.
> • D팀은 노란색을 사용한 적이 있고, 올해는 파란색을 선택하였다.

① A팀은 파란색을 사용한 적이 있어 다른 색을 골라야 한다.

② A팀의 상징색은 노란색이 될 것이다.

③ C팀은 파란색을 사용한 적이 있을 것이다.

④ C팀의 상징색은 빨간색이 될 것이다.

⑤ D팀은 보라색을 사용한 적이 있다.

17 K공사에 근무하는 A대리는 국내 자율주행자동차 산업에 대한 SWOT 분석 결과에 따라 국내 자율주행자동차 산업 발달을 위한 방안을 고안하는 중이다. A대리가 SWOT 분석에 의한 경영전략에 따라 판단하였다고 할 때, 다음 〈보기〉 중 SWOT 분석에 의한 경영전략에 맞춘 판단으로 적절하지 않은 것을 모두 고르면?

〈국내 자율주행자동차 산업에 대한 SWOT 분석 결과〉

구분	분석 결과
강점(Strength)	• 민간 자율주행기술 R&D지원을 위한 대규모 예산 확보 • 국내외에서 우수한 평가를 받는 국내 자동차기업 존재
약점(Weakness)	• 국내 민간기업의 자율주행기술 투자 미비 • 기술적 안전성 확보 미비
기회(Opportunity)	• 국가의 지속적 자율주행자동차 R&D 지원법안 본회의 통과 • 완성도 있는 자율주행기술을 갖춘 외국 기업들의 등장
위협(Threat)	• 자율주행차에 대한 국민들의 심리적 거부감 • 자율주행차에 대한 국가의 과도한 규제

〈SWOT 분석에 의한 경영전략〉

• SO전략 : 기회를 이용해 강점을 활용하는 전략
• ST전략 : 강점을 활용하여 위협을 최소화하거나 극복하는 전략
• WO전략 : 기회를 활용하여 약점을 보완하는 전략
• WT전략 : 약점을 최소화하고 위협을 회피하는 전략

> **보기**
>
> ㄱ. 자율주행기술 수준이 우수한 외국 기업과의 기술이전협약을 통해 국내 우수 자동차기업들의 자율주행기술 연구 및 상용화 수준을 향상시키려는 전략은 SO전략에 해당한다.
> ㄴ. 민간의 자율주행기술 R&D를 적극 지원하여 자율주행기술의 안전성을 높이려는 전략은 ST전략에 해당한다.
> ㄷ. 자율주행자동차 R&D를 지원하는 법률을 토대로 국내 기업의 기술개발을 적극 지원하여 안전성을 확보하려는 전략은 WO전략에 해당한다.
> ㄹ. 자율주행기술개발에 대한 국내기업의 투자가 부족하므로 국가기관이 주도하여 기술개발을 추진하는 전략은 WT전략에 해당한다.

① ㄱ, ㄴ
② ㄱ, ㄷ
③ ㄴ, ㄷ
④ ㄴ, ㄹ
⑤ ㄱ, ㄴ, ㄷ

18 다음은 K손해보험 보험금 청구 절차 안내문이다. 이를 토대로 고객들의 질문에 답변하려고 할 때, 적절하지 않은 것은?

〈보험금 청구 절차 안내문〉

단계	구분	내용
Step 1	사고 접수 및 보험금 청구	피보험자, 가해자, 피해자가 사고발생 통보 및 보험금 청구를 합니다. 접수는 가까운 영업점에 관련 서류를 제출합니다.
Step 2	보상팀 및 보상담당자 지정	보상처리 담당자가 지정되어 고객님께 담당자의 성명, 연락처를 SMS로 전송해 드립니다. 자세한 보상 관련 문의사항은 보상처리 담당자에게 문의하시면 됩니다.
Step 3	손해사정법인 (현장확인자)	보험금 지급여부 결정을 위해 사고현장조사를 합니다. (병원 공인된 손해사정법인에게 조사업무를 위탁할 수 있음)
Step 4	보험금 심사 (심사자)	보험금 지급 여부를 심사합니다.
Step 5	보험금 심사팀	보험금 지급 여부가 결정되면 피보험자 예금통장에 보험금이 입금됩니다.

※ 3만 원 초과 10만 원 이하 소액통원의료비를 청구할 경우 보험금 청구서와 병원영수증, 질병분류기호(질병명)가 기재된 처방전만으로 접수가 가능합니다.
※ 의료기관에서는 환자가 요구할 경우 처방전 발급 시 질병분류기호(질병명)가 기재된 처방전 2부 발급이 가능합니다.
※ 온라인 접수 절차는 K손해보험 홈페이지에서 확인하실 수 있습니다.

① Q : 자전거를 타다가 팔을 다쳐서 병원비가 56,000원이 나왔습니다. 보험금을 청구하려고 하는데 제출할 서류는 어떻게 되나요?

　A : 고객님의 의료비는 10만 원이 넘지 않는 관계로 보험금 청구서와 병원영수증, 진단서가 필요합니다.

② Q : 사고를 낸 당사자도 보험금을 청구할 수 있나요?

　A : 네, 고객님. 사고의 가해자와 피해자 모두 보험금을 청구하실 수 있습니다.

③ Q : 사고 접수는 인터넷으로 접수가 가능한가요?

　A : 네, 가능합니다. 자세한 접수 절차는 K손해보험 홈페이지에서 확인하실 수 있습니다.

④ Q : 질병분류기호가 기재된 처방전은 어떻게 발급하나요?

　A : 처방전 발급 시 해당 의료기관에 질병분류기호를 포함해 달라고 요청하시면 됩니다.

⑤ Q : 보험금은 언제쯤 지급받을 수 있을까요?

　A : 보험금은 사고가 접수된 후에 사고현장을 조사하여 보험금 지급 여부를 심사한 다음 지급됩니다. 고객님마다 개인차가 있을 수 있으니 보다 정확한 사항은 보상처리 담당자에게 문의 바랍니다.

19 다음은 제품 생산에 따른 공정 관리를 나타낸 자료이다. 이에 대한 설명으로 옳은 것을 〈보기〉에서 모두 고르면?(단, 각 공정은 동시 진행이 가능하다)

공정 활동	선행 공정	시간(분)
A. 부품 선정	없음	2
B. 절삭 가공	A	2
C. 연삭 가공	A	5
D. 부품 조립	B, C	4
E. 전해 연마	D	3
F. 제품 검사	E	1

※ 공정 간 부품의 이동 시간은 무시하며, A공정부터 시작되어 공정별로 1명의 작업 담당자가 수행한다.

보기
ㄱ. 전체 공정을 완료하기 위해서는 15분이 소요된다.
ㄴ. 첫 제품 생산 후부터 1시간마다 3개씩 제품이 생산된다.
ㄷ. B공정이 1분 더 지연되어도 전체 공정 시간은 변화가 없다.

① ㄱ
② ㄴ
③ ㄱ, ㄷ
④ ㄴ, ㄷ
⑤ ㄱ, ㄴ, ㄷ

20 귀하는 점심식사 중 식당에 있는 TV에서 정부의 정책에 대한 뉴스가 나오는 것을 보았다. 함께 점심을 먹는 동료들과 뉴스를 보고 나눈 대화의 내용으로 적절하지 않은 것은?

〈뉴스〉

앵커 : 저소득층에게 법률서비스를 제공하는 정책을 구상 중입니다. 정부는 무료로 법률자문을 하겠다고 지원하는 변호사를 활용하는 자원봉사제도, 정부에서 법률 구조공단 등의 기관을 신설하고 변호사를 유급으로 고용하여 법률서비스를 제공하는 유급법률구조제도, 정부가 법률서비스의 비용을 대신 지불하는 법률보호제도 등의 세 가지 정책대안 중 하나를 선택할 계획입니다.
이 정책대안을 비교하는 데 고려해야 할 정책목표는 비용저렴성, 접근용이성, 정치적 실현가능성, 법률서비스의 전문성입니다. 정책대안과 정책목표의 상관관계는 화면으로 보여드립니다. 각 대안이 정책목표를 달성하는 데 유리한 경우는 (+)로, 불리한 경우는 (−)로 표시하였으며, 유·불리 정도는 같습니다. 정책목표에 대한 가중치의 경우, '0'은 해당 정책목표를 무시하는 것을, '1'은 해당 정책목표를 고려하는 것을 의미합니다.

〈정책대안과 정책목표의 상관관계〉

정책목표	가중치		정책대안		
	A안	B안	자원봉사제도	유급법률구조제도	법률보호제도
비용저렴성	0	0	+	−	−
접근용이성	1	0	−	+	−
정치적 실현가능성	0	0	+	−	+
전문성	1	1	−	+	−

① 비용저렴성을 달성하기에 가장 유리한 정책대안은 자원봉사제도로군.
② A안과 B안 중 어떤 것을 적용하더라도 정책대안 비교의 결과는 달라지지 않을 것으로 보여.
③ 반대로 B안에 가중치를 적용할 경우 자원봉사제도가 가장 적절한 정책대안으로 평가받게 될 것 같아.
④ 아마도 전문성 면에서는 유급법률구조제도가 자원봉사제도보다 더 좋은 정책 대안으로 평가받게 되겠군.
⑤ A안에 가중치를 적용할 경우 유급법률구조제도가 가장 적절한 정책대안으로 평가받게 되지 않을까?

행운이란 100%의 노력 뒤에 남는 것이다.

- 랭스턴 콜먼 -

제2회
최종점검 모의고사

※ 한국자산관리공사 최종점검 모의고사는 2024년 채용공고를 기준으로 구성한 것으로 실제 시험과 다를 수 있습니다.

■ 취약영역 분석

NCS 직업기초능력

번호	O/×	영역
01		
02		
03		
04		의사소통능력
05		
06		
07		
08		
09		
10		
11		수리능력
12		
13		
14		
15		
16		
17		문제해결능력
18		
19		
20		

전공 직무수행능력   경영 / 경제

평가문항	80문항	평가시간	120분
시작시간	:	종료시간	:
취약영역			

최종점검 모의고사

🕐 응시시간 : 120분   📑 문항 수 : 80문항   정답 및 해설 p.055

01	직업기초능력

01 다음 글을 읽고 알 수 있는 내용으로 적절하지 않은 것은?

> 낭만주의의 초석이라 할 수 있는 칸트는 인간 정신에 여러 범주들이 내재하기 때문에 이것들이 우리가 세계를 지각하는 방식을 선험적으로 결정한다고 주장한 바 있다. 이 범주들은 공간, 시간, 원인, 결과 등의 개념들이다. 우리는 이 개념들을 '배워서' 아는 것이 아니다. 즉, 경험에 앞서 이미 아는 것이다. 경험에 앞서는 범주를 제시했다는 점에서 혁명적 개념이었고, 경험을 강조한 베이컨주의에 대한 강력한 반동인 셈이다.
>
> 칸트 스스로도 이것을 철학에 있어 '코페르니쿠스적 전환'이라고 보았다. "따라서 우리는 자신의 인식에 부분적으로 책임이 있고, 자기 존재의 부분적 창조자다." 이는 인간이라는 존재는 백지에 쓴 경험의 총합체가 아니며, 그만큼 우리는 권리와 의무를 가진 주체적인 결정권자라는 선언이었다. 세상은 결정론적이지 않고 인간은 사회의 기계적 부품 같은 존재가 아님을 강력히 암시하고 있다.
>
> 칸트가 건설한 철학적 관념론은 우리 외부에서 지각되는 대상은 사실 우리 정신의 내용과 연관된 관념일 뿐이라는 것을 명백히 했다. 현실적인 것은 근본적으로 심리적이라는 것이라는 신념으로서, 객관적이고 물질적인 것에서 근본을 찾는 유물론과는 분명한 대척점에 있는 관점이다.
>
> 그 밖에도 "공간과 시간은 경험적으로 실재적이지만 초월적으로는 관념적이다.", "만일 우리가 주관을 제거해버리면 공간과 시간도 사라질 것이다. 현상으로서 공간과 시간은 그 자체로서 존재할 수 없고 단지 우리 안에서만 존재할 수 있다."처럼 시간과 공간의 실재성에도 의문을 품었던 칸트의 생각들은 독일 철학의 흐름 속에 이어지다가 후일 아인슈타인에게도 결정적 힌트가 되었다. 그리고 결국 아인슈타인은 상대성이론으로 뉴턴의 세계를 무너뜨린다.

① 칸트에 의하면 공간, 시간 등의 개념들은 태어나면서부터 아는 것이다.
② 낭만주의와 베이컨주의는 상반된 견해를 가지고 있다.
③ 칸트에 의하면 현실의 공간과 시간은 인간에 의해 존재한다.
④ 칸트의 철학적 관념론은 주관적인 것에 가깝다.
⑤ 칸트와 아인슈타인의 견해는 같다고 볼 수 있다.

02 다음 빈칸에 들어갈 내용으로 가장 적절한 것은?

한 존재가 가질 수 있는 욕망과 그 존재가 가졌다고 할 수 있는 권리 사이에는 모종의 개념적 관계가 있는 것 같다. 권리는 침해될 수 있는 것이며, 어떤 것에 대한 개인의 권리를 침해하는 것은 그것과 관련된 욕망을 좌절시키는 것이다. 예를 들어 당신이 차를 가지고 있다고 가정해 보자. 그럴 때 나는 우선 그것을 당신으로부터 빼앗지 말아야 한다는 의무를 가진다. 그러나 그 의무는 무조건적인 것이 아니다. 이는 부분적으로 당신이 그것과 관련된 욕망을 가지고 있는지 여부에 달려 있다. 만약 당신이 차를 빼앗기든지 말든지 관여치 않는다면, 내가 당신의 차를 빼앗는다고 해서 당신의 권리를 침해하는 것은 아닐 수 있다.

물론 권리와 욕망 간의 관계를 정확히 설명하는 것은 어렵다. 이는 졸고 있는 경우나 일시적으로 의식을 잃는 경우와 같은 특수한 상황 때문인데, 그러한 상황에서도 졸고 있는 사람이나 의식을 잃은 사람에게 권리가 없다고 말하는 것은 옳지 않을 것이다. 그러나 이와 같이 권리의 소유가 실제적인 욕망 자체와 연결되지는 않는다고 하더라도, 권리를 소유하려면 어떤 방식으로든 관련된 욕망을 가지는 능력이 있어야 한다. 어떤 권리를 소유할 수 있으려면 최소한 그 권리와 관련된 욕망을 가질 수 있어야 한다는 것이다.

이러한 관점을 '생명에 대한 권리'라는 경우에 적용해 보자. 생명에 대한 권리는 개별적인 존재의 생존을 지속시킬 권리이고, 이를 소유하는 데 관련되는 욕망은 개별존재로서 생존을 지속시키고자 하는 욕망이다. 따라서 자신을 일정한 시기에 걸쳐 존재하는 개별존재로서 파악할 수 있는 존재만이 생명에 대한 권리를 가질 수 있다. 왜냐하면 _____

① 생명에 대한 권리를 가질 수 있는 존재만이 개별존재로서 생존을 지속시키고자 하는 욕망을 가질 수 있기 때문이다.

② 자신을 일정한 시기에 걸쳐 존재하는 개별존재로서 파악할 수 있는 존재는 다른 존재자의 생명을 빼앗지 말아야한다는 의무를 지니기 때문이다.

③ 자신을 일정한 시기에 걸쳐 존재하는 개별존재로서 파악할 수 있는 존재만이 개별존재로서 생존을 지속시키고자 하는 욕망을 가질 수 있기 때문이다.

④ 개별존재로서 생존을 지속시키고자 하는 욕망을 가질 수 있는 존재만이 자신을 일정한 시기에 걸쳐 존재하는 개별존재로서 파악할 수 있기 때문이다.

⑤ 자신을 일정한 시기에 걸쳐 존재하는 개별존재로서 파악할 수 있는 존재는 어떤 실제적인 욕망을 가지지 않는다고 하여도 욕망을 가질 수 있는 능력이 있다고 파악되기 때문이다.

03 다음 문단을 논리적 순서대로 바르게 나열한 것은?

(가) 베커는 "주말이나 저녁에는 회사들이 문을 닫기 때문에 활용할 수 있는 시간의 길이가 길어지고 이에 따라 특정 행동의 시간 비용이 줄어든다."라고도 지적한다. 시간의 비용이 가변적이라는 개념은 기대수명이 늘어나서 사람들에게 더 많은 시간이 주어지는 것이 시간의 비용에 영향을 미칠 수 있다는 점에서 의미가 있다.

(나) 베커와 린더는 사람들에게 주어진 시간을 고정된 양으로 선제했다. 1965년 당시의 기대수명은 약 70세였다. 하루 24시간 중 8시간을 수면에 쓰고 나머지 시간에 활동이 가능하다면, 평생 408,800시간의 활동가능 시간이 주어지는 셈이다. 하지만 이 방정식에서 변수 하나가 바뀌면 어떻게 될까? 기대수명이 크게 늘어난다면 시간의 가치 역시 달라져서 늘 시간에 쫓기는 조급한 마음에도 영향을 주게 되지 않을까?

(다) 시간의 비용이 가변적이라고 생각한 이는 베커만이 아니었다. 스웨덴의 경제학자 스테판 린더는 서구인들이 엄청난 경제성장을 이루고도 여유를 누리지 못하는 이유를 논증한다. 경제가 성장하면 사람들의 시간을 쓰는 방식도 달라진다. 임금이 상승하면 직장 밖 활동에 들어가는 시간의 비용이 늘어난다. 일하는 데 쓸 수 있는 시간을 영화나 책을 보는 데 소비하면 그만큼의 임금을 포기하는 것이다. 따라서 임금이 늘어난 만큼 일 이외의 활동에 들어가는 시간의 비용도 함께 늘어난다는 것이다.

(라) 1965년 노벨상 수상자 게리 베커는 '시간의 비용'이 시간을 소비하는 방식에 따라 변화한다고 주장하였다. 예를 들어 수면이나 식사 활동은 영화 관람에 비해 단위 시간당 시간의 비용이 작다. 그 이유는 수면과 식사가 생산적인 활동에 기여하기 때문이다. 잠을 못 자거나 식사를 제대로 하지 못해 체력이 떨어진다면, 생산적인 활동에 제약을 받기 때문에 수면과 식사 활동에 들어가는 시간의 비용이 영화관람에 비해 작다고 할 수 있다.

① (가) - (다) - (나) - (라)　　　　② (가) - (라) - (다) - (나)
③ (라) - (가) - (다) - (나)　　　　④ (라) - (나) - (다) - (가)
⑤ (라) - (다) - (가) - (나)

04 다음 글과 가장 관련 있는 속담은?

우리가 처한 현실이 어렵다는 것은 사실입니다. 그러나 이럴 때일수록 우리가 할 수 있는 일이 무엇인가를 냉철히 생각해 보아야겠지요. 급한 마음에 표면적으로 나타나는 문제만 해결하려 했다가는 문제를 더 나쁘게 만들 수도 있는 일이니까요. 가령 말입니다. 우리나라에 닥친 경제 위기가 외환 위기라 하여 무조건 외제 상품을 배척하는 일은 옳지 않다는 겁니다. 물론 무분별한 외제 선호 경향은 이 기회에 우리가 뿌리 뽑아야겠지요. 그렇게 함으로써 불필요한 외화 유출을 막고, 우리의 외환 부족 사태를 해소할 수도 있을 테니까요.

그러나 우리나라는 경제 여건상 무역에 의존할 수밖에 없는 나라입니다. 다시 말해 수출을 하지 않으면 우리의 경제를 원활히 운영하기가 어려운 나라입니다. 그런데 우리가 무조건 외제 상품을 구매하지 않는다면, 다른 나라의 반발을 초래할 수가 있습니다. 즉, 그들도 우리의 상품을 구매하지 않는다는 것이죠. 그렇게 된다면 우리의 경제가 더욱 열악한 상황으로 빠져 들게 된다는 것은 불을 보듯 뻔한 일입니다. 냉철하게 생각해서 건전한 소비를 이끌어 내는 것이 필요한 때라고 봅니다.

① 뚝배기보다 장맛이 좋다.
② 언 발에 오줌 누기
③ 우물에서 숭늉 찾는다.
④ 소 잃고 외양간 고친다.
⑤ 호랑이에게 잡혀가도 정신만 차리면 살 수 있다.

05 다음 글을 수정하려고 할 때, 밑줄 친 ㉠~㉤ 중 어법에 맞지 않는 것은?

여행의 재미 가운데 ㉠ 빼놓을 수 없는 것이 자신이 다녀온 곳에 대한 기억을 평생의 추억으로 바꿔 주는 사진 찍기라고 할 수 있다. 물론 사진을 찍을 때 가장 중요한 것은 어떤 카메라로 찍느냐보다는 ㉡ 어떻게 찍느냐 하는 것이다. 으리으리한 카메라 장비를 ㉢ 둘러메고 다니며 사진을 찍는 사람을 보면서 기가 죽을 필요는 없다. 아무리 ㉣ 변변찮은 카메라도 약간의 방법만 익히면 무엇을 ㉤ 찍던 지 생각 이상으로 멋진 작품을 만들 수 있다.

① ㉠
② ㉡
③ ㉢
④ ㉣
⑤ ㉤

20세기 한국 사회는 내부 노동시장에 의존한 평생직장 개념을 갖고 있었으나, 1997년 외환 위기 이후 인력 관리의 유연성이 향상되면서 그것은 사라지기 시작하였다. 기업은 필요한 우수 인력을 외부 노동시장에서 적기에 채용하고, 저숙련 인력은 주변화하여 비정규직을 계속 늘려간다는 전략을 구사하고 있다. 이러한 기업의 인력 관리 방식에 따라서 실업률은 계속 하락하는 동시에 주당 18시간 미만으로 일하는 불완전 취업자가 많이 증가하고 있다.

이러한 현상은 우리나라의 경제가 지식 기반 산업 위주로 점차 바뀌고 있음을 말해 준다. 지식 기반 산업이 주도하는 경제 체제에서는 고급 지식을 갖거나 숙련된 노동자는 더욱 높은 임금을 받게 된다. 다시 말해, 지식 기반 경제로의 이행은 지식 격차에 의한 소득 불평등의 심화를 의미한다. 우수한 기술과 능력을 갖춘 핵심 인력은 능력 개발 기회를 얻게 되어 '고급 기술 → 높은 임금 → 양질의 능력 개발 기회'의 선순환 구조를 갖지만, 비정규직·장기 실업자 등 주변 인력은 악순환을 겪을 수밖에 없다. 이러한 '양극화' 현상을 국가가 적절히 통제하지 못할 경우, 사회 계급 간의 간극은 더욱 확대될 것이다. 결국 고도 기술 사회가 온다고 해도 자본주의 사회 체제가 지속되는 이상 사회 불평등 현상은 여전히 계급 간 균열선을 따라 존재하게 될 것이다. 국가가 포괄적 범위에서 강력하게 사회 정책적 개입을 추진하면 계급 간 차이를 현재보다는 축소시킬 수 있겠지만 아주 없어지는 못할 것이다.

사회 불평등 현상은 나라들 사이에서도 발견된다. 각국 간 발전 격차가 지속 확대되면서 전 지구적 생산의 재배치는 이미 20세기 중엽부터 진행됐다. 정보통신 기술은 지구의 자전 주기와 공간적 거리를 '장애물'에서 '이점'으로 변모시켰다. 그 결과, 전 지구적 노동시장이 탄생하였다. 기업을 비롯한 각 사회 조직은 국경을 넘어 인력을 충원하고, 재화와 용역을 구매하고 있다. 개인들도 인터넷을 통해 이러한 흐름에 동참하고 있다. 생산 기능은 저개발국으로 이전되고, 연구·개발·마케팅 기능은 선진국으로 모여드는 경향이 지속·강화되어, 나라 간 정보 격차가 확대되고 있다. 유비쿼터스 컴퓨팅 기술에 의거하여 전 지구 사회를 잇는 지역 간 분업은 앞으로 더욱 활발해질 것이다. 나라 간의 경제적 불평등 현상은 국제 자본 이동과 국제 노동 이동으로 표출되고 있다. 노동 집약적 부문의 국내 기업이 해외로 생산 기지를 옮기는 현상에서 나아가 초국적 기업화 현상이 본격적으로 대두되고 있다. 전 지구에 걸친 외부 용역 대치가 이루어지고, 콜센터를 외국으로 옮기는 현상도 보편화될 것이다.

① 국가 간 노동 인력의 이동이 가져오는 폐해
② 사회 계급 간 불평등 심화 현상의 해소 방안
③ 지식 기반 산업 사회에서의 노동시장의 변화
④ 선진국과 저개발국 간의 격차 축소 정책의 필요성
⑤ 저개발국에서 나타나는 사회 불평등 현상

07 다음 중 밑줄 친 ㉠의 사례로 적절하지 않은 것은?

어떤 물체가 물이나 공기와 같은 유체 속에서 자유 낙하할 때 물체에는 중력, 부력, 항력이 작용한다. 중력은 물체의 질량에 중력 가속도를 곱한 값으로 물체가 낙하하는 동안 일정하다. ㉠ 부력은 어떤 물체에 의해서 배제된 부피만큼의 유체의 무게에 해당하는 힘으로, 항상 중력의 반대 방향으로 작용한다. 빗방울에 작용하는 부력의 크기는 빗방울의 부피에 해당하는 공기의 무게이다. 공기의 밀도는 물의 밀도의 1,000분의 1 수준이므로, 빗방울이 공기 중에서 떨어질 때 부력이 빗방울의 낙하 운동에 영향을 주는 정도는 미미하다. 그러나 스티로폼 입자와 같이 밀도가 매우 작은 물체가 낙하할 경우에는 부력이 물체의 낙하 속도에 큰 영향을 미친다.

물체가 유체 내에 정지해 있을 때와는 달리, 유체 속에서 운동하는 경우에는 물체의 운동에 저항하는 힘인 항력이 발생하는데, 이 힘은 물체의 운동 방향과 반대로 작용한다. 항력은 유체 속에서 운동하는 물체의 속도가 커질수록 이에 상응하여 커진다. 항력은 마찰항력과 압력항력의 합이다. 마찰항력은 유체의 점성 때문에 물체의 표면에 가해지는 항력으로, 유체의 점성이 크거나 물체의 표면적이 클수록 커진다. 압력항력은 물체가 이동할 때 물체의 전후방에 생기는 압력 차에 의해 생기는 항력으로, 물체의 운동 방향에서 바라본 물체의 단면적이 클수록 커진다.

안개비의 빗방울이나 미세 먼지와 같이 작은 물체가 낙하하는 경우에는 물체의 전후방에 생기는 압력 차가 매우 작아 마찰항력이 전체항력의 대부분을 차지한다. 빗방울의 크기가 커지면 전체항력 중 압력항력이 차지하는 비율이 점점 커진다. 반면 스카이다이버와 같이 큰 물체가 빠른 속도로 떨어질 때에는 물체의 전후방에 생기는 압력차에 의한 압력항력이 매우 크므로 마찰항력이 전체항력에 기여하는 비중은 무시할 만하다.

빗방울이 낙하할 때 처음에는 중력 때문에 빗방울의 낙하 속도가 점점 증가하지만, 이에 따라 항력도 커지게 되어 마침내 항력과 부력의 합이 중력의 크기와 같아지게 된다. 이때 물체의 가속도가 0이 되므로 빗방울의 속도는 일정해지는데, 이렇게 일정해진 속도를 종단 속도라 한다. 유체 속에서 상승하거나 지면과 수평으로 이동하는 물체의 경우에도 종단 속도가 나타나는 것은 이동 방향으로 작용하는 힘과 반대 방향으로 작용하는 힘의 평형에 의한 것이다.

① 물이 가득 찬 비커 윗부분에 떠 있는 축구공
② 허리에 납덩이들을 묶은 띠를 감고 물질을 하는 해녀
③ 해금의 줄을 활대로 켜서 음악을 들려주는 연주자
④ 배영을 하기 전에 물에 누워 가만히 떠 있는 수영 선수
⑤ 물탱크에 채운 물의 양을 조절함으로써 수중에서의 높낮이를 조절하는 잠수함

08 다음은 K공사의 금융구조조정자금 총지원 현황을 정리한 자료이다. 이에 대한 설명으로 옳은 것을 〈보기〉에서 모두 고르면?

〈K공사의 금융구조조정자금 총지원 현황〉

(단위 : 억 원)

구분	은행	증권사	보험사	제2금융	저축은행	농협	소계
출자	222,039	99,769	159,198	26,931	1	–	507,938
출연	139,189	4,143	31,192	7,431	4,161	–	186,116
부실자산 매입	81,064	21,239	3,495	–	–	–	105,798
보험금 지급	–	113	–	182,718	72,892	47,402	303,125
대출	–	–	–	–	5,969	–	5,969
합계	442,292	125,264	193,885	217,080	83,023	47,402	1,108,946

보기

ㄱ. 출자 부문에서 은행이 지원받은 금융구조조정자금은 증권사가 지원받은 금융구조조정자금의 3배 이상이다.

ㄴ. 보험금 지급 부문에서 지원된 총금융구조조정자금 중 저축은행이 지원받은 금액의 비중은 20%를 초과한다.

ㄷ. 제2금융에서 지원받은 금융구조조정자금 중 보험금 지급 부문으로 지원받은 금액이 차지하는 비중은 80% 이상이다.

ㄹ. 부실자산 매입 부문에서 지원된 금융구조조정자금 중 은행이 지급받은 금액의 비중은 보험사가 지급받은 금액 비중의 20배 이상이다.

---

① ㄱ

② ㄴ, ㄹ

③ ㄴ, ㄷ, ㄹ

④ ㄱ, ㄴ, ㄷ,

⑤ ㄱ, ㄴ, ㄷ, ㄹ

09 다음은 외환위기 전후 한국의 경제 상황을 나타낸 자료이다. 이에 대한 설명으로 옳은 것은?

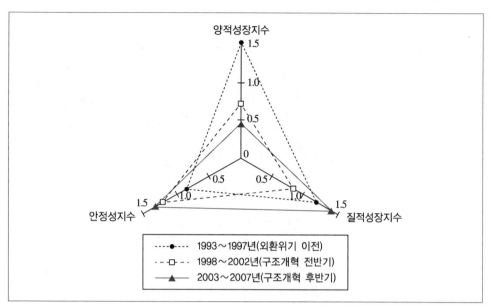

① 1993년 이후 양적성장지수가 감소함에 따라 안정성지수 또한 감소하였다.

② 안정성지수는 구조개혁 전반기와 구조개혁 후반기에 직전기간 대비 모두 증가하였으나, 구조개혁 후반기의 직전기간 대비 증가율은 구조개혁 전반기의 직전기간 대비 증가율보다 낮다.

③ 세 지수 모두에서 구조개혁 전반기의 직전기간 대비 증감폭보다 구조개혁 후반기의 직전기간 대비 증감폭이 크다.

④ 구조개혁 전반기와 후반기 모두 양적성장지수의 직전기간 대비 증감폭보다 안정성지수의 직전기간 대비 증감폭이 크다.

⑤ 외환위기 이전에 비해 구조개혁 전반기에는 양적성장지수와 질적성장지수 모두 50% 이상 감소하였다.

10 희경이의 회사는 본사에서 지점까지의 거리가 총 50km이다. 버스를 타고 60km/h의 속력으로 20km를 갔더니 지점에서의 미팅시간이 얼마 남지 않아서, 택시로 바꿔 타고 90km/h의 속력으로 갔더니 오후 3시에 도착할 수 있었다. 희경이가 본사에서 나온 시각은 언제인가?(단, 본사에서 나와 버스를 기다린 시간과 버스에서 택시로 바꿔 탄 시간은 생각하지 않는다)

① 오후 1시 40분   ② 오후 2시
③ 오후 2시 20분   ④ 오후 2시 40분
⑤ 오후 3시

다음은 18개 지역의 날씨에 대한 자료이다. 이를 참고할 때 날씨의 평균값과 중앙값의 차는?

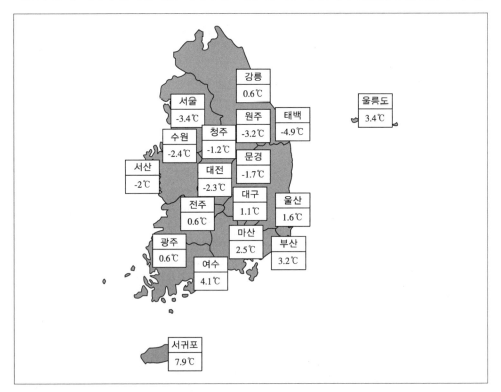

① 0.38
② 0.35
③ 0.26
④ 0.22
⑤ 0.17

12 K공사 채용시험 결과 10명이 최종 합격하였다. 하지만 그중 2명이 부정한 방법으로 합격한 사실이 밝혀져 채용이 취소되었다. 이 2명을 제외한 합격자 중 2명을 회계부서에 배치하고, 남은 인원을 절반씩 각각 인사부서와 홍보부서로 배치하였다고 할 때, 가능한 경우의 수는?

① 18,800가지
② 21,400가지
③ 25,200가지
④ 28,400가지
⑤ 30,100가지

13 다음은 K공장에서 근무하는 근로자들의 임금 수준 분포를 나타낸 자료이다. 근로자 전체에게 지급된 임금(월 급여)의 총액이 2억 원일 때, 〈보기〉 중 옳은 것을 모두 고르면?

〈K공장 근로자의 임금 수준 분포〉

임금 수준(만 원)	근로자 수(명)
월 300 이상	4
월 270 이상 300 미만	8
월 240 이상 270 미만	12
월 210 이상 240 미만	26
월 180 이상 210 미만	30
월 150 이상 180 미만	6
월 150 미만	4
합계	90

보기

㉠ 근로자당 평균 월 급여액은 230만 원 이하이다.
㉡ 절반 이상의 근로자들이 월 210만 원 이상의 급여를 받고 있다.
㉢ 월 180만 원 미만의 급여를 받는 근로자의 비율은 약 14%이다.
㉣ 적어도 15명 이상의 근로자가 월 250만 원 이상의 급여를 받고 있다.

① ㉠

② ㉠, ㉡

③ ㉠, ㉡, ㉣

④ ㉡, ㉢, ㉣

⑤ ㉠, ㉡, ㉢, ㉣

14 다음은 지식경제부에서 2023년 11월에 발표한 산업경제지표 추이이다. 이에 대한 설명으로 옳지 않은 것은?

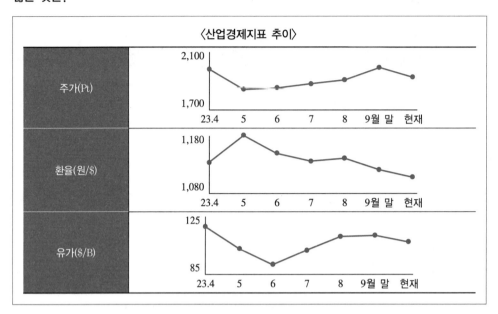

① 주가는 5월에 급락했다가 9월 말까지 서서히 회복세를 보였으나, 현재는 다시 하락해서 2023년 4월선을 회복하지 못하고 있다.

② 환율은 5월 이후 하락세에 있으므로 원화가치는 높아질 것이다.

③ 유가는 6월까지는 큰 폭으로 하락했으나, 그 이후 9월까지 서서히 상승세를 보이고 있다.

④ 숫자상의 변동 폭이 가장 작은 것은 유가이다.

⑤ 2023년 8월을 기점으로 위 세 가지 부분은 모두 하락세를 보이고 있다.

15 K공사의 A ~ C는 이번 신입사원 교육에서 각각 인사, 사업, 영업 교육을 맡게 되었다. 다음 〈조건〉을 참고할 때, 교육과 관련된 내용이 바르게 연결된 것은?

> 조건
> • 교육은 각각 2시간, 1시간 30분, 1시간 동안 진행된다.
> • A, B, C 중 2명은 과장이며, 나머지 한 명은 부장이다.
> • 부장은 B보다 짧게 교육을 진행한다.
> • A가 가장 오랜 시간 동안 사업 교육을 진행한다.
> • 교육 시간은 인사 교육이 가장 짧다.

	직원	담당 교육	교육 시간
①	B과장	인사 교육	1시간
②	B부장	영업 교육	1시간
③	C부장	인사 교육	1시간
④	C부장	인사 교육	1시간 30분
⑤	C과장	영업 교육	1시간 30분

16 호동, 수근, 지원이는 점심식사 후 항상 커피를 마시며, 커피는 아메리카노, 카페라테, 카푸치노, 에스프레소 4종류가 있다. 다음 〈조건〉이 항상 참일 때, 옳은 것은?

> 조건
> • 호동이는 카페라테와 카푸치노를 좋아하지 않는다.
> • 수근이는 에스프레소를 좋아한다.
> • 호동이와 수근이는 좋아하는 커피가 서로 다르다.
> • 지원이는 에스프레소를 좋아하지 않는다.

① 지원이는 아메리카노를 좋아한다.
② 호동이는 아메리카노를 좋아한다.
③ 지원이와 수근이는 좋아하는 커피가 같다.
④ 호동이가 좋아하는 커피는 주어진 조건만으로는 알 수 없다.
⑤ 지원이는 카푸치노를 좋아한다.

17 안전본부 사고분석 개선처에 근무하는 B대리는 혁신우수 연구대회에 출전하여 첨단장비를 활용한 차종별 보행자 사고 모형개발 자료를 발표했다. 연구 추진방향을 도출하기 위해 SWOT 분석을 한 결과가 다음과 같을 때, 분석 결과에 대응하는 전략과 그 내용이 잘못 짝지어진 것은?

강점(Strength)	약점(Weakness)
10년 이상 지속적인 교육과 연구로 신기술 개발을 위한 인프라 구축	보행자 사고 모형개발을 위한 예산 및 실차 실험을 위한 연구소 부재
기회(Opportunity)	위협(Threat)
첨단 과학장비(3D스캐너, MADYMO) 도입으로 정밀 시뮬레이션 분석 가능	교통사고에 대한 국민의 관심과 분석수준 향상으로 공사의 사고분석 질적 제고 필요

① SO전략 : 과학장비를 통한 정밀 시뮬레이션 분석을 토대로 국내 차량의 전면부 형상을 취득하고 보행자 사고를 분석해 신기술 개발에 도움을 준다.

② WO전략 : 실차 실험 대신 과학장비를 통한 시뮬레이션 연구로 모형개발에 힘쓴다.

③ ST전략 : 지속적 교육과 연구로 쌓아온 데이터를 바탕으로 사고분석 프로그램 신기술 개발을 통해 사고분석 질적 향상에 기여한다.

④ WT전략 : 신기술 개발을 위한 연구대회를 개최해 인프라를 더욱 탄탄히 구축한다.

⑤ WT전략 : 보행자 사고 실험을 위한 연구소를 만들어 사고분석 데이터를 축적한다.

18 다음 A팀장의 설명을 참고할 때, 신입사원 B씨가 서류를 제출해야 할 장소로 가장 적절한 곳은?

A팀장 : B씨, 9층 입구로 들어가시면 기둥이 있습니다. 그 왼쪽으로 가시면 방이 두 개 있을 거예요. 그중 왼쪽 방에서 서류를 찾으셔서 제가 있는 방으로 가져다주세요. 제가 있는 곳은 창문을 등지고 앞으로 쭉 오셔서 기둥을 지나 왼쪽으로 도시면 오른쪽에 보이는 방입니다.

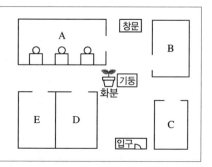

① A ② B

③ C ④ D

⑤ E

19 K회사는 창립 10주년을 맞이하여 전 직원 단합대회를 준비하고 있다. 이를 위해 사장인 B씨는 여행상품 중 한 가지를 선정하려 하는데, 직원 투표 결과를 통해 결정하려고 한다. 직원 투표 결과와 여행지별 1인당 경비는 다음과 같고, 부서별 고려사항을 참고하여 선택하려고 할 때, 〈보기〉 중 옳은 것을 모두 고르면?

〈직원 투표 결과〉

상품내용		투표 결과(표)					
여행상품	1인당 비용(원)	총무팀	영업팀	개발팀	홍보팀	공장1	공장2
A	500,000	2	1	2	0	15	6
B	750,000	1	2	1	1	20	5
C	600,000	3	1	0	1	10	4
D	1,000,000	3	4	2	1	30	10
E	850,000	1	2	0	2	5	5

〈여행상품별 혜택 정리〉

상품	날짜	장소	식사제공	차량지원	편의시설	체험시설
A	5/10 ~ 5/11	해변	○	○	×	×
B	5/10 ~ 5/11	해변	○	○	○	×
C	6/7 ~ 6/8	호수	○	○	○	×
D	6/15 ~ 6/17	도심	○	×	○	○
E	7/10 ~ 7/13	해변	○	○	○	×

〈부서별 고려사항〉

• 총무팀 : 행사 시 차량 지원이 가능함
• 영업팀 : 6월 초순에 해외 바이어와 가격 협상 회의 일정이 있음
• 공장1 : 3일 연속 공장 비가동 시 제품의 품질 저하가 예상됨
• 공장2 : 7월 중순 공장 이전 계획이 있음

보기
㉠ 필요한 여행상품 비용은 총 1억 500만 원이 필요하다.
㉡ 투표 결과 가장 인기가 좋은 여행상품은 B이다.
㉢ 공장1의 A, B 투표 결과가 바뀐다면 여행상품 선택은 변경된다.

① ㉠
② ㉠, ㉡
③ ㉠, ㉢
④ ㉡, ㉢
④ ㉠, ㉡, ㉢

20 면접시험에서 순서대로 면접을 본 응시자들 중 다음 〈조건〉에 따라 평가 점수가 가장 높은 6명이 합격할 때, 합격자 6명을 점수가 높은 순서대로 바르게 나열한 것은?(단, 동점인 경우 먼저 면접을 진행한 응시자를 우선으로 한다)

조건

- 면접관 5명이 부여한 점수 중 최고점과 최저점을 제외한 나머지 면접관 3명이 부여한 점수의 평균과 보훈 가점의 합으로 평가한다.
- 최고점과 최저점이 1개 이상일 때는 1명의 점수만 제외한다.
- 소수점 셋째 자리에서 반올림한다.

〈지원자 면접 점수〉

(단위 : 점)

구분	면접관 1	면접관 2	면접관 3	면접관 4	면접관 5	보훈 가점
A	80	85	70	75	90	–
B	75	90	85	75	100	5
C	70	95	85	85	85	–
D	75	80	90	85	80	–
E	80	90	95	100	85	5
F	85	75	95	90	80	–
G	80	75	95	90	95	10
H	90	80	80	85	100	–
I	70	80	80	75	85	5
J	85	80	100	75	85	–
K	85	100	70	75	75	5
L	75	90	70	100	70	–

① G－A－C－F－E－L
② D－A－F－L－H－I
③ E－G－B－C－F－H
④ G－E－B－C－F－H
⑤ G－A－B－F－E－L

| 01 | 경영

21 다음 글에서 설명하는 경제성 분석 기법은 무엇인가?

> • 투자의 경제성(수익성)을 나타내는 지표 중 하나이다.
> • 일정 기간 동안의 현금유입의 현재가치와 현금유출의 현재가치를 같게 만든다.
> • 기간에 따라 값이 달라지게 되어 투자의 우선순위를 판단하기 어렵다는 한계가 있다.

① 비용편익비율
② 순현재가치
③ 내부수익률
④ 손익분기점
⑤ 자본회수기간

22 K회사는 철물 관련 사업을 하는 중소기업이다. 이 회사는 수요가 어느 정도 안정된 소모품을 다양한 거래처에 납품하고 있으며, 내부적으로는 부서별 효율성을 추구하고 있다. 이러한 회사의 조직구조로 적합한 유형은?

① 기능별 조직
② 사업부제 조직
③ 프로젝트 조직
④ 매트릭스 조직
⑤ 다국적 조직

23 다음 중 재무제표에 대한 설명으로 옳지 않은 것은?

① 재무제표는 재무상태표, 포괄손익계산서, 자본변동표, 현금흐름표, 주석으로 구성된다.
② 재무제표는 적어도 1년에 한 번은 작성한다.
③ 현금흐름에 대한 정보를 제외하고는 발생기준의 가정하에 작성한다.
④ 기업이 경영활동을 청산 또는 중단할 의도가 있더라도, 재무제표는 계속기업의 가정하에 작성한다.
⑤ 재무제표 요소의 측정 기준은 역사적원가와 현행가치 등으로 구분된다.

24 K회사는 A상품을 연간 20,000개 정도 판매할 수 있을 것으로 예상하고 있다. A상품의 1회당 주문비가 200원, 연간 재고유지비용은 상품당 32원이라고 할 때, 경제적 주문량(EOQ)으로 옳은 것은?(단, 소수점 이하는 버린다)

① 500개
② 535개
③ 565개
④ 600개
⑤ 635개

25 다음 중 리엔지니어링(Re – Engineering)에 대한 설명으로 옳은 것은?

① 정보기술을 통해 기업경영의 핵심적 과정을 전면 개편함으로써 경영성과를 향상시키려는 경영기법이다.
② 흑자를 내기 위해 기구를 축소·폐쇄하거나 단순화하는 등의 장기적인 경영전략이다.
③ 기업이 환경변화에 능동적으로 대처하기 위해 비대해진 조직을 팀제로 개편하는 경영혁신을 나타낸다.
④ 제품의 주요한 부분을 부품의 형태로 수출하여 현지에서 최종제품으로 조립하는 방식이다.
⑤ 기계 장비의 고장이나 정비 때문에 작업이 불가능해진 시간을 총칭한다.

26 다음 상황을 참고할 때, 브룸(Vroom)의 기대이론에 따른 A대리의 동기유발력 값은?(단, 유인성은 ±10점으로 구성된다)

> K사에서는 분기마다 인재개발 프로그램을 실시하고 있다. A대리는 프로그램 참여를 고민하고 있는 상태이다. A대리는 자신이 프로그램에 참여하면 성과를 거둘 수 있을 것이라는 주관적 확률이 70%, 그렇지 않을 확률은 30%, 만약 훈련성과가 좋을 경우 승진에 대한 가능성은 80%, 그 반대의 가능성은 20%라고 생각한다. 그리고 A대리는 승진에 대해 극히 좋게 평가하며 10점을 부여하였다.
>
> • 기대치(E) : 인재개발 프로그램에 참여하여 성과를 거둘 수 있는가?
> • 수단성(I) : 훈련성과가 좋으면 승진할 수 있을 것인가?
> • 유인성(V) : 승진에 대한 선호도는 어느 정도인가?

① 1.0
② 2.3
③ 3.4
④ 4.8
⑤ 5.6

27 다음 중 마이클 포터가 제시한 경쟁우위전략에 대한 설명으로 옳지 않은 것은?

① 원가우위전략은 경쟁기업보다 낮은 비용에 생산하여 저렴하게 판매하는 것을 의미한다.

② 차별화전략은 경쟁사들이 모방하기 힘든 독특한 제품을 판매하는 것을 의미한다.

③ 집중화전략은 원가우위에 토대를 두거나 차별화우위에 토대를 둘 수 있다.

④ 원가우위전략과 차별화전략은 일반적으로 대기업에서 많이 수행된다.

⑤ 마이클 포터는 기업이 성공하기 위해서는 한 제품을 통하여 원가우위전략과 차별화전략 두 가지 전략을 동시에 추구해야 한다고 보았다.

28 다음 중 수요예측기법(Demand Forecasting Technique)에 대한 설명으로 옳은 것은?

① 지수평활법은 평활상수가 클수록 최근 자료에 더 높은 가중치를 부여한다.

② 회귀분석법은 실제치와 예측치의 오차를 자승한 값의 총합계가 최대가 되도록 회귀계수를 추정한다.

③ 수요예측과정에서 발생하는 예측오차들의 합이 영(Zero)에 수렴하는 것은 옳지 않다.

④ 이동평균법은 이동평균의 계산에 사용되는 과거 자료의 수가 많을수록 수요예측의 정확도가 높아진다.

⑤ 시계열 분석법으로는 이동평균법과 회귀분석법이 있다.

29 강 상류에 위치한 A기업이 오염물질을 배출하고, 강 하류에서는 통조림을 생산하는 B기업이 어업활동을 영위하고 있다. 그런데 A기업은 자사의 오염배출이 B기업에 미치는 영향을 고려하지 않고 있다. 다음 중 옳지 않은 것은?

① A기업의 생산량은 사회의 적정생산량보다 많다.

② B기업의 생산량은 사회의 적정생산량보다 적다.

③ B기업의 생산비는 A기업의 생산량에 영향을 받는다.

④ A기업에게 적절한 피구세를 부과함으로써 사회적 최적 수준의 오염물질 배출량 달성이 가능하다.

⑤ 오염배출 문제는 A기업과 B기업의 협상을 통해 해결 가능하며, 이러한 경우 보상을 위한 필요자금 없이도 가능하다.

30 다음 중 인사고과에 대한 설명으로 옳지 않은 것은?

① 인사고과란 종업원의 능력과 업적을 평가하여 그가 보유하고 있는 현재적 및 잠재적 유용성을 조직적으로 파악하는 방법이다.

② 인사고과의 수용성은 종업원이 인사고과 결과가 정당하다고 느끼는 정도이다.

③ 인사고과의 타당성은 고과내용이 고과목적을 얼마나 잘 반영하고 있느냐에 관한 것이다.

④ 후광효과(Halo Effect)는 피고과자의 어느 한 면을 기준으로 다른 것까지 함께 평가하는 경향을 말한다.

⑤ 대비오류(Contrast Error)는 피고과자의 능력을 실제보다 높게 평가하는 경향을 말한다.

31 다음 〈조건〉을 참고할 때, K기업의 올해 영업레버리지도는 얼마인가?

조건
- K기업은 의자 생산업체로, 올해 의자 판매량은 총 10,000개이다.
- 의자의 개당 고정원가는 25,000원, 변동원가는 1개당 3,000원이며, 의자의 가격은 개당 50,000원으로 동일하다.

① 0.5
② 1.0
③ 1.5
④ 2.0
⑤ 2.5

32 다음 중 기업의 경영전략을 평가할 때 BSC를 통해 평가하는 관점으로 볼 수 없는 것은?

① 재무적 관점
② 고객 관점
③ 업무프로세스 관점
④ 성공요인 관점
⑤ 학습 및 성장 관점

33 다음 중 평정척도법에 대한 설명으로 옳은 것은?

① 통계적 분포에 따라 인원을 강제적으로 할당하여 피평가자를 배열하고 서열을 정한다.

② 고과에 적당한 표준 행동을 평가 항목에 배열해 놓고 해당 항목을 체크하여 책정한다.

③ 일상생활에서 보여준 특별하게 효과적이거나 비효과적인 행동을 기록하여 활용한다.

④ 피평가자의 능력과 업적 등을 일련의 연속척도 또는 비연속척도로 평가한다.

⑤ 평소 부하직원의 직무 관련 행동에서 나타나는 강점과 약점을 기술한다.

34 다음 중 식스 시그마(6 – sigma)에 대한 설명으로 옳지 않은 것은?

① 프로세스에서 불량과 변동성을 최소화하면서 기업의 성과를 최대화하려는 종합적이고 유연한 시스템이다.

② 프로그램의 최고 단계 훈련을 마치고, 프로젝트 팀 지도를 전담하는 직원은 마스터 블랙벨트이다.

③ 통계적 프로세스 관리에 크게 의존하며, '정의 – 측정 – 분석 – 개선 – 통제(DMAIC)'의 단계를 걸쳐 추진된다.

④ 제조프로세스에서 기원하였지만 판매, 인적자원, 고객서비스, 재무서비스 부문으로 확대되고 있다.

⑤ 사무부분을 포함한 모든 프로세스의 질을 높이고 업무 비용을 획기적으로 절감하여 경쟁력을 향상시킴을 목표로 한다.

35 다음 중 페이욜(Fayol)이 주장한 경영활동과 그 내용을 바르게 짝지은 것은?

① 기술적 활동 – 생산, 제조, 가공

② 상업적 활동 – 계획, 조직, 지휘, 조정, 통제

③ 회계적 활동 – 구매, 판매, 교환

④ 관리적 활동 – 재화 및 종업원 보호

⑤ 재무적 활동 – 원가관리, 예산통제

36 다음 중 EOQ의 가정에 대한 설명으로 옳은 것을 〈보기〉에서 모두 고르면?

> **보기**
>
> ㉠ 해당 품목에 대한 단위기간 중 수요는 정확하게 예측할 수 있다.
> ㉡ 주문량은 주문 순서대로 입고된다.
> ㉢ 재고 부족 현상이 발생하지 않는다.
> ㉣ 대량구매 시 일정부분 할인을 적용한다.

① ㉠, ㉡   ② ㉠, ㉢

③ ㉡, ㉢   ④ ㉡, ㉣

⑤ ㉢, ㉣

37 다음 중 직무현장훈련(OJT)에 대한 설명으로 옳지 않은 것은?

① 실습장 훈련, 인턴사원, 경영 게임법 등이 이에 속한다.

② 실제 현장에서 실제로 직무를 수행하면서 이루어지는 현직훈련이다.

③ 훈련내용의 전이정도가 높고 실제 업무와 직결되어 경제적인 장점을 가진다.

④ 훈련방식의 역사가 오래되며, 생산직에서 보편화된 교육방식이라 할 수 있다.

⑤ 지도자의 높은 자질이 요구되고, 교육훈련 내용의 체계화가 어렵다.

38 다음 중 생산합리화의 3S로 옳은 것은?

① 표준화(Standardization) – 단순화(Simplification) – 전문화(Specialization)

② 규격화(Specification) – 세분화(Segmentation) – 전문화(Specialization)

③ 단순화(Simplification) – 규격화(Specification) – 세분화(Segmentation)

④ 세분화(Segmentation) – 표준화(Standardization) – 단순화(Simplification)

⑤ 규격화(Specification) – 전문화(Specialization) – 표준화(Standardization)

39 다음 중 단위당 소요되는 표준작업시간과 실제작업시간을 비교하여 절약된 작업시간에 대한 생산성 이득을 노사가 각각 50 : 50의 비율로 배분하는 임금제도는?

① 임프로쉐어 플랜 ② 스캔런 플랜

③ 러커 플랜 ④ 메리크식 복률성과급

⑤ 테일러식 차별성과급

40 K회사는 2023년 초 토지, 건물 및 기계장치를 일괄하여 ₩20,000,000에 취득하였다. 취득일 현재를 기준으로 토지, 건물 및 기계장치의 판매회사 장부상 금액은 각각 ₩12,000,000, ₩3,000,000, ₩10,000,000이며, 토지, 건물 및 기계장치의 공정가치 비율은 7:1:2이다. K회사가 인식할 기계장치의 취득원가는?

① ₩4,000,000 ② ₩5,000,000

③ ₩6,000,000 ④ ₩7,000,000

⑤ ₩8,000,000

41 다음 중 직무평가에 있어서 미리 규정된 등급 또는 어떠한 부류에 대해 평가하려는 직무를 배정함으로써 직무를 평가하는 방법은?

① 서열법　　　　　　　　　　　② 분류법
③ 점수법　　　　　　　　　　　④ 요소비교법
⑤ 순위법

42 다음 중 숍 제도에서 기업에 대한 노동조합의 통제력이 강한 순서대로 바르게 나열한 것은?

① 오픈 숍 – 클로즈드 숍 – 유니언 숍
② 클로즈드 숍 – 오픈 숍 – 유니언 숍
③ 유니언 숍 – 오픈 숍 – 클로즈드 숍
④ 클로즈드 숍 – 유니언 숍 – 오픈 숍
⑤ 유니언 숍 – 클로즈드 숍 – 오픈 숍

43 다음 중 차별적 마케팅 전략을 활용하기에 적합한 경우는?

① 경영자원이 부족하여 시장지배가 어려운 기업
② 대량생산 및 대량유통이 가능한 제품
③ 성장기에 접어드는 제품
④ 각 시장이 명확히 세분화되어 이질적인 시장
⑤ 소비자의 욕구, 선호도 등이 동질적인 시장

44 다음 중 주식의 발행시장과 유통시장에 대한 설명으로 옳지 않은 것은?

① 발행시장은 발행주체가 유가증권을 발행하고, 중간 중개업자가 인수하여 최종 자금 출자자에게 배분하는 시장이다.
② 유통시장은 투자자 간의 수평적인 이전기능을 담당하는 시장으로, 채권의 매매가 이루어지는 시장이다.
③ 자사주 매입은 발행시장에서 이루어진다.
④ 50명 이하의 소수투자자와 사적으로 교섭하여 채권을 매각하는 방법을 사모라고 한다.
⑤ 유통시장은 채권의 공정한 가격을 형성하게 하는 기능이 있다.

45 다음 중 조직 설계에 대한 설명으로 옳지 않은 것은?

① 조직의 과업다양성이 높을수록 조직의 전반적인 구조는 더욱 유기적인 것이 바람직하다.
② 집권화의 수준은 유기적 조직에 비해 기계적 조직의 경우가 높다.
③ 조직의 규모가 커지고 더 많은 부서가 생겨남에 따라 조직구조의 복잡성은 증가한다.
④ 조직의 공식화 정도가 높을수록 직무담당자의 재량권은 줄어든다.
⑤ 전문화 수준이 높아질수록 수평적 분화의 정도는 낮아진다.

46 다음 〈보기〉 중 JIT시스템의 주요 요소를 모두 고르면?

> **보기**
> ㉠ 부품의 표준화　　　　　　　　　　㉡ 저품질
> ㉢ 가동준비 시간의 감소　　　　　　　㉣ 소규모 로트 사이즈
> ㉤ 사후관리

① ㉠, ㉡, ㉣　　　　　　　　　　　② ㉠, ㉢, ㉣
③ ㉡, ㉢, ㉣　　　　　　　　　　　④ ㉡, ㉣, ㉤
⑤ ㉢, ㉣, ㉤

47 다음 상황을 토대로 측정한 광고예산으로 옳은 것은?

> 광고주는 A신문 또는 B신문에 자사 신제품을 최소 한 번 이상 노출시키고자 한다.
> • A신문 열독률 : 16%
> • B신문 열독률 : 10%
> • A, B신문 동시 열독률 : 4%
> • 전체 신문의 평균 CPR : 500만 원

① 5,000만 원　　　　　　　　　　② 1억 원
③ 1억 5,000만 원　　　　　　　　④ 2억 원
⑤ 2억 5,000만 원

48 다음 중 주로 자원이 한정된 중소기업이 많이 사용하는 마케팅 전략은?

① 마케팅믹스 전략　　　　　　　② 무차별적 마케팅 전략

③ 집중적 마케팅 전략　　　　　　④ 차별적 마케팅 전략

⑤ 비차별적 마케팅 전략

49 다음 글에서 설명하는 용어로 옳은 것은?

> 이 전략의 대표적인 예로는 전기, 전화, 수도 등의 공공요금 및 택시요금, 놀이공원 등이 있다.

① 2부제 가격 전략　　　　　　　② 부산품 전략

③ 묶음가격　　　　　　　　　　　④ 가격계열화

⑤ 심리적가격

50 다음 중 다른 기업에게 수수료를 받는 대신 자사의 기술이나 상품 사양을 제공하고 그 결과로 생산과 판매를 허용하는 것은?

① 아웃소싱(Outsourcing)

② 합작투자(Joint Venture)

③ 라이선싱(Licensing)

④ 턴키프로젝트(Turn – key Project)

⑤ 그린필드투자(Green Field Investment)

51 다음 중 특정 작업계획으로 여러 부품들을 생산하기 위해 컴퓨터에 의해 제어 및 조절되며, 자재취급 시스템에 의해 연결되는 작업장들의 조합은?

① 유연생산시스템　　　　　　　　② 컴퓨터통합생산시스템

③ 적시생산시스템　　　　　　　　④ 셀 제조시스템

⑤ 지능형생산시스템

52 다음 중 제품 및 제품계열에 대한 수년간의 자료 등을 수집하기 용이하며, 변화하는 경향이 비교적 분명하고 안정적일 경우에 활용되는 통계적인 예측방법은?

① 브레인스토밍법 ② 시계열분석법
③ 인과모형 ④ 델파이법
⑤ 회귀분석법

53 다음 중 기업이 적정한 시간과 장소에서 알맞은 양의 제품과 서비스를 생산하기 위해 필요한 부품이나 자재를 확보할 수 있도록 보장해 주기 위해 설계된 기법은?

① MBO ② MPS
③ MRP ④ EOQ
⑤ JIT

54 다음 〈조건〉을 참고할 때, K회사의 적정주가는 얼마인가?

조건
• K회사 유통주식수 : 1,000만 주
• K회사 당기순이익 : 300억 원
• K회사 주가수익비율 : 8배

① 18,000원 ② 20,000원
③ 24,000원 ④ 30,000원
⑤ 32,000원

55 다음 중 호손(Hawthorne) 실험의 주요 결론에 대한 설명으로 옳지 않은 것은?

① 심리적 요인에 의해서 생산성이 좌우될 수 있다.
② 작업자의 생산성은 작업자의 심리적 요인 및 사회적 요인과 관련이 크다.
③ 비공식 집단이 자연적으로 발생하여 공식조직에 영향을 미칠 수 있다.
④ 노동환경과 생산성 사이에 반드시 비례관계가 존재하는 것은 아니다.
⑤ 일반 관리론의 이론을 만드는 데 가장 큰 영향을 미쳤다.

56 다음 중 확률표본추출 방법에 해당하는 것은?

① 층화추출법   ② 편의추출법

③ 판단추출법   ④ 할당추출법

⑤ 눈덩이추출법

57 다음 글에서 설명하는 시장세분화의 요건은?

> 장애인들은 버튼조작만으로 운전할 수 있는 승용차를 원하고 있지만, 그러한 시장의 규모가 경제성을 보증하지 못한다면 세분시장의 가치가 적은 것이다.

① 측정가능성   ② 유지가능성

③ 접근가능성   ④ 실행가능성

⑤ 기대가능성

PART 3

58 다음 중 마케팅 전략 수립 단계를 순서대로 바르게 나열한 것은?

① 시장세분화 → 표적시장 선정 → 포지셔닝

② 표적시장 선정 → 포지셔닝 → 시장세분화

③ 포지셔닝 → 시장세분화 → 표적시장 선정

④ 시장세분화 → 포지셔닝 → 표적시장 선정

⑤ 표적시장 선정 → 시장세분화 → 포지셔닝

59 다음 중 소비자들에게 타사 제품과 비교하여 자사 제품에 대한 차별화된 이미지를 심어주기 위한 계획적인 전략접근법은?

① 포지셔닝 전략   ② 시장세분화 전략

③ 가격차별화 전략   ④ 제품차별화 전략

⑤ 비가격경쟁 전략

60 다음은 (주)K기업의 2023년도 회계정보이다. 2023년 중 유상증자로 500억 원이 들어오고 배당으로 300억 원의 주식이 주주들에게 지급되었다고 할 때, (주)K기업의 당기순이익은?

구분	자산	자본
2023년 초	1,000억 원	800억 원
2023년 말	2,500억 원	1,500억 원

① 0원

② 100억 원

③ 200억 원

④ 500억 원

⑤ 700억 원

61 다음은 유통경로의 설계전략에 대한 내용이다. ㉠ ~ ㉢에 들어갈 용어를 바르게 짝지은 것은?

- ____㉠____ 유통은 가능한 많은 중간상들에게 자사의 제품을 취급하도록 하는 것으로 과자, 저가 소비재 등과 같이 소비자들이 구매의 편의성을 중시하는 품목에서 채택하는 방식이다.
- ____㉡____ 유통은 제품의 이미지를 유지하고 중간상들의 협조를 얻기 위해 일정 지역 내에서의 독점 판매권을 중간상에게 부여하는 방식이다.
- ____㉢____ 유통은 앞의 두 유통대안의 중간 형태로 지역별로 복수의 중간상에게 자사의 제품을 취급할 수 있도록 하는 방식이다.

	㉠	㉡	㉢
①	전속적	집약적	선택적
②	집약적	전속적	선택적
③	선택적	집약적	전속적
④	전속적	선택적	집약적
⑤	집약적	선택적	전속적

62 다음 중 하이더(Heider)의 균형이론에 대한 설명으로 옳지 않은 것은?

① 균형 상태란 자신 – 상대방 – 제3자의 세 요소가 내부적으로 일치되어 있는 것처럼 보이는 상태를 말한다.

② 사람들은 균형 상태가 깨어지면 자신의 태도를 바꾸거나 상대방의 태도를 무시하는 등의 태도를 보인다.

③ 심리적 평형에 대한 이론으로, 일반적으로 사람들은 불균형 상태보다는 안정적인 상태를 선호한다고 가정한다.

④ 각 관계의 주어진 값을 곱하여 ＋면 균형 상태, －면 불균형 상태로 본다.

⑤ 세 가지의 요소로만 태도 변화를 설명하기 때문에 지나치게 단순하고, 그 관계의 좋고 싫음의 강도를 고려하지 못한다는 한계를 갖는다.

63 다음 중 주로 편의품의 경우 많이 사용되는 유통경로 전략은?

① 집약적 유통   ② 전속적 유통
③ 선택적 유통   ④ 통합적 유통
⑤ 수직적 유통

64 다음 중 국제회계기준(IFRS)에 대한 설명으로 옳은 것을 〈보기〉에서 모두 고르면?

> **보기**
> ㉠ IFRS는 국제회계기준위원회가 공표하는 회계기준으로, 유럽 국가들이 사용한다.
> ㉡ IFRS의 기본 재무제표는 개별 재무제표이다.
> ㉢ 취득원가 등 역사적 원가에서 공정가치로 회계기준을 전환하였다.
> ㉣ 우리나라의 경우 2012년부터 상장사, 금융기업 등에 대해 의무 도입하였다.

① ㉠, ㉡   ② ㉠, ㉢
③ ㉡, ㉢   ④ ㉡, ㉣
⑤ ㉢, ㉣

65 다음 중 동일한 목표를 달성하고 새로운 가치창출을 위해 공급업체들과 자원 및 정보를 협력하여 하나의 기업처럼 움직이는 생산시스템은?

① 공급사슬관리(SCM)
② 적시생산시스템(JIT)
③ 유연제조시스템(FMS)
④ 컴퓨터통합생산(CIM)
⑤ 전사적품질경영(TQM)

66 다음은 K회사가 2023년 1월 1일 액면발행한 전환사채에 대한 자료이다. 2024년 1월 1일 전환사채 액면금액의 60%에 해당하는 전환사채가 보통주로 전환될 때, 증가하는 주식발행초과금은?[단, 전환사채 발행시점에서 인식한 자본요소(전환권대가) 중 전환된 부분은 주식발행초과금으로 대체하고, 계산금액은 소수점 첫째 자리에서 반올림하며, 단수차이로 인한 오차가 있으면 가장 근사치를 선택한다]

- 액면금액 : ₩100,000
- 2023년 1월 1일 전환권조정 : ₩11,414
- 2023년 12월 31일 전환권조정 상각액 : ₩3,087
- 전환가격 : ₩1,000(보통주 주당 액면금액 ₩500)
- 상환할증금 : 만기에 액면금액의 105.348%

① ₩25,853
② ₩28,213
③ ₩28,644
④ ₩31,853
⑤ ₩36,849

67 다음 중 리더십의 상황적합이론에서 특히 하급자의 성숙도를 강조하는 리더십의 상황모형을 제시하는 이론은?

① 피들러의 상황적합이론
② 브룸과 예튼의 규범이론
③ 하우스의 경로 – 목표이론
④ 허시와 블랜차드의 3차원적 유효성이론
⑤ 베르탈란피의 시스템이론

68 상품매매기업인 K회사는 계속기록법과 실지재고조사법을 병행하고 있다. K회사의 2023년 기초재고는 ₩10,000(단가 ₩100)이고, 당기매입액은 ₩30,000(단가 ₩100)이며, 2023년 말 현재 장부상 재고수량은 70개이다. K회사가 보유하고 있는 재고자산은 진부화로 인해 단위당 순실현가능가치가 ₩80으로 하락하였다. K회사가 포괄손익계산서에 매출원가로 ₩36,000을 인식하였다면, K회사의 2023년 말 현재 실제재고수량은?(단, 재고자산감모손실과 재고자산평가손실은 모두 매출원가에 포함한다)

① 40개   ② 50개
③ 65개   ④ 70개
⑤ 80개

69 다음 글에서 설명하는 가격정책은 무엇인가?

> 유표품(Branded Goods)의 제조업자가 도매상 및 소매상과의 계약에 의하여 자기회사제품의 도소매 가격을 사전에 설정해 놓고, 이 가격으로 자사제품을 판매하는 전략으로 유표품이 도·소매상의 손실유인상품(Loss Leader)으로 이용되는 것을 방지하여, 가격안정과 명성유지를 도모하고자 하는 정책이다.

① 상대적 저가격전략   ② 상대적 고가격전략
③ 상층흡수가격정책   ④ 재판매가격 유지정책
⑤ 침투가격정책

70 다음 중 회수기간법에 대한 설명으로 옳은 것은?

① 회수기간법은 투자에 소요되는 자금을 그 투자안의 현금흐름으로 회수하는 기간이 짧은 투자안을 선택하게 된다.
② 단일 투자안의 투자의사결정은 기업이 미리 설정한 최단기간 회수기간보다 실제 투자안의 회수기간이 길면 선택하게 된다.
③ 화폐의 시간가치를 고려하고 있지만 회수기간 이후의 현금흐름을 무시하고 있다는 점에서 비판을 받고 있다.
④ 회수기간법은 투자안을 평가하는 데 있어 방법이 매우 복잡하면서 서로 다른 투자안을 비교하기 어렵고 기업의 자금 유동성을 고려하지 않았다는 단점을 가지고 있다.
⑤ 회수기간법과 회계적 이익률법은 전통적 분석기법으로, 화폐의 시간가치를 고려한 기법이다.

71 다음 중 프린터를 저렴하게 판매한 후, 그 프린터의 토너를 비싼 가격으로 결정하는 전략은?

① 종속제품 가격결정(Captive Product Pricing)

② 묶음 가격결정(Bundle Pricing)

③ 단수 가격결정(Odd Pricing)

④ 침투 가격결정(Penetration Pricing)

⑤ 스키밍 가격결정(Skimming Pricing)

72 다음 중 제지생산 회사가 인도네시아의 산림을 확보하여 사업 확장을 도모하는 것은 어느 전략에 해당하는가?

① 다운사이징 전략   ② 후방통합 전략

③ 전방통합 전략   ④ 관련다각화 전략

⑤ 비관련다각화 전략

73 다음 중 인사평가제도에서 상대평가에 해당하는 기법은?

① 평정척도법   ② 체크리스트법

③ 중요사건기술법   ④ 연공형 승진제도

⑤ 강제할당법

74 다음 중 자연독점하의 공기업 공공요금 결정에 대한 설명으로 옳은 것은?

① 규모의 경제를 활용하여 평균비용을 낮추기 위해 하나가 아닌 여러 공기업에서 생산하는 것이 바람직하다.

② 민간기업이 생산하고 가격을 규제하지 않으면 사회적 최적생산량 달성이 가능하다.

③ 이부가격제도(Two – part Tariff)를 도입하면 생산량 자체는 효율적이다.

④ 한계비용가격 설정을 사용하는 경우 해당 공기업의 경제적 이윤이 0이 된다.

⑤ 평균비용가격 설정을 사용하는 경우 사회적 최적 생산량을 달성할 수 있다.

75 다음 중 수익성 지수에 대한 설명으로 옳지 않은 것은?

① 수익성 지수는 투자 금액 대비 회수할 수 있는 금액에 대한 비율로, 지수가 1보다 크면 경제성이 있어 투자할 가치가 있다고 본다.

② 수익성 지수는 단일 투자안이 있을 때 그 투자안이 경제성이 있는지 판단하기 위해 쓰인다.

③ 수익성 지수는 투자기간 전체의 현금흐름을 고려하고 화폐의 현재가치를 반영하므로 투자의 효율성을 직관적으로 판단할 수 있다는 장점이 있다.

④ 투자안에 대해 미래의 가치를 현재의 가치로 환산하는 할인율의 결정이 쉽지 않아 투자 및 회수금액의 현재가치를 산출할 때 어려움이 있을 수 있다.

⑤ 수익성 지수는 현금유입액의 현재가치를 총 투자액의 현재가치로 나누어 계산한다.

76 다음 중 제품의 마케팅조사에 있어서 신뢰성에 대한 설명으로 옳지 않은 것은?

① 신뢰성이란 동일한 조건에서 동일한 대상에게 동일한 개념에 대하여 반복 측정하였을 때 같은 값을 나타내는 정도를 의미한다.

② 신뢰도를 측정하는 방법으로는 재검사법, 동형 검사법이 있다.

③ 내적 일관성법은 가능한 모든 반분 신뢰도의 평균값으로 신뢰성을 추정하는 방법이다.

④ 마케팅 조사의 신뢰도를 측정하는 방법으로 크론바흐 알파계수를 이용하기도 한다.

⑤ 체계적 오차는 측정 도구와 관계없이 측정상황에 따라 발생하는 오차이며, 오차가 적다는 것은 신뢰성이 높다고 볼 수 있다.

77 다음 중 경제적 자립권과 독립성을 둘 다 포기한 채 시장독점의 단일한 목적 아래 여러 기업이 뭉쳐서 이룬 하나의 통일체를 의미하는 조직은?

① 카르텔(Kartell) 　　　　　② 신디케이트(Syndicate)

③ 트러스트(Trust) 　　　　　④ 콘체른(Konzern)

⑤ 콩글로머리트(Conglomerate)

78 다음 중 노사관계에 대한 설명으로 옳지 않은 것은?

① 좁은 의미의 노사관계는 집단적 노사관계를 의미한다.

② 메인터넌스 숍(Maintenance Shop)은 조합원이 아닌 종업원에게도 노동조합비를 징수하는 제도이다.

③ 우리나라 노동조합의 조직형태는 기업별 노조가 대부분이다.

④ 사용자는 노동조합의 파업에 대응하여 직장을 폐쇄할 수 있다.

⑤ 채용 이후 자동적으로 노동조합에 가입하는 제도는 유니온 숍(Union Shop)이다.

79 다음 중 토빈의 q-비율에 대한 설명으로 옳지 않은 것은?(단, 다른 조건이 일정하다고 가정한다)

① 특정 기업이 주식 시장에서 어떤 평가를 받고 있는지 판단할 때 종종 토빈의 q-비율(Tobin's q-ratio)을 활용한다.

② 한 기업의 q-비율이 1보다 높을 경우 투자를 증가하는 것이 바람직하다.

③ 한 기업의 q-비율이 1보다 낮을 경우 투자를 감소하는 것이 바람직하다.

④ 이자율이 상승하면 q-비율은 하락한다.

⑤ 토빈의 q-비율은 실물자본의 대체비용을 주식시장에서 평가된 기업의 시장가치로 나눠서 구한다.

80 A주식의 금년도 말 1주당 배당금은 1,100원으로 추정되며, 이후 배당금은 매년 10%씩 증가할 것으로 예상된다. A주식에 대한 요구수익률이 15%일 경우, 고든(M. J. Gordon)의 항상성장모형에 의한 A주식의 1주당 현재가치는?

① 4,400원   ② 7,333원

③ 11,000원   ④ 22,000원

⑤ 23,000원

| 02 | 경제

21 다음 중 수요공급곡선의 이동에 대한 설명으로 옳은 것을 〈보기〉에서 모두 고르면?

> **보기**
>
> ㉠ 생산비용이 줄어들거나 생산기술이 발전하면 공급곡선이 오른쪽으로 이동한다.
> ㉡ 정상재의 경우 수입이 증가하면 수요곡선은 왼쪽으로 이동한다.
> ㉢ A와 B가 대체재인 경우 A의 가격이 높아지면 B의 수요곡선은 오른쪽으로 이동한다.
> ㉣ 상품의 가격이 높아질 것으로 예상되면 공급곡선은 오른쪽으로 이동한다.

① ㉠, ㉡   ② ㉠, ㉢
③ ㉡, ㉢   ④ ㉡, ㉣
⑤ ㉢, ㉣

22 다음 중 무차별곡선에 대한 설명으로 옳지 않은 것은?

① 무차별곡선은 동일한 효용 수준을 제공하는 상품묶음들의 궤적이다.
② 무차별곡선의 기울기는 한계대체율이며 두 재화의 교환비율이다.
③ 무차별곡선이 원점에 대해 오목하면 한계대체율은 체감한다.
④ 완전대체재관계인 두 재화에 대한 무차별곡선은 직선의 형태이다.
⑤ 모서리해를 제외하면 무차별곡선과 예산선이 접하는 점이 소비자의 최적점이다.

23 다음 중 오쿤의 법칙(Okun's Law)에 대한 설명으로 옳은 것은?

① 어떤 시장을 제외한 다른 모든 시장이 균형 상태에 있으면 그 시장도 균형을 이룬다는 법칙이다.
② 실업률이 1% 늘어날 때마다 국민총생산이 2.5%의 비율로 줄어든다는 법칙이다.
③ 소득수준이 낮을수록 전체 생계비에서 차지하는 식료품 소비의 비율이 높아진다는 법칙이다.
④ 가난할수록 총지출에서 차지하는 주거비의 지출 비율이 점점 더 커진다는 법칙이다.
⑤ 악화(惡貨)는 양화(良貨)를 구축한다는 법칙이다.

24 다음 글에서 밑줄 친 부분을 나타내는 용어가 바르게 연결된 것은?

> 국방은 한 국가가 현존하는 적국이나 가상의 적국 또는 내부의 침략에 대응하기 위하여 강구하는 다양한 방위활동을 말하는데 이러한 국방은 ㉠ 많은 사람들이 누리더라도 다른 사람이 이용할 수 있는 몫이 줄어들지 않는다. 또한 국방비에 대해 ㉡ 가격을 지급하지 않는 사람들이 이용하지 못하게 막기가 어렵다. 따라서 국방은 정부가 담당하게 된다.

	㉠	㉡
①	공공재	외부효과
②	배제성	경합성
③	무임승차	비배재성
④	비경합성	비배재성
⑤	공공재	비배재성

25 다음 내용을 참고할 때, 엥겔지수는 얼마인가?

> • 독립적인 소비지출 : 100만 원
> • 한계소비성향 : 0.6
> • 가처분소득 : 300만 원
> • 식비지출 : 70만 원

① 0.2　　　　　　　　　② 0.25

③ 0.3　　　　　　　　　④ 0.35

⑤ 0.4

26 초기 노동자 10명이 생산에 참여할 때 1인당 평균생산량은 30단위였다. 노동자를 한 사람 더 고용하여 생산하니 1인당 평균생산량이 28단위로 줄었다. 이때 추가로 고용된 노동자의 한계생산량은 얼마인가?

① 2단위　　　　　　　　② 8단위

③ 10단위　　　　　　　 ④ 28단위

⑤ 30단위

27 다음의 내용으로부터 공통적으로 추론할 수 있는 경제현상은?

> • 채무자가 채권자보다 유리하다.
> • 실물자산보유자가 금융자산보유자보다 유리하다.
> • 현재 현금 10만 원은 다음 달에 받게 될 현금 10만 원보다 훨씬 가치가 있다.

① 높은 실업률　　　　　　　　　② 환율의 급속한 하락
③ 물가의 급속한 상승　　　　　　④ 통화량의 급속한 감소
⑤ 이자율의 급속한 상승

28 다음 중 소비자잉여 및 생산자잉여에 대한 설명으로 옳은 것을 〈보기〉에서 모두 고르면?

> [보기]
> ㉠ 외부효과가 발생하는 완전경쟁시장에서의 경제적 후생은 소비자잉여와 생산자잉여의 합이다.
> ㉡ 경제적 후생은 소비자잉여와 생산자잉여로 측정한다.
> ㉢ 가격이 하락하면 소비자잉여는 증가한다.
> ㉣ 생산자잉여는 소비자의 지불가능 금액에서 실제 지불금액을 뺀 것을 말한다.

① ㉠, ㉡　　　　　　　　　　　② ㉠, ㉢
③ ㉡, ㉢　　　　　　　　　　　④ ㉡, ㉣
⑤ ㉢, ㉣

29 다음 중 물적자본의 축적을 통한 경제성장을 설명하는 솔로우(R. Solow)모형에서 수렴현상이 발생하는 원인은?

① 자본의 한계생산체감　　　　　② 경제성장과 환경오염
③ 내생적 기술진보　　　　　　　④ 기업가 정신
⑤ 인적자본

30 K국의 2022년 명목 GDP는 100억 원이었고, 2023년 명목 GDP는 150억 원이었다. 기준년도인 2022년 GDP디플레이터가 100이고, 2023년 GDP디플레이터는 120인 경우, 2023년의 전년 대비 실질 GDP 증가율은?

① 10%   ② 15%

③ 20%   ④ 25%

⑤ 30%

31 다음 국제거래 중 우리나라의 경상수지 흑자를 증가시키는 것은?

① 외국인이 우리나라 기업의 주식을 매입하였다.

② 우리나라 학생의 해외유학이 증가하였다.

③ 미국 기업은 우리나라에 자동차 공장을 건설하였다.

④ 우리나라 기업이 중국 기업으로부터 특허료를 지급받았다.

⑤ 우리나라 기업이 외국인에게 주식투자에 대한 배당금을 지급하였다.

32 다음은 어느 기업의 완전경쟁시장에서의 단기비용곡선이다. 제품의 시장 가격이 90원으로 주어졌을 때, 이 기업의 생산 결정에 대한 설명으로 옳은 것은?

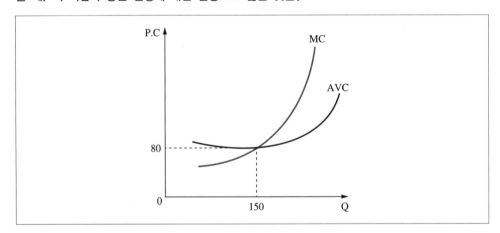

① 이 기업은 생산을 중단한다.

② 이 기업은 생산을 함으로써 초과 이윤을 얻을 수 있다.

③ 균형점에서 이 기업의 한계비용은 90원보다 작다.

④ 균형점에서 이 기업의 한계수입은 90원보다 크다.

⑤ 이 기업은 150개보다 많은 양을 생산한다.

33 외환시장에서 원/달러 환율이 1,100원/달러이고 수출업체인 (주)한국은 환율이 하락할 것으로 예상하여 행사가격이 달러당 1,100원인 풋옵션 1,000계약을 계약당 30원에 매수했다. 옵션 만기일에 원/달러 환율이 1,200원/달러가 됐다고 가정할 경우 옵션거래에 따른 (주)한국의 손익은?

① 이익 3만 원   ② 손실 3만 원
③ 이익 7만 원   ④ 손실 7만 원
⑤ 이익 13만 원

34 어느 기업이 생산요소로서 유일하게 노동만 보유했다고 가정할 때, (가) ~ (마)에 들어갈 내용으로 옳지 않은 것은?

요소투입량	총생산	한계생산	평균생산
1	(가)	90	90
2	(나)	70	(다)
3	210	(라)	(마)

① (가) – 90   ② (나) – 160
③ (다) – 80   ④ (라) – 60
⑤ (마) – 70

35 물가상승률을 연 6%로 예상했으나 실제로는 7%에 달했다. 다음 중 이와 같은 상황에서 이득을 얻는 경제주체를 〈보기〉에서 모두 고르면?

> **보기**
> ㄱ. 채권자   ㄴ. 채무자
> ㄷ. 국채를 발행한 정부   ㄹ. 국채를 구매한 개인
> ㅁ. 장기 임금 계약을 맺은 회사   ㅂ. 은행 정기적금에 가입한 주부

① ㄱ, ㄷ, ㅁ   ② ㄱ, ㄹ, ㅂ
③ ㄴ, ㄷ, ㅁ   ④ ㄴ, ㄹ, ㅂ
⑤ ㄷ, ㅁ, ㅂ

36 다음 중 국내외 여건에 유동적으로 대처하기 위해 수입품의 일정한 수량을 기준으로 부과하는 탄력관세는 무엇인가?

① 상계관세   ② 조정관세

③ 할당관세   ④ 계정관세

⑤ 덤핑방지관세

37 다음 중 전통적인 케인스 소비함수의 특징이 아닌 것은?

① 한계소비성향이 0과 1 사이에 존재한다.

② 평균소비성향은 소득이 증가함에 따라 감소한다.

③ 현재의 소비는 현재의 소득에 의존한다.

④ 이자율은 소비를 결정할 때 중요한 역할을 한다.

⑤ 단기소비곡선에서 평균소비성향은 한계소비성향보다 크다.

38 다음 중 루카스의 총공급곡선이 우상향하는 이유는?

① 재화시장 가격의 경직성   ② 기술진보

③ 실질임금의 경직성   ④ 재화가격에 대한 불완전정보

⑤ 완전신축적인 가격결정

39 다음 중 수요견인 인플레이션(Demand – Pull Inflation)이 발생되는 경우로 옳은 것은?

① 가계 소비 증가　　　　　　　　② 수입 자본재 가격의 상승

③ 임금의 삭감　　　　　　　　　　④ 환경오염의 감소

⑤ 국제 원자재 가격의 상승

40 인천공항에 막 도착한 A씨는 미국에서 사먹던 빅맥 1개의 가격인 5달러를 원화로 환전한 5,500원을 들고 햄버거 가게로 갔다. 여기서 A씨는 미국과 똑같은 빅맥 1개를 구입하고도 1,100원이 남았다. 다음 〈보기〉의 설명 중 옳은 것을 모두 고르면?

> **보기**
>
> ㄱ. 한국의 빅맥 가격을 달러로 환산하면 4달러이다.
> ㄴ. 구매력 평가설에 의하면 원화의 대미 달러 환율은 1,100원이다.
> ㄷ. 빅맥 가격을 기준으로 한 대미 실질환율은 880원이다.
> ㄹ. 빅맥 가격을 기준으로 볼 때, 현재의 명목환율은 원화의 구매력을 과소평가하고 있다.

① ㄱ, ㄴ　　　　　　　　　　　　② ㄱ, ㄷ

③ ㄱ, ㄹ　　　　　　　　　　　　④ ㄴ, ㄷ

⑤ ㄴ, ㄹ

41 임금이 경직적이지 않음에도 불구하고 노동자들이 새로운 직장을 탐색하는 과정에서 겪는 실업만으로 이루어진 실업률을 자연실업률이라고 한다. 다음 중 자연실업률의 변화 방향이 다른 경우는?

① 취업정보 비공개

② 경제 불확실성의 증가

③ 실업보험, 최저임금제 등 정부의 사회보장 확대

④ 정부가 구직 사이트 등을 운영해 취업정보 제공

⑤ 정부가 쇠퇴하는 산업의 종사자에게 지급하던 보조금 삭감

42 다음 중 조세부과에 대한 설명으로 옳지 않은 것은?(단, 수요곡선은 우하향하며, 공급곡선은 우상향한다)

① 공급자에게 조세 납부의 책임이 있는 경우 소비자에게는 조세부담이 전혀 없다.

② 조세 부과로 인해 시장 가격은 상승한다.

③ 조세 부과로 인해 사회적 후생이 감소한다.

④ 가격탄력성에 따라 조세부담의 정도가 달라진다.

⑤ 우리나라 국세 중 비중이 가장 높은 세금은 부가가치세이다.

43 다음 중 여러 형태의 시장 또는 기업에 대한 설명으로 옳지 않은 것은?

① 독점기업이 직면한 수요곡선은 시장수요곡선 그 자체이다.

② 독점시장의 균형에서 가격과 한계수입의 차이가 클수록 독점도는 커진다.

③ 독점적 경쟁시장에서 제품의 차별화가 클수록 수요의 가격탄력성이 커진다.

④ 모든 기업의 이윤극대화 필요조건은 한계수입과 한계비용이 같아지는 것이다.

⑤ 독점기업은 수요의 가격탄력성이 서로 다른 두 소비자 집단이 있을 때 가격차별로 이윤극대화를 꾀할 수 있다.

44 다음 중 수요의 가격탄력성에 대한 설명으로 옳은 것은?(단, 수요곡선은 우하향한다)

① 수요의 가격탄력성이 1보다 작은 경우, 가격이 하락하면 총수입은 증가한다.

② 수요의 가격탄력성이 작아질수록 물품세 부과로 인한 경제적 순손실(Deadweight Loss)은 커진다.

③ 소비자 전체 지출에서 차지하는 비중이 큰 상품일수록 수요의 가격탄력성은 작아진다.

④ 직선인 수요곡선상에서 수요량이 많아질수록 수요의 가격탄력성은 작아진다.

⑤ 대체재가 많을수록 수요의 가격탄력성은 작아진다.

45 다음 중 정부지출 증가의 효과가 가장 크게 나타나게 되는 상황은 언제인가?

① 한계저축성향이 낮은 경우
② 한계소비성향이 낮은 경우
③ 정부지출의 증가로 물가가 상승한 경우
④ 정부지출의 증가로 이자율이 상승한 경우
⑤ 정부지출의 증가로 인해 구축효과가 나타난 경우

46 K기업의 사적 생산비용은 $TC = 2Q^2 + 20Q$이다. K기업은 제품 생산과정에서 공해물질을 배출하고 있으며, 공해물질 배출에 따른 외부불경제를 비용으로 추산하면 추가로 $10Q$의 사회적 비용이 발생한다. 이 제품에 대한 시장수요가 $Q = 60 - P$일 때 사회적 최적생산량은 얼마인가?(단, Q는 생산량, P는 가격이다)

① 2
② 3
③ 4
④ 5
⑤ 6

47 다음 중 케인스의 절약의 역설에 대한 설명으로 옳은 것은?

① 케인스의 거시모형에서 소비는 미덕이므로 저축할 필요가 없고, 따라서 예금은행의 설립을 불허해야 하는 상황이 된다는 것이다.
② 모든 개인이 저축을 줄이는 경우 늘어난 소비로 국민소득이 감소하고, 결국은 개인의 저축을 더 늘릴 수 없는 상황이 된다는 것이다.
③ 모든 개인이 저축을 늘리는 경우 총수요의 감소로 국민소득이 줄어들고, 결국은 개인의 저축을 더 늘릴 수 없는 상황이 된다는 것이다.
④ 모든 개인이 저축을 늘리는 경우 늘어난 저축이 투자로 이어져 국민소득이 증가하고, 결국은 개인의 저축을 더 늘릴 수 있는 상황이 된다는 것이다.
⑤ 모든 개인이 저축을 늘리는 경우 늘어난 저축이 소비와 국민소득의 증가를 가져오고, 결국은 개인의 저축을 더 늘릴 수 있는 상황이 된다는 것이다.

48 GDP는 특정 기간 동안 국가 내에서 생산된 최종재의 총합을 의미한다. 다음 〈보기〉 중 GDP 측정 시 포함되지 않는 것을 모두 고르면?

> **보기**
>
> ㄱ. 예금 지급에 따른 이자
> ㄴ. 법률자문 서비스를 받으면서 지불한 금액
> ㄷ. 떡볶이를 만들어 팔기 위해 분식점에 판매된 고추장
> ㄹ. 콘서트 티켓을 구입하기 위해 지불한 금액
> ㅁ. 도로 신설에 따라 주변 토지의 가격이 상승하여 나타나는 자본이득

① ㄱ, ㄷ   ② ㄴ, ㄹ
③ ㄴ, ㅁ   ④ ㄷ, ㄹ
⑤ ㄷ, ㅁ

49 다음 중 실질적인 외부성(Real Externalities)과 관련이 없는 것은?

① 코로나 예방접종
② 산림 녹화 사업
③ 공장의 폐수 배출
④ 공사장에서 발생하는 소음
⑤ 도로 개통으로 인한 부동산 가격 상승

50 다음 〈보기〉에서 디플레이션(Deflation)에 대한 설명으로 옳은 것을 모두 고르면?

> **보기**
>
> 가. 명목금리가 마이너스(−)로 떨어져 투자수요와 생산 감소를 유발할 수 있다.
> 나. 명목임금의 하방경직성이 있는 경우 실질임금의 하락을 초래한다.
> 다. 기업 명목부채의 실질상환 부담을 증가시킨다.
> 라. 기업의 채무불이행 증가로 금융기관 부실화가 초래될 수 있다.

① 가, 나   ② 가, 다
③ 나, 다   ④ 나, 라
⑤ 다, 라

51 다음과 같은 현상의 발생을 방지하기 위해서 필요한 조치는 무엇인가?

> 어부들에게 일일이 요금을 부과하는 것이 어렵기 때문에 바닷속 물고기는 배제성이 없다. 그러나 어떤 어부가 물고기를 잡으면 그만큼 다른 어부들이 잡을 수 있는 물고기가 줄어들기 때문에 바닷속 물고기는 경합성이 있다. 이로 인해 서해 바다의 어류들은 고갈되어 가고 돌고래와 같은 야생 동물은 점점 사라져가는 현상에 직면하고 있다.

① 물가의 안정
② 재정적자의 축소
③ 사유재산의 확립
④ 자유경쟁체제의 확립
⑤ 고용과 해고의 자유 보장

PART 3

52 다음 〈보기〉의 사례 중 사적 경제활동이 사회적 최적 수준보다 과다하게 이루어질 가능성이 높은 경우를 모두 고르면?

> **보기**
> ㄱ. 과수원에 인접한 양봉업자의 벌꿀 생산량
> ㄴ. 흡연으로 인한 질병과 길거리 청결 유지를 위해 드는 비용
> ㄷ. 도심 교통체증과 공장 매연으로 인한 대기오염의 양
> ㄹ. 폐수를 방류하는 강 상류 지역 제철공장의 철강 생산량
> ㅁ. 인근 주민들도 이용 가능한 사업단지 내의 편의시설 규모

① ㄱ, ㅁ
② ㄴ, ㄷ
③ ㄴ, ㄹ
④ ㄱ, ㄷ, ㅁ
⑤ ㄴ, ㄷ, ㄹ

53 다음 빈칸에 들어갈 경제 용어로 옳은 것은?

> _____(이)란 물건에 소유권이 분명하게 설정되고 그 소유권 거래에서 비용이 들지 않는다면, 그 권리를 누가 가지든 효율적 배분에는 영향을 받지 않는다는 것을 보여주는 이론이다.

① 코즈의 정리
② 헥셔 – 올린 정리
③ 리카도의 대등 정리
④ 토빈의 이론
⑤ 불가능성 정리

54 시간당 임금이 5,000원에서 6,000원으로 인상될 때, 노동수요량은 10,000에서 9,000으로 감소하였다면 노동수요의 임금탄력성은?(단, 노동수요의 임금탄력성은 절대값이다)

① 0.1%
② 0.3%
③ 0.5%
④ 1%
⑤ 2%

55 미국의 이자율이 사실상 0%이고 우리나라 이자율은 연 10%이다. 현재 원화의 달러당 환율이 1,000원일 때, 양국 사이에 자본 이동이 일어나지 않을 것으로 예상되는 1년 후의 환율은?

① 1,025원
② 1,050원
③ 1,075원
④ 1,100원
⑤ 1,125원

56 다음 중 (가) ~ (라)에 들어갈 경제 개념을 바르게 연결한 것은?

재화의 유형은 소비의 배제성(사람들이 재화를 소비하는 것을 막는 것)과 경합성(한 사람이 재화를 소비하면 다른 사람이 이 재화를 소비하는 데 제한되는 것)에 따라 구분할 수 있다. 공유자원은 재화를 소비함에 있어 ___(가)___ 은 있지만 ___(나)___ 은 없는 재화를 의미한다. 예를 들어 차량이 이용하는 도로의 경우 막히는 ___(다)___ 는 공유자원으로 구분할 수 있으며, ___(라)___ 현상이 나타나기 쉽다.

	(가)	(나)	(다)	(라)
①	경합성	배제성	무료도로	공유지의 비극
②	배제성	경합성	무료도로	공유지의 비극
③	경합성	배제성	유료도로	공유지의 비극
④	배제성	경합성	유료도로	무임승차
⑤	경합성	배제성	무료도로	무임승차

57 다음 중 역선택 문제를 완화하기 위해 고안된 장치와 거리가 먼 것은?

① 중고차 판매 시 책임수리 제공
② 민간의료보험 가입 시 신체검사
③ 보험가입 의무화
④ 사고에 따른 자동차 보험료 할증
⑤ 은행의 대출 심사

58 다음 중 내생적 성장이론에 대한 설명으로 옳지 않은 것은?

① 지속적인 경제성장이 일어나게 만드는 요인을 모형 안에서 찾으려는 이론이다.
② 연구개발 투자 및 인적자본의 중요성을 강조하는 이론이다.
③ 선진국과 개도국 간의 생활수준 격차가 더 벌어질 가능성이 있다는 것을 설명한다.
④ 내생적 성장에 관한 학습효과(Learning – by – Doing)모형은 의도적인 교육투자의 중요성을 강조한다.
⑤ 저축률이 상승하면 경제성장률은 지속적으로 높아진다.

59 독점기업은 동일한 제품을 여러 가지 가격으로 판매하는 가격차별을 하는 경우가 있다. 다음 중 이 현상에 대한 설명으로 옳지 않은 것은?

① 3급 가격차별은 제1급 가격차별에 비해서 자중손실(Deadweight Loss)이 더 발생한다.
② 전기료나 수도료를 사용량에 따라서 지불하는 것은 2급 가격차별에 해당한다.
③ 가격차별은 소비자들을 몇 개의 그룹으로 구분할 수 있고 재판매가 불가능해야 한다는 것이 전제조건에 해당한다.
④ 3급 가격차별의 경우 한 구매자가 지불하는 단위당 가격은 그가 얼마를 사느냐에 따라 언제나 달라진다.
⑤ A소비자 집단의 수요가 B소비자 집단의 수요보다 더 가격탄력적이라면 독점기업은 A소비자 집단보다 B소비자 집단에 더 높은 가격을 부과한다.

60 다음 글에서 설명하는 임금결정이론은?

> K기업이 직원채용 시 월 300만 원을 지급하여 10명을 채용할 경우 B등급의 인재가 100명 지원하고, A등급의 인재는 5명 지원한다고 가정하자. 합리적인 면접을 통하더라도 A등급 인재를 최대 5명밖에 수용하지 못할 것이다. 그러나 만약 급여를 월 400만 원으로 인상하여 지원자 수가 B등급 200명, A등급 50명으로 증가한다고 가정하면, A등급 50명 중에서 채용인원 10명을 모두 수용할 수 있다.

① 한계생산성이론
② 효율성임금이론
③ 보상적 임금격차이론
④ 임금생존비이론
⑤ 노동가치이론

61 제품 A만 생산하는 독점기업의 생산비는 생산량에 관계없이 1단위당 60원이고, 제품 A에 대한 시장수요곡선은 $P = 100 - 2Q$이다. 다음 중 이 독점기업의 이윤극대화 가격(P)과 생산량(Q)을 바르게 연결한 것은?

	P	Q			P	Q
①	40원	30개		②	50원	25개
③	60원	20개		④	70원	15개
⑤	80원	10개				

62 수요의 가격탄력성이 공급의 가격탄력성에 비해 상대적으로 작은 와인에 대해서 종량세를 올린다고 할 경우 세금 부담은 어떻게 전가되는가?

① 판매자가 모두 부담
② 소비자가 모두 부담
③ 판매자가 소비자에 비해 많이 부담
④ 소비자가 판매자에 비해 많이 부담
⑤ 판매자와 소비자가 균등하게 부담

63 다음 〈보기〉 중 돼지고기 값 급등의 요인으로 옳은 것을 모두 고르면?

> **보기**
> ㄱ. 돼지 사육두수 점차 감소 추세
> ㄴ. 소고기나 닭고기 소비의 급증
> ㄷ. 수입 돼지고기 관세 크게 인하
> ㄹ. 정부 예상보다 강한 경기 회복세

① ㄱ, ㄴ   ② ㄱ, ㄹ
③ ㄴ, ㄷ   ④ ㄴ, ㄹ
⑤ ㄷ, ㄹ

64 다음 중 변동환율제도하에서 환율(원/달러 환율)을 하락시키는 요인이 아닌 것은?

① 미국 달러 자본의 국내 투자 확대
② 미국산 제품의 국내 수입 증가
③ 미국 달러 자본의 국내 부동산 매입
④ 국내산 제품의 수출 증가
⑤ 미국 달러 자본의 국내 주식 매입

65 사유재산권이란 개인이 재산을 소유하고 그것을 자유의사에 따라 관리 · 사용 · 처분할 수 있는 권리를 의미하는 것으로 자본주의체제의 근간이 된다. 다음 중 이에 대한 설명으로 옳지 않은 것은?

① 사유재산제도는 개인의 소유욕을 제도적으로 보장해 사회의 생산적 자원이 보존 · 유지 · 증식되게 만든다.
② 공정하고 투명한 생산체계와 건전한 소비를 정착시켜 소비자 주권을 확대한다.
③ 사회 구성원들이 사유재산제도를 통해 부를 나눠 갖게 되면 이에 기반을 두어 다양한 가치가 만들어지고 의사결정의 권력도 분산된다.
④ 사유재산권이 인정되지 않는 공유재의 경우 아껴 쓸 유인이 없어 결국 자원이 고갈되는 '공유지의 비극'이 발생한다.
⑤ 20세기에 들어오면서 차츰 생산수단, 특히 천연자원이나 독점적인 기업시설에 대한 사유재산권을 적당하게 제한하는 경향이 생기게 되었다.

66 다음 중 국민경제 전체의 물가압력을 측정하는 지수로 사용되며, 통화량 목표설정에 있어서도 기준 물가상승률로 사용되는 것은?

① 소비자물가지수(CPI)

② 생산자물가지수(PPI)

③ 기업경기실사지수(BSI)

④ GDP 디플레이터(GDP Deflator)

⑤ 구매력평가지수(Purchasing Power Parities)

67 다음 중 우상향하는 총공급곡선(AS)을 왼쪽으로 이동시키는 요인으로 옳은 것은?

① 임금 상승

② 통화량 증가

③ 독립투자 증가

④ 정부지출 증가

⑤ 수입원자재 가격 하락

68 완전경쟁시장에서 수요곡선과 공급곡선이 다음과 같을 때, 시장균형에서 공급의 가격탄력성은? (단, P는 가격, Q는 수량이다)

> • 수요곡선 : $P=7-0.5Q$
> • 공급곡선 : $P=2+2Q$

① 0.75

② 1

③ 1.25

④ 1.5

⑤ 2

69 다음 중 우리나라의 실업통계에서 실업률이 높아지는 경우는?

① 취업자가 퇴직하여 전업주부가 되는 경우

② 취업을 알아보던 해직자가 구직을 단념하는 경우

③ 직장인이 교통사고를 당해 2주간 휴가 중인 경우

④ 대학생이 군 복무 후 복학한 경우

⑤ 공부만 하던 대학생이 편의점에서 주당 10시간 아르바이트를 시작하는 경우

70 다음은 X재에 대한 수요곡선이다. 이에 대한 설명으로 옳은 것은?(단, X재는 정상재이다)

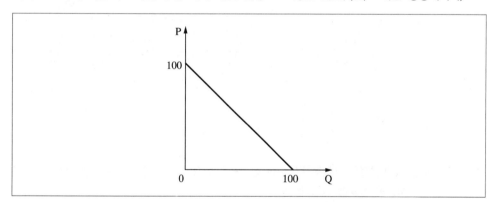

① 가격이 100원이면 X재의 수요량은 100이다.

② 가격에 상관없이 가격탄력성의 크기는 일정하다.

③ 소득이 증가하는 경우 수요곡선은 왼쪽으로 이동한다.

④ X재와 대체관계에 있는 Y재의 가격이 오르면 X재의 수요곡선은 왼쪽으로 이동한다.

⑤ X재 시장이 독점시장이라면 독점기업이 이윤극대화를 할 때 설정하는 가격은 50원 이상이다.

71 다음 중 과점시장에 대한 설명으로 옳지 않은 것은?

① 쿠르노(Cournot) 과점시장에서는 기업 수가 많아질수록 시장 전체의 산출량은 증가한다.

② 죄수의 딜레마(Prisoner's Dilemma) 모형을 통해 과점기업들이 공동행위를 통한 독점이윤을 누리기 어려운 이유를 잘 설명할 수 있다.

③ 쿠르노(Cournot) 모형에서는 산출량의 추측된 변화가 0이라고 가정한다.

④ 베르트랑(Bertrand) 모형에서는 가격의 추측된 변화가 1이라고 가정한다.

⑤ 스위지(Sweezy)의 굴절수요곡선 모형에서는 가격 인하를 시도할 경우 가격의 추측된 변화는 양의 값을 갖는다.

72 다음 중 노동수요의 임금탄력성에 대한 설명으로 옳지 않은 것은?

① 노동수요의 임금탄력성은 단기보다 장기에서 더 크다.

② 노동수요의 임금탄력성은 총 생산비 중 노동비용이 차지하는 비중에 의해 영향을 받는다.

③ 노동을 대체할 수 있는 다른 생산요소로의 대체가능성이 클수록 동일한 임금상승에 대하여 고용 감소는 적어진다.

④ 노동수요는 노동을 생산요소로 사용하는 최종생산물 수요의 가격탄력성에 영향을 받는다.

⑤ 노동수요의 임금탄력성은 노동수요량의 변화율을 임금변화율로 나눈 것이다.

73 다음 중 국내 물가를 안정시키기 위한 정책으로 옳지 않은 것은?(단, 해외원자재 가격 상승과 국내 물가가 치솟은 상황을 가정한다)

① 기준금리를 인상하여 인플레이션을 억제시킨다.

② 한국은행은 통화안정증권을 시중은행에 매각한다.

③ 정부가 재정지출을 축소한다.

④ 기업은 중복투자를 억제한다.

⑤ 원화 가치의 하락세를 유도한다.

74 다음 중 담합행위에 대한 설명으로 옳지 않은 것은?

① 담합행위에 참여한 기업들은 담합으로 얻은 이윤을 동일하게 분할하여 나눠 갖는다.

② 담합행위가 발생하면 가격은 높아지고 균형거래량은 줄어든다.

③ 정부에서는 담합행위의 구체적 사실을 밝혀내기 어렵기 때문에 리니언시 제도를 도입했다.

④ 리니언시 제도는 카르텔의 불안정성을 이용한 것이다.

⑤ 담합행위는 과점기업들이 독점 이득을 취하기 위한 행위로 사회적 순후생 손실을 초래한다.

75 다음 중 등량곡선에 대한 설명으로 옳지 않은 것은?(단, 투입량의 증가에 따라 산출량의 증가를 가져오는 표준적인 두 종류의 생산요소를 가정한다)

① 등량곡선이 원점에 대해 볼록한 이유는 한계기술대체율을 체감하기 때문이다.

② 등량곡선이 원점으로 접근할수록 더 적은 산출량을 의미한다.

③ 기술진보가 이루어진다면 같은 생산량을 갖는 등량곡선은 원점으로부터 멀어진다.

④ 동일한 등량곡선상에서의 이동은 생산요소 결합비율의 변화를 의미한다.

⑤ 등량곡선은 서로 교차하지 않는다.

76 다음 중 공공재 및 시장실패에 대한 설명으로 옳지 않은 것은?

① 긍정적인 외부효과가 있는 재화의 경우 시장에서 사회적 최적 수준에 비해 과소 생산된다.

② 공유지의 비극(Tragedy of the Commons)은 배제성은 없으나 경합성이 있는 재화에서 발생한다.

③ 일단 공공재가 공급되고 나면, 비용을 부담하지 않더라도 소비에서 배제시킬 수 없다.

④ 거래비용 없이 협상할 수 있다면 당사자들이 자발적으로 외부효과로 인한 비효율성을 줄일 수 있다.

⑤ 공공재의 경우 개인들의 한계편익을 합한 것이 한계비용보다 작다면 공공재 공급을 증가시키는 것이 바람직하다.

77 X재의 가격이 5% 상승할 때 X재의 소비지출액은 전혀 변화하지 않은 반면, Y재의 가격이 10% 상승할 때 Y재의 소비지출액은 10% 증가하였다. 이때, 두 재화에 대한 수요의 가격탄력성은?

	X재	Y재
①	완전탄력적	단위탄력적
②	단위탄력적	완전탄력적
③	단위탄력적	완전비탄력적
④	완전비탄력적	비탄력적
⑤	완전비탄력적	단위탄력적

78 다음 중 최고가격제와 최저가격제에 대한 설명으로 옳은 것은?

① 최고가격을 균형가격 이하로 책정하면 상품의 배분이 비효율적으로 이루어진다.

② 최고가격을 균형가격보다 낮게 책정하면 시장수급에는 아무런 영향을 미치지 못한다.

③ 최저임금제는 미숙련노동자의 취업을 용이하게 만든다.

④ 최저임금제는 시장 균형 임금보다 낮은 수준에서 책정되므로 비자발적 실업이 발생한다.

⑤ 최저임금제를 실시하여 총 노동소득이 감소하였다면 이는 노동의 수요곡선이 비탄력적이기 때문이다.

79 다음 설명과 관련된 내용으로 옳지 않은 것은?

> 주식시장에서 특정 종목의 주가가 하락할 것으로 예상되면 해당 주식을 보유하고 있지 않은 상태에서 주식을 빌려 매도하는 '공매도'를 하기도 하는데, 이는 이후 주가가 하락하면 싼 가격에 사서 돌려줌으로써 시세차익을 챙기기 위함이다. 이때 주식을 다시 사는 환매수를 '숏 커버링(Short Covering)'이라고 한다. 하지만 예상과 달리 주가가 상승하면 더 이상의 손실을 줄이기 위한 매수를 하기도 한다. 이렇게 주가가 계속 상승할 때는 손실폭을 줄이기 위해 상승한 가격에 주식을 사들이기도 하는데, 이 경우도 숏 커버링이라고 한다.

① 공매도는 매도량의 증가로 인해 주가 하락을 유발한다.
② 숏 커버링은 주식 매수량의 증가로 단기간에 주가가 상승하는 효과가 있다.
③ 공매도와 숏 커버링은 시세 조정을 유발할 수 있다.
④ 공매도와 숏 커버링은 채무불이행을 감소시킬 수 있다.
⑤ 주식 공매도 후 주가가 급등하게 되면 결제 불이행의 가능성이 높아진다.

80 다음 중 궁핍화 성장(Immiserizing Growth)에 대한 설명으로 옳지 않은 것은?

① 교역 조건의 악화가 성장의 이익을 압도하여 실질소득이 감소한다.
② 국제 시장 가격의 하락으로 인해 발생할 수 있다.
③ 수출을 중심으로 경제 성장이 이루어진다.
④ 수출재에 대한 세계 수요는 가격에 비탄력적이다.
⑤ 자본 절약적 기술 진보가 나타날 경우 발생할 수 있다.

남에게 이기는 방법의 하나는 예의범절로 이기는 것이다.

- 조쉬 빌링스 -

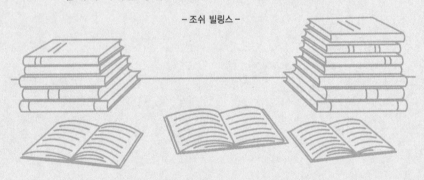

PART 4

합격의 공식 SD에듀 www.sdedu.co.kr

채용 가이드

01 | 블라인드 채용 소개

1. 블라인드 채용이란?

채용 과정에서 편견이 개입되어 불합리한 차별을 야기할 수 있는 출신지, 가족관계, 학력, 외모 등의 편견요인은 제외하고, 직무능력만을 평가하여 인재를 채용하는 방식입니다.

2. 블라인드 채용의 필요성

• 채용의 공정성에 대한 사회적 요구
 – 누구에게나 직무능력만으로 경쟁할 수 있는 균등한 고용기회를 제공해야 하나, 아직도 채용의 공정성에 대한 불신이 존재
 – 채용상 차별금지에 대한 법적 요건이 권고적 성격에서 처벌을 동반한 의무적 성격으로 강화되는 추세
 – 시민의식과 지원자의 권리의식 성숙으로 차별에 대한 법적 대응 가능성 증가
• 우수인재 채용을 통한 기업의 경쟁력 강화 필요
 – 직무능력과 무관한 학벌, 외모 위주의 선발로 우수인재 선발기회 상실 및 기업경쟁력 약화
 – 채용 과정에서 차별 없이 직무능력중심으로 선발한 우수인재 확보 필요
• 공정한 채용을 통한 사회적 비용 감소 필요
 – 편견에 의한 차별적 채용은 우수인재 선발을 저해하고 외모·학벌 지상주의 등의 심화로 불필요한 사회적 비용 증가
 – 채용에서의 공정성을 높여 사회의 신뢰수준 제고

3. 블라인드 채용의 특징

편견요인을 요구하지 않는 대신 직무능력을 평가합니다.

※ 직무능력중심 채용이란?
기업의 역량기반 채용, NCS기반 능력중심 채용과 같이 직무수행에 필요한 능력과 역량을 평가하여 선발하는 채용방식을 통칭합니다.

4. 블라인드 채용의 평가요소

직무수행에 필요한 지식, 기술, 태도 등을 과학적인 선발기법을 통해 평가합니다.

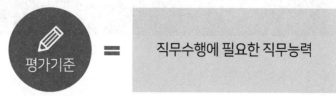

평가기준 = 직무수행에 필요한 직무능력

※ 과학적 선발기법이란?
직무분석을 통해 도출된 평가요소를 서류, 필기, 면접 등을 통해 체계적으로 평가하는 방법으로 입사지원서, 자기소개서, 직무수행능력평가, 구조화 면접 등이 해당됩니다.

5. 블라인드 채용 주요 도입 내용

- 입사지원서에 인적사항 요구 금지
  - 인적사항에는 출신지역, 가족관계, 결혼여부, 재산, 취미 및 특기, 종교, 생년월일(연령), 성별, 신장 및 체중, 사진, 전공, 학교명, 학점, 외국어 점수, 추천인 등이 해당
  - 채용 직무를 수행하는 데 있어 반드시 필요하다고 인정될 경우는 제외
    예 특수경비직 채용 시 : 시력, 건강한 신체 요구
    　　연구직 채용 시 : 논문, 학위 요구 등
- 블라인드 면접 실시
  - 면접관에게 응시자의 출신지역, 가족관계, 학교명 등 인적사항 정보 제공 금지
  - 면접관은 응시자의 인적사항에 대한 질문 금지

6. 블라인드 채용 도입의 효과성

- 구성원의 다양성과 창의성이 높아져 기업 경쟁력 강화
  - 편견을 없애고 직무능력 중심으로 선발하므로 다양한 직원 구성 가능
  - 다양한 생각과 의견을 통하여 기업의 창의성이 높아져 기업경쟁력 강화
- 직무에 적합한 인재선발을 통한 이직률 감소 및 만족도 제고
  - 사전에 지원자들에게 구체적이고 상세한 직무요건을 제시함으로써 허수 지원이 낮아지고, 직무에 적합한 지원자 모집 가능
  - 직무에 적합한 인재가 선발되어 직무이해도가 높아져 업무효율 증대 및 만족도 제고
- 채용의 공정성과 기업이미지 제고
  - 블라인드 채용은 사회적 편견을 줄인 선발 방법으로 기업에 대한 사회적 인식 제고
  - 채용과정에서 불합리한 차별을 받지 않고 실력에 의해 공정하게 평가를 받을 것이라는 믿음을 제공하고, 지원자들은 평등한 기회와 공정한 선발과정 경험

02 | 서류전형 가이드

01 채용공고문

1. 채용공고문의 변화

기존 채용공고문	변화된 채용공고문
• 취업준비생에게 불충분하고 불친절한 측면 존재 • 모집분야에 대한 명확한 직무관련 정보 및 평가기준 부재 • 해당분야에 지원하기 위한 취업준비생의 무분별한 스펙 쌓기 현상 발생	• NCS 직무분석에 기반한 채용공고를 토대로 채용전형 진행 • 지원자가 입사 후 수행하게 될 업무에 대한 자세한 정보 공지 • 직무수행내용, 직무수행 시 필요한 능력, 관련된 자격, 직업기초능력 제시 • 지원자가 해당 직무에 필요한 스펙만을 준비할 수 있도록 안내
• 모집부문 및 응시자격 • 지원서 접수 • 전형절차 • 채용조건 및 처우 • 기타사항	• 채용절차 • 채용유형별 선발분야 및 예정인원 • 전형방법 • 선발분야별 직무기술서 • 우대사항

2. 지원 유의사항 및 지원요건 확인

채용 직무에 따른 세부사항을 공고문에 명시하여 지원자에게 적격한 지원 기회를 부여함과 동시에 채용과정에서의 공정성과 신뢰성을 확보합니다.

구성	내용	확인사항
모집분야 및 규모	고용형태(인턴 계약직 등), 모집분야, 인원, 근무지역 등	채용직무가 여러 개일 경우 본인이 해당되는 직무의 채용규모 확인
응시자격	기본 자격사항, 지원조건	지원을 위한 최소자격요건을 확인하여 불필요한 지원을 예방
우대조건	법정·특별·자격증 가점	본인의 가점 여부를 검토하여 가점 획득을 위한 사항을 사실대로 기재
근무조건 및 보수	고용형태 및 고용기간, 보수, 근무지	본인이 생각하는 기대수준에 부합하는지 확인하여 불필요한 지원을 예방
시험방법	서류·필기·면접전형 등의 활용방안	전형방법 및 세부 평가기법 등을 확인하여 지원전략 준비
전형일정	접수기간, 각 전형 단계별 심사 및 합격자 발표일 등	본인의 지원 스케줄을 검토하여 차질이 없도록 준비
제출서류	입사지원서(경력·경험기술서 등), 각종 증명서 및 자격증 사본 등	지원요건 부합 여부 및 자격 증빙서류 사전에 준비
유의사항	임용취소 등의 규정	임용취소 관련 법적 또는 기관 내부 규정을 검토하여 해당여부 확인

직무기술서란 직무수행의 내용과 필요한 능력, 관련 자격, 직업기초능력 등을 상세히 기재한 것으로 입사 후 수행하게 될 업무에 대한 정보가 수록되어 있는 자료입니다.

1. 채용분야

설명

NCS 직무분류 체계에 따라 직무에 대한 「대분류 – 중분류 – 소분류 – 세분류」 체계를 확인할 수 있습니다. 채용 직무에 대한 모든 직무기술서를 첨부하게 되며 실제 수행 업무를 기준으로 세부적인 분류정보를 제공합니다.

채용분야	분류체계			
사무행정	대분류	중분류	소분류	세분류
분류코드	02. 경영·회계·사무	03. 재무·회계	01. 재무	01. 예산
				02. 자금
			02. 회계	01. 회계감사
				02. 세무

2. 능력단위

설명

직무분류 체계의 세분류 하위능력단위 중 실질적으로 수행할 업무의 능력만 구체적으로 파악할 수 있습니다.

능력단위	(예산)	03. 연간종합예산수립	04. 추정재무제표 작성
		05. 확정예산 운영	06. 예산실적 관리
	(자금)	04. 자금운용	
	(회계감사)	02. 자금관리	04. 결산관리
		05. 회계정보시스템 운용	06. 재무분석
		07. 회계감사	
	(세무)	02. 결산관리	05. 부가가치세 신고
		07. 법인세 신고	

3. 직무수행내용

설명

세분류 영역의 기본정의를 통해 직무수행내용을 확인할 수 있습니다. 입사 후 수행할 직무내용을 구체적으로 확인할 수 있으며, 이를 통해 입사서류 작성부터 면접까지 직무에 대한 명확한 이해를 바탕으로 자신의 희망직무 인지 아닌지, 해당 직무가 자신이 알고 있던 직무가 맞는지 확인할 수 있습니다.

직무수행내용	(예산) 일정기간 예상되는 수익과 비용을 편성, 집행하며 통제하는 일
	(자금) 자금의 계획 수립, 조달, 운용을 하고 발생 가능한 위험 관리 및 성과평가
	(회계감사) 기업 및 조직 내·외부에 있는 의사결정자들이 효율적인 의사결정을 할 수 있도록 유용한 정보를 제공, 제공된 회계정보의 적정성을 파악하는 일
	(세무) 세무는 기업의 활동을 위하여 주어진 세법범위 내에서 조세부담을 최소화시키는 조세전략을 포함하고 정확한 과세소득과 과세표준 및 세액을 산출하여 과세당국에 신고·납부하는 일

4. 직무기술서 예시

태도	(예산) 정확성, 분석적 태도, 논리적 태도, 타 부서와의 협조적 태도, 설득력
	(자금) 분석적 사고력
	(회계 감사) 합리적 태도, 전략적 사고, 정확성, 적극적 협업 태도, 법률준수 태도, 분석적 태도, 신속성, 책임감, 정확한 판단력
	(세무) 규정 준수 의지, 수리적 정확성, 주의 깊은 태도
우대 자격증	공인회계사, 세무사, 컴퓨터활용능력, 변호사, 워드프로세서, 전산회계운봉사, 사회소사분식사, 재경관리사, 회계관리 등
직업기초능력	의사소통능력, 문제해결능력, 자원관리능력, 대인관계능력, 정보능력, 조직이해능력

5. 직무기술서 내용별 확인사항

항목	확인사항
모집부문	해당 채용에서 선발하는 부문(분야)명 확인 [예] 사무행정, 전산, 전기
분류체계	지원하려는 분야의 세부직무군 확인
주요기능 및 역할	지원하려는 기업의 전사적인 기능과 역할, 산업군 확인
능력단위	지원분야의 직무수행에 관련되는 세부업무사항 확인
직무수행내용	지원분야의 직무군에 대한 상세사항 확인
전형방법	지원하려는 기업의 신입사원 선발전형 절차 확인
일반요건	교육사항을 제외한 지원 요건 확인(자격요건, 특수한 경우 연령)
교육요건	교육사항에 대한 지원요건 확인(대졸 / 초대졸 / 고졸 / 전공 요건)
필요지식	지원분야의 업무수행을 위해 요구되는 지식 관련 세부항목 확인
필요기술	지원분야의 업무수행을 위해 요구되는 기술 관련 세부항목 확인
직무수행태도	지원분야의 업무수행을 위해 요구되는 태도 관련 세부항목 확인
직업기초능력	지원분야 또는 지원기업의 조직원으로서 근무하기 위해 필요한 일반적인 능력사항 확인

1. 입사지원서의 변화

기존지원서		능력중심 채용 입사지원서
직무와 관련 없는 학점, 개인신상, 어학점수, 자격, 수상경력 등을 나열하도록 구성	VS	해당 직무수행에 꼭 필요한 정보들을 제시할 수 있도록 구성

기존지원서		능력중심 채용 입사지원서	
직무기술서		인적사항	성명, 연락처, 지원분야 등 작성 (평가 미반영)
직무수행내용		교육사항	직무지식과 관련된 학교교육 및 직업교육 작성
요구지식 / 기술	→	자격사항	직무관련 국가공인 또는 민간자격 작성
관련 자격증		경력 및 경험사항	조직에 소속되어 일정한 임금을 받거나(경력) 임금 없이(경험) 직무와 관련된 활동 내용 작성
사전직무경험			

2. 교육사항

- 지원분야 직무와 관련된 학교 교육이나 직업교육 혹은 기타교육 등 직무에 대한 지원자의 학습 여부를 평가하기 위한 항목입니다.
- 지원하고자 하는 직무의 학교 전공교육 이외에 직업교육, 기타교육 등을 기입할 수 있기 때문에 전공 제한 없이 직업교육과 기타교육을 이수하여 지원이 가능하도록 기회를 제공합니다.

  (기타교육 : 학교 이외의 기관에서 개인이 이수한 교육과정 중 지원직무와 관련이 있다고 생각되는 교육내용)

구분	교육과정(과목)명	교육내용	과업(능력단위)

3. 자격사항

- 채용공고 및 직무기술서에 제시되어 있는 자격 현황을 토대로 지원자가 해당 직무를 수행하는 데 필요한 능력을 가지고 있는지를 평가하기 위한 항목입니다.
- 채용공고 및 직무기술서에 기재된 직무관련 필수 또는 우대자격 항목을 확인하여 본인이 보유하고 있는 자격사항을 기재합니다.

자격유형	자격증명	발급기관	취득일자	자격증번호

4. 경력 및 경험사항

- 직무와 관련된 경력이나 경험 여부를 표현하도록 하여 직무와 관련한 능력을 갖추었는지를 평가하기 위한 항목입니다.
- 해당 기업에서 직무를 수행함에 있어 필요한 사항만을 기록하게 되어 있기 때문에 직무와 무관한 스펙을 갖추지 않아도 됩니다.
- 경력 : 금전적 보수를 받고 일정기간 동안 일했던 경우
- 경험 : 금전적 보수를 받지 않고 수행한 활동

※ 기업에 따라 경력 / 경험 관련 증빙자료 요구 가능

구분	조직명	직위 / 역할	활동기간(년 / 월)	주요과업 / 활동내용

> **Tip**
>
> 입사지원서 작성 방법
>
> ○ 경력 및 경험사항 작성
> - 직무기술서에 제시된 지식, 기술, 태도와 지원자의 교육사항, 경력(경험)사항, 자격사항과 연계하여 개인의 직무역량에 대해 스스로 판단 가능
>
> ○ 인적사항 최소화
> - 개인의 인적사항, 학교명, 가족관계 등을 노출하지 않도록 유의
>
> ---
>
> 부적절한 입사지원서 작성 사례
> - 학교 이메일을 기입하여 학교명 노출
> - 거주지 주소에 학교 기숙사 주소를 기입하여 학교명 노출
> - 자기소개서에 부모님이 재직 중인 기업명, 직위, 직업을 기입하여 가족관계 노출
> - 자기소개서에 석·박사 과정에 대한 이야기를 언급하여 학력 노출
> - 동아리 활동에 대한 내용을 학교명과 더불어 언급하여 학교명 노출

1. 자기소개서의 변화

- 기존의 자기소개서는 지원자의 일대기나 관심 분야, 성격의 장·단점 등 개괄적인 사항을 묻는 질문으로 구성되어 지원자가 자신의 직무능력을 제대로 표출하지 못합니다.
- 능력중심 채용의 자기소개서는 직무기술서에 제시된 직업기초능력(또는 직무수행능력)에 대한 지원자의 과거 경험을 기술하게 함으로써 평가 타당도의 확보가 가능합니다.

1. 우리 회사와 해당 지원 직무분야에 지원한 동기에 대해 기술해 주세요.

2. 자신이 경험한 다양한 사회활동에 대해 기술해 주세요.

3. 지원 직무에 대한 전문성을 키우기 위해 받은 교육과 경험 및 경력사항에 대해 기술해 주세요.

4. 인사업무 또는 팀 과제 수행 중 발생한 갈등을 원만하게 해결해 본 경험이 있습니까? 당시 상황에 대한 설명과 갈등의 대상이 되었던 상대방을 설득한 과정 및 방법을 기술해 주세요.

5. 과거에 있었던 일 중 가장 어려웠던(힘들었었던) 상황을 고르고, 어떤 방법으로 그 상황을 해결했는지를 기술해 주세요.

PART 4

Tip

자기소개서 작성 방법

① 자기소개서 문항이 묻고 있는 평가 역량 추측하기

예시
- 팀 활동을 하면서 갈등 상황 시 상대방의 니즈나 의도를 명확히 파악하고 해결하여 목표 달성에 기여했던 경험에 대해서 작성해 주시기 바랍니다.
- 다른 사람이 생각해내지 못했던 문제점을 찾고 이를 해결한 경험에 대해 작성해 주시기 바랍니다.

② 해당 역량을 보여줄 수 있는 소재 찾기(시간×역량 매트릭스)

예시

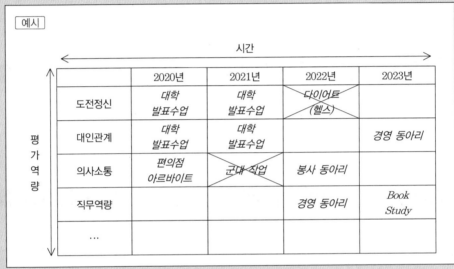

		2020년	2021년	2022년	2023년
평가역량	도전정신	대학 발표수업	대학 발표수업	~~다이어트 (헬스)~~	
	대인관계	대학 발표수업	대학 발표수업		경영 동아리
	의사소통	편의점 아르바이트	~~군대 작업~~	봉사 동아리	
	직무역량			경영 동아리	Book Study
	…				

③ 자기소개서 작성 Skill 익히기
- 두괄식으로 작성하기
- 구체적 사례를 사용하기
- '나'를 중심으로 작성하기
- 직무역량 강조하기
- 경험 사례의 차별성 강조하기

03 | 인성검사 소개 및 모의테스트

01 인성검사 유형

인성검사는 지원자의 성격특성을 객관적으로 파악하고 그것이 각 기업에서 필요로 하는 인재상과 가치에 부합하는가를 평가하기 위한 검사입니다. 인성검사는 KPDI(한국인재개발진흥원), K-SAD(한국사회적성개발원), KIRBS(한국행동과학연구소), SHR(에스에이치알) 등의 전문기관을 통해 각 기업의 특성에 맞는 검사를 선택하여 실시합니다. 대표적인 인성검사의 유형에는 크게 다음과 같은 세 가지가 있으며, 채용 대행업체에 따라 달라집니다.

1. KPDI 검사

조직적응성과 직무적합성을 알아보기 위한 검사로 인성검사, 인성역량검사, 인적성검사, 직종별 인적성 검사 등의 다양한 검사 도구를 구현합니다. KPDI는 성격을 파악하고 정신건강 상태 등을 측정하고, 직무 검사는 해당 직무를 수행하기 위해 기본적으로 갖추어야 할 인지적 능력을 측정합니다. 역량검사는 특정 직무 역할을 효과적으로 수행하는 데 직접적으로 관련 있는 개인의 행동, 지식, 스킬, 가치관 등을 측정합니다.

2. KAD(Korea Aptitude Development) 검사

K-SAD(한국사회적성개발원)에서 실시하는 적성검사 프로그램입니다. 개인의 성향, 지적 능력, 기호, 관심, 흥미도를 종합적으로 분석하여 적성에 맞는 업무가 무엇인가 파악하고, 직무수행에 있어서 요구되는 기초능력과 실무능력을 분석합니다.

3. SHR 직무적성검사

직무수행에 필요한 종합적인 사고 능력을 다양한 적성검사(Paper and Pencil Test)로 평가합니다. SHR의 모든 직무능력검사는 표준화 검사입니다. 표준화 검사는 표본집단의 점수를 기초로 규준이 만들어진 검사이므로 개인의 점수를 규준에 맞추어 해석 · 비교하는 것이 가능합니다. S(Standardized Tests), H(Hundreds of Version), R(Reliable Norm Data)을 특징으로 하며, 직군 · 직급별 특성과 선발 수준에 맞추어 검사를 적용할 수 있습니다.

인성검사는 특히 면접질문과 관련성이 높습니다. 면접관은 지원자의 인성검사 결과를 토대로 질문을 하기 때문입니다. 일관적이고 이상적인 답변을 하는 것이 가장 좋지만, 실제 시험은 매우 복잡하여 전문가라 해도 일정 성격을 유지하면서 답변을 하는 것이 힘듭니다. 또한, 인성검사에는 라이 스케일(Lie Scale) 설문이 전체 설문 속에 교묘하게 섞여 들어가 있으므로 겉치레적인 답을 하게 되면 회답태도의 허위성이 그대로 드러나게 됩니다. 예를 들어 '거짓말을 한 적이 한 번도 없다.'에 '예'로 답하고, '때로는 거짓말을 하기도 한다.'에 '예'라고 답하여 라이 스케일의 득점이 올라가게 되면 모든 회답의 신빙성이 사라지고 '자신을 돋보이게 하려는 사람'이라는 평가를 받을 수 있으므로 주의해야 합니다. 따라서 모의테스트를 통해 인성검사의 유형과 실제 시험 시 어떻게 문제를 풀어야 하는지 연습해 보고 체크한 부분 중 자신의 단점과 연결되는 부분은 면접에서 질문이 들어왔을 때 어떻게 대처해야 하는지 생각해 보는 것이 좋습니다.

03   유의사항

1. 기업의 인재상을 파악하라!

인성검사를 통해 개인의 성격 특성을 파악하고 그것이 기업의 인재상과 가치에 부합하는지를 평가하는 시험이기 때문에 해당 기업의 인재상을 먼저 파악하고 시험에 임하는 것이 좋습니다. 모의테스트에서 인재상에 맞는 가상의 인물을 설정하고 문제에 답해 보는 것도 많은 도움이 됩니다.

2. 일관성 있는 대답을 하라!

짧은 시간 안에 다양한 질문에 답을 해야 하는데, 그 안에는 중복되는 질문이 여러 번 나옵니다. 이때 앞서 자신이 체크했던 대답을 잘 기억해뒀다가 일관성 있는 답을 하는 것이 중요합니다.

3. 모든 문항에 대답하라!

많은 문제를 짧은 시간 안에 풀려다 보니 다 못 푸는 경우도 종종 생깁니다. 하지만 대답을 누락하거나 끝까지 다 못했을 경우 좋지 않은 결과를 가져올 수도 있으니 최대한 주어진 시간 안에 모든 문항에 답할 수 있도록 해야 합니다.

※ 모의테스트는 질문 및 답변 유형 연습을 위한 것으로 실제 시험과 다를 수 있습니다.
※ 인성검사는 정답이 따로 없는 유형의 검사이므로 결과지를 제공하지 않습니다.

번호	내용	예	아니요
001	나는 솔직한 편이다.	☐	☐
002	나는 리드하는 것을 좋아한다.	☐	☐
003	법을 어겨서 말썽이 된 적이 한 번도 없다.	☐	☐
004	거짓말을 한 번도 한 적이 없다.	☐	☐
005	나는 눈치가 빠르다.	☐	☐
006	나는 일을 주도하기보다는 뒤에서 지원하는 것을 선호한다.	☐	☐
007	앞일은 알 수 없기 때문에 계획은 필요하지 않다.	☐	☐
008	거짓말도 때로는 방편이라고 생각한다.	☐	☐
009	사람이 많은 술자리를 좋아한다.	☐	☐
010	걱정이 지나치게 많다.	☐	☐
011	일을 시작하기 전 재고하는 경향이 있다.	☐	☐
012	불의를 참지 못한다.	☐	☐
013	처음 만나는 사람과도 이야기를 잘 한다.	☐	☐
014	때로는 변화가 두렵다.	☐	☐
015	나는 모든 사람에게 친절하다.	☐	☐
016	힘든 일이 있을 때 술은 위로가 되지 않는다.	☐	☐
017	결정을 빨리 내리지 못해 손해를 본 경험이 있다.	☐	☐
018	기회를 잡을 준비가 되어 있다.	☐	☐
019	때로는 내가 정말 쓸모없는 사람이라고 느낀다.	☐	☐
020	누군가 나를 챙겨주는 것이 좋다.	☐	☐
021	자주 가슴이 답답하다.	☐	☐
022	나는 내가 자랑스럽다.	☐	☐
023	경험이 중요하다고 생각한다.	☐	☐
024	전자기기를 분해하고 다시 조립하는 것을 좋아한다.	☐	☐

025	감시받고 있다는 느낌이 든다.	☐	☐
026	난처한 상황에 놓이면 그 순간을 피하고 싶다.	☐	☐
027	세상엔 믿을 사람이 없다.	☐	☐
028	잘못을 빨리 인정하는 편이다.	☐	☐
029	지도를 보고 길을 잘 찾아간다.	☐	☐
030	귓속말을 하는 사람을 보면 날 비난하고 있는 것 같다.	☐	☐
031	막무가내라는 말을 들을 때가 있다.	☐	☐
032	장래의 일을 생각하면 불안하다.	☐	☐
033	결과보다 과정이 중요하다고 생각한다.	☐	☐
034	운동은 그다지 할 필요가 없다고 생각한다.	☐	☐
035	새로운 일을 시작할 때 좀처럼 한 발을 떼지 못한다.	☐	☐
036	기분 상하는 일이 있더라도 참는 편이다.	☐	☐
037	업무능력은 성과로 평가받아야 한다고 생각한다.	☐	☐
038	머리가 맑지 못하고 무거운 느낌이 든다.	☐	☐
039	가끔 이상한 소리가 들린다.	☐	☐
040	타인이 내게 자주 고민상담을 하는 편이다.	☐	☐

※ 모의테스트는 질문 및 답변 유형 연습을 위한 것으로 실제 시험과 다를 수 있습니다.
※ 인성검사는 정답이 따로 없는 유형의 검사이므로 결과지를 제공하지 않습니다.

※ 이 성격검사의 각 문항에는 서로 다른 행동을 나타내는 네 개의 문장이 제시되어 있습니다. 이 문장들을 비교하여, 자신의 평소 행동과 가장 가까운 문장을 'ㄱ' 열에 표기하고, 가장 먼 문장을 'ㅁ' 열에 표기하십시오.

01 나는 _____

	ㄱ	ㅁ
A. 실용적인 해결책을 찾는다.	☐	☐
B. 다른 사람을 돕는 것을 좋아한다.	☐	☐
C. 세부 사항을 잘 챙긴다.	☐	☐
D. 상대의 주장에서 허점을 잘 찾는다.	☐	☐

02 나는 _____

	ㄱ	ㅁ
A. 매사에 적극적으로 임한다.	☐	☐
B. 즉흥적인 편이다.	☐	☐
C. 관찰력이 있다.	☐	☐
D. 임기응변에 강하다.	☐	☐

03 나는 _____

	ㄱ	ㅁ
A. 무서운 영화를 잘 본다.	☐	☐
B. 조용한 곳이 좋다.	☐	☐
C. 가끔 울고 싶다.	☐	☐
D. 집중력이 좋다.	☐	☐

04 나는 _____

	ㄱ	ㅁ
A. 기계를 조립하는 것을 좋아한다.	☐	☐
B. 집단에서 리드하는 역할을 맡는다.	☐	☐
C. 호기심이 많다.	☐	☐
D. 음악을 듣는 것을 좋아한다.	☐	☐

PART 4

05 나는 _____

	ㄱ	ㅁ
A. 타인을 늘 배려한다.	☐	☐
B. 감수성이 예민하다.	☐	☐
C. 즐겨하는 운동이 있다.	☐	☐
D. 일을 시작하기 전에 계획을 세운다.	☐	☐

06 나는 _____

	ㄱ	ㅁ
A. 타인에게 설명하는 것을 좋아한다.	☐	☐
B. 여행을 좋아한다.	☐	☐
C. 정적인 것이 좋다.	☐	☐
D. 남을 돕는 것에 보람을 느낀다.	☐	☐

07 나는 _____

	ㄱ	ㅁ
A. 기계를 능숙하게 다룬다.	☐	☐
B. 밤에 잠이 잘 오지 않는다.	☐	☐
C. 한 번 간 길을 잘 기억한다.	☐	☐
D. 불의를 보면 참을 수 없다.	☐	☐

08 나는 _____

	ㄱ	ㅁ
A. 종일 말을 하지 않을 때가 있다.	☐	☐
B. 사람이 많은 곳을 좋아한다.	☐	☐
C. 술을 좋아한다.	☐	☐
D. 휴양지에서 편하게 쉬고 싶다.	☐	☐

09 나는 _____

	ㄱ	ㅁ
A. 뉴스보다는 드라마를 좋아한다.	☐	☐
B. 길을 잘 찾는다.	☐	☐
C. 주말엔 집에서 쉬는 것이 좋다.	☐	☐
D. 아침에 일어나는 것이 힘들다.	☐	☐

10 나는 _____

	ㄱ	ㅁ
A. 이성적이다.	☐	☐
B. 할 일을 종종 미룬다.	☐	☐
C. 어른을 대하는 게 힘들다.	☐	☐
D. 불을 보면 매혹을 느낀다.	☐	☐

11 나는 _____

	ㄱ	ㅁ
A. 상상력이 풍부하다.	☐	☐
B. 예의 바르다는 소리를 자주 듣는다.	☐	☐
C. 사람들 앞에 서면 긴장한다.	☐	☐
D. 친구를 자주 만난다.	☐	☐

12 나는 _____

	ㄱ	ㅁ
A. 나만의 스트레스 해소 방법이 있다.	☐	☐
B. 친구가 많다.	☐	☐
C. 책을 자주 읽는다.	☐	☐
D. 활동적이다.	☐	☐

04 면접전형 가이드

01 면접유형 파악

1. 면접전형의 변화

기존 면접전형에서는 일상적이고 단편적인 대화나 지원자의 첫인상 및 면접관의 주관적인 판단 등에 의해서 입사 결정 여부를 판단하는 경우가 많았습니다. 이러한 면접전형은 면접 내용의 일관성이 결여되거나 직무 관련 타당성이 부족하였고, 면접에 대한 신뢰도에 영향을 주었습니다.

기존 면접(전통적 면접)		능력중심 채용 면접(구조화 면접)
• 일상적이고 단편적인 대화 • 인상, 외모 등 외부 요소의 영향 • 주관적인 판단에 의존한 총점 부여 ⇩ • 면접 내용의 일관성 결여 • 직무관련 타당성 부족 • 주관적인 채점으로 신뢰도 저하	VS	• 일관성 – 직무관련 역량에 초점을 둔 구체적 질문 목록 – 지원자별 동일 질문 적용 • 구조화 – 면접 진행 및 평가 절차를 일정한 체계에 의해 구성 • 표준화 – 평가 타당도 제고를 위한 평가 Matrix 구성 – 척도에 따라 항목별 채점, 개인 간 비교 • 신뢰성 – 면접진행 매뉴얼에 따라 면접위원 교육 및 실습

2. 능력중심 채용의 면접 유형

① **경험 면접**
- 목적 : 선발하고자 하는 직무 능력이 필요한 과거 경험을 질문합니다.
- 평가요소 : 직업기초능력과 인성 및 태도적 요소를 평가합니다.

② **상황 면접**
- 목적 : 특정 상황을 제시하고 지원자의 행동을 관찰함으로써 실제 상황의 행동을 예상합니다.
- 평가요소 : 직업기초능력과 인성 및 태도적 요소를 평가합니다.

③ **발표 면접**
- 목적 : 특정 주제와 관련된 지원자의 발표와 질의응답을 통해 지원자 역량을 평가합니다.
- 평가요소 : 직무수행능력과 인지적 역량(문제해결능력)을 평가합니다.

④ **토론 면접**
- 목적 : 토의과제에 대한 의견수렴 과정에서 지원자의 역량과 상호작용능력을 평가합니다.
- 평가요소 : 직무수행능력과 팀워크를 평가합니다.

1. 경험 면접

① 경험 면접의 특징

- 주로 직업기초능력에 관련된 지원자의 과거 경험을 심층 질문하여 검증하는 면접입니다.
- 직무능력과 관련된 과거 경험을 평가하기 위해 심층 질문을 하며, 이 질문은 지원자의 답변에 대하여 '꼬리에 꼬리를 무는 형식'으로 진행됩니다.

- 능력요소, 정의, 심사 기준
  - 평가하고자 하는 능력요소, 정의, 심사기준을 확인하여 면접위원이 해당 능력요소 관련 질문을 제시합니다.
- Opening Question
  - 능력요소에 관련된 과거 경험을 유도하기 위한 시작 질문을 합니다.
- Follow-up Question
  - 지원자의 경험 수준을 구체적으로 검증하기 위한 질문입니다.
  - 경험 수준 검증을 위한 상황(Situation), 임무(Task), 역할 및 노력(Action), 결과(Result) 등으로 질문을 구분합니다.

경험 면접의 형태

[면접관 1] [면접관 2] [면접관 3]   [면접관 1] [면접관 2] [면접관 3]

[지원자]   [지원자 1] [지원자 2] [지원자 3]

〈일대다 면접〉   〈다대다 면접〉

PART 4

② 경험 면접의 구조

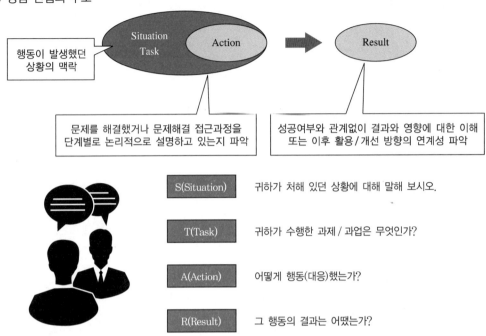

행동이 발생했던
상황의 맥락

문제를 해결했거나 문제해결 접근과정을
단계별로 논리적으로 설명하고 있는지 파악

성공여부와 관계없이 결과와 영향에 대한 이해
또는 이후 활용 / 개선 방향의 연계성 파악

S(Situation) — 귀하가 처해 있던 상황에 대해 말해 보시오.

T(Task) — 귀하가 수행한 과제 / 과업은 무엇인가?

A(Action) — 어떻게 행동(대응)했는가?

R(Result) — 그 행동의 결과는 어땠는가?

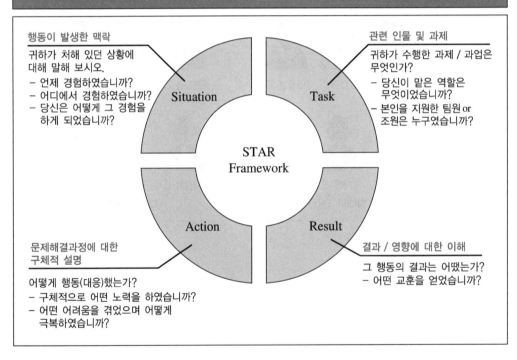

(   )에 관한 과거 경험에 대하여 말해 보시오.

행동이 발생한 맥락
귀하가 처해 있던 상황에
대해 말해 보시오.
– 언제 경험하였습니까?
– 어디에서 경험하였습니까?
– 당신은 어떻게 그 경험을
  하게 되었습니까?

관련 인물 및 과제
귀하가 수행한 과제 / 과업은
무엇인가?
– 당신이 맡은 역할은
  무엇이었습니까?
– 본인을 지원한 팀원 or
  조원은 누구였습니까?

STAR
Framework

Situation

Task

Action

Result

문제해결과정에 대한
구체적 설명
어떻게 행동(대응)했는가?
– 구체적으로 어떤 노력을 하였습니까?
– 어떤 어려움을 겪었으며 어떻게
  극복하였습니까?

결과 / 영향에 대한 이해
그 행동의 결과는 어땠는가?
– 어떤 교훈을 얻었습니까?

③ 경험 면접 질문 예시(직업윤리)

시작 질문	
1	남들이 신경 쓰지 않는 부분까지 고려하여 절차대로 업무(연구)를 수행하여 성과를 낸 경험을 구체적으로 말해 보시오.
2	조직의 원칙과 절차를 철저히 준수하며 업무(연구)를 수행한 것 중 성과를 향상시킨 경험에 대해 구체적으로 말해 보시오.
3	세부적인 절차와 규칙에 주의를 기울여 실수 없이 업무(연구)를 마무리한 경험을 구체적으로 말해 보시오.
4	조직의 규칙이나 원칙을 고려하여 성실하게 일했던 경험을 구체적으로 말해 보시오.
5	타인의 실수를 바로잡고 원칙과 절차대로 수행하여 성공적으로 업무를 마무리하였던 경험에 대해 말해 보시오.

후속 질문		
상황 (Situation)	상황	구체적으로 언제, 어디에서 경험한 일인가?
		어떤 상황이었는가?
	조직	어떤 조직에 속해 있었는가?
		그 조직의 특성은 무엇이었는가?
		몇 명으로 구성된 조직이었는가?
	기간	해당 조직에서 얼마나 일했는가?
		해당 업무는 몇 개월 동안 지속되었는가?
	조직규칙	조직의 원칙이나 규칙은 무엇이었는가?
임무 (Task)	과제	과제의 목표는 무엇이었는가?
		과제에 적용되는 조직의 원칙은 무엇이었는가?
		그 규칙을 지켜야 하는 이유는 무엇이었는가?
	역할	당신이 조직에서 맡은 역할은 무엇이었는가?
		과제에서 맡은 역할은 무엇이었는가?
	문제의식	규칙을 지키지 않을 경우 생기는 문제점 / 불편함은 무엇인가?
		해당 규칙이 왜 중요하다고 생각하였는가?
역할 및 노력 (Action)	행동	업무 과정의 어떤 장면에서 규칙을 철저히 준수하였는가?
		어떻게 규정을 적용시켜 업무를 수행하였는가?
		규정은 준수하는 데 어려움은 없었는가?
	노력	그 규칙을 지키기 위해 스스로 어떤 노력을 기울였는가?
		본인의 생각이나 태도에 어떤 변화가 있었는가?
		다른 사람들은 어떤 노력을 기울였는가?
	동료관계	동료들은 규칙을 철저히 준수하고 있었는가?
		팀원들은 해당 규칙에 대해 어떻게 반응하였는가?
		규칙에 대한 태도를 개선하기 위해 어떤 노력을 하였는가?
		팀원들의 태도는 당신에게 어떤 자극을 주었는가?
	업무추진	주어진 업무를 추진하는 데 규칙이 방해되진 않았는가?
		업무수행 과정에서 규정을 어떻게 적용하였는가?
		업무 시 규정을 준수해야 한다고 생각한 이유는 무엇인가?

결과 (Result)	평가	규칙을 어느 정도나 준수하였는가?
		그렇게 준수할 수 있었던 이유는 무엇이었는가?
		업무의 성과는 어느 정도였는가?
		성과에 만족하였는가?
		비슷한 상황이 온다면 어떻게 할 것인가?
	피드백	주변 사람들로부터 어떤 평가를 받았는가?
		그러한 평가에 만족하는가?
		다른 사람에게 본인의 행동이 영향을 주었다고 생각하는가?
	교훈	업무수행 과정에서 중요한 점은 무엇이라고 생각하는가?
		이 경험을 통해 느낀 바는 무엇인가?

2. 상황 면접

① 상황 면접의 특징

직무 관련 상황을 가정하여 제시하고 이에 대한 대응능력을 직무관련성 측면에서 평가하는 면접입니다.

- 상황 면접 과제의 구성은 크게 2가지로 구분
  - 상황 제시(Description) / 문제 제시(Question or Problem)
- 현장의 실제 업무 상황을 반영하여 과제를 제시하므로 직무분석이나 직무전문가 워크숍 등을 거쳐 현장성을 높임
- 문제는 상황에 대한 기본적인 이해능력(이론적 지식)과 함께 실질적 대응이나 변수 고려능력(실천적 능력) 등을 고르게 질문해야 함

상황 면접의 형태

[면접관 1] [면접관 2]

[연기자 1] [연기자 2]

[면접관 1] [면접관 2]

[지원자]

〈시뮬레이션〉

[지원자 1] [지원자 2] [지원자 3]

〈문답형〉

② 상황 면접 예시

	인천공항 여객터미널 내에는 다양한 용도의 시설(사무실, 통신실, 식당, 전산실, 창고 면세점 등)이 설치되어 있습니다.	실제 업무 상황에 기반함
상황 제시	금년에 소방배관의 누수가 잦아 메인 배관을 교체하는 공사를 추진하고 있으며, 당신은 이번 공사의 담당자입니다.	배경 정보
	주간에는 공항 운영이 이루어져 주로 야간에만 배관 교체 공사를 수행하던 중, 시공하는 기능공의 실수로 배관 연결 부위를 잘못 건드려 고압배관의 소화수가 누출되는 사고가 발생하였으며, 이로 인해 인근 시설물에 누수에 의한 피해가 발생하였습니다.	구체적인 문제 상황
문제 제시	일반적인 소방배관의 배관연결(이음)방식과 배관의 이탈(누수)이 발생하는 원인에 대해 설명해 보시오.	문제 상황 해결을 위한 기본 지식 문항
	담당자로서 본 사고를 현장에서 긴급히 처리하는 프로세스를 제시하고, 보수완료 후 사후적 조치가 필요한 부분 및 재발방지 방안에 대해 설명해 보시오.	문제 상황 해결을 위한 추가 대응 문항

3. 발표 면접

① 발표 면접의 특징

- 직무관련 주제에 대한 지원자의 생각을 정리하여 의견을 제시하고, 발표 및 질의응답을 통해 지원자의 직무능력을 평가하는 면접입니다.
- 발표 주제는 직무와 관련된 자료로 제공되며, 일정 시간 후 지원자가 보유한 지식 및 방안에 대한 발표 및 후속 질문을 통해 직무적합성을 평가합니다.

- 주요 평가요소
  - 설득적 말하기 / 발표능력 / 문제해결능력 / 직무관련 전문성
- 이미 언론을 통해 공론화된 시사 이슈보다는 해당 직무분야에 관련된 주제가 발표면접의 과제로 선정되는 경우가 최근 들어 늘어나고 있음
- 짧은 시간 동안 주어진 과제를 빠른 속도로 분석하여 발표문을 작성하고 제한된 시간 안에 면접관에게 효과적인 발표를 진행하는 것이 핵심

발표 면접의 형태

[면접관 1] [면접관 2]　　　　　　[면접관 1] [면접관 2]

[지원자]　　　　　　　[지원자 1]　[지원자 2]　[지원자 3]

〈개별 과제 발표〉　　　　　　　〈팀 과제 발표〉

※ 면접관에게 시각적 효과를 사용하여 메시지를 전달하는 쌍방향 커뮤니케이션 방식
※ 심층면접을 보완하기 위한 방안으로 최근 많은 기업에서 적극 도입하는 추세

② 발표 면접 예시

1. 지시문

당신은 현재 A사에서 직원들의 성과평가를 담당하고 있는 팀원이다. 인사팀은 지난주부터 사내 조직문화관련 인터뷰를 하던 도중 성과평가제도에 관련된 개선 니즈가 제일 많다는 것을 알게 되었다. 이에 팀장님은 인터뷰 결과를 종합하려 성과평가제도 개선 아이디어를 A4용지에 정리하여 신속 보고할 것을 지시하셨다. 당신에게 남는 시간은 1시간이다. 자료를 준비하는 대로 당신은 팀원들이 모인 회의실에서 5분 간 발표할 것이며, 이후 질의응답을 진행할 것이다.

2. 배경자료

〈성과평가제도 개선에 대한 인터뷰〉

최근 A사는 회사 사세의 급성장으로 인해 작년보다 매출이 두 배 성장하였고, 직원 수 또한 두 배로 증가하였다. 회사의 성장은 임금, 복지에 대한 상승 등 긍정적인 영향을 주었으나 업무의 불균형 및 성과보상의 불평등 문제가 발생하였다. 또한 수시로 입사하는 신입직원과 경력직원, 퇴사하는 직원들까지 인원들의 잦은 변동으로 인해 평가해야 할 대상이 변경되어 현재의 성과평가제도로는 공정한 평가가 어려운 상황이다.

[생산부서 김상호]
우리 팀은 지난 1년 동안 생산량이 급증했기 때문에 수십 명의 신규인력이 급하게 채용되었습니다. 이 때문에 저희 팀장님은 신규 입사자들의 이름조차 기억 못할 때가 많이 있습니다. 성과평가를 제대로 하고 있는지 의문이 듭니다.

[마케팅 부서 김흥민]
개인의 성과평가의 취지는 충분히 이해합니다. 그러나 현재 평가는 실적기반이나 정성적인 평가가 많이 포함되어 있어 객관성과 공정성에는 의문이 드는 것이 사실입니다. 이러한 상황에서 평가제도를 재수립하지 않고, 인센티브에 계속 반영한다면, 평가제도에 대한 반감이 커질 것이 분명합니다.

[교육부서 홍경민]
현재 교육부서는 인사팀과 밀접하게 일하고 있습니다. 그럼에도 인사팀에서 실시하는 성과평가제도에 대한 이해가 부족한 것 같습니다.

[기획부서 김경호 차장]
저는 저의 평가자 중 하나가 연구부서의 팀장님인데, 일 년에 몇 번 같이 일하지 않는데 어떻게 저를 평가할 수 있을까요? 특히 연구팀은 저희가 예산을 배정하는데, 저에게는 좋지만….

4. 토론 면접

① 토론 면접의 특징
- 다수의 지원자가 조를 편성해 과제에 대한 토론(토의)을 통해 결론을 도출해가는 면접입니다.
- 의사소통능력, 팀워크, 종합인성 등의 평가에 용이합니다.

> - 주요 평가요소
>   - 설득적 말하기, 경청능력, 팀워크, 종합인성
> - 의견 대립이 명확한 주제 또는 채용분야의 직무 관련 주요 현안을 주제로 과제 구성
> - 제한된 시간 내 토론을 진행해야 하므로 적극적으로 자신 있게 토론에 임하고 본인의 의견을 개진할
>   수 있어야 함

토론 면접의 형태

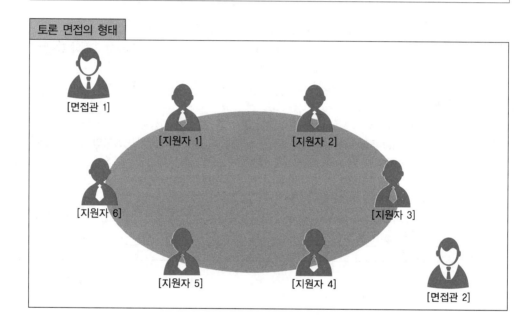

② 토론 면접 예시

고객 불만 고충처리

1. 들어가며

최근 우리 상품에 대한 고객 불만의 증가로 고객고충처리 TF가 만들어졌고 당신은 여기에 지원해 배치받았다. 당신의 업무는 불만을 가진 고객을 만나서 애로사항을 듣고 처리해 주는 일이다. 주된 업무로는 고객의 니즈를 파악해 방향성을 제시해 주고 그 해견책을 마련하는 일이다. 하지만 경우에 따라서 고객의 주관적인 의견으로 인해 제대로 된 방향으로 의사결정을 하지 못할 때가 있다. 이럴 경우 설득이나 논쟁을 해서라도 의견을 관철시키는 것이 좋을지 아니면 고객의 의견대로 진행하는 것이 좋을지 결정해야 할 때가 있다. 만약 당신이라면 이러한 상황에서 어떤 결정을 내릴 것인지 여부를 자유롭게 토론해 보시오.

2. 1분 자유 발언 시 준비사항

- 당신은 의견을 자유롭게 개진할 수 있으며 이에 따른 불이익은 없습니다.
- 토론의 방향성을 이해하고, 내용의 장점과 단점이 무엇인지 문제를 명확히 말해야 합니다.
- 합리적인 근거에 기초하여 개선방안을 명확히 제시해야 합니다.
- 제시한 방안을 실행 시 예상되는 긍정적·부정적 영향요인도 동시에 고려할 필요가 있습니다.

3. 토론 시 유의사항

- 토론 주제문과 제공해드린 메모지, 볼펜만 가지고 토론장에 입장할 수 있습니다.
- 사회자의 지정 또는 발표자가 손을 들어 발언권을 획득할 수 있으며, 사회자의 통제에 따릅니다.
- 토론회가 시작되면, 팀의 의견과 논거를 정리하여 1분간의 자유발언을 할 수 있습니다. 순서는 사회자가 지정합니다. 이후에는 자유롭게 상대방에게 질문하거나 답변을 하실 수 있습니다.
- 핸드폰, 서적 등 외부 매체는 사용하실 수 없습니다.
- 논제에 벗어나는 발언이나 지나치게 공격적인 발언을 할 경우, 위에서 제시한 유의사항을 지키지 않을 경우 불이익을 받을 수 있습니다.

1. 면접 Role Play 편성

- 교육생끼리 조를 편성하여 면접관과 지원자 역할을 교대로 진행합니다.
- 지원자 입장과 면접관 입장을 모두 경험해 보면서 면접에 대한 적응력을 높일 수 있습니다.

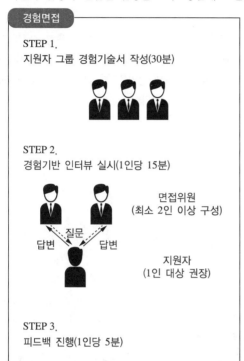

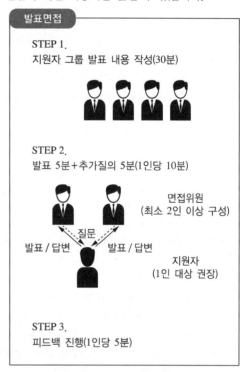

Tip

면접 준비하기

1. 면접 유형 확인 필수
   - 기업마다 면접 유형이 상이하기 때문에 해당 기업의 면접 유형을 확인하는 것이 좋음
   - 일반적으로 실무진 면접, 임원면접 2차례에 거쳐 면접을 실시하는 기업이 많고 실무진 면접과 임원 면접에서 평가요소가 다르기 때문에 유형에 맞는 준비방법이 필요
2. 후속 질문에 대한 사전 점검
   - 블라인드 채용 면접에서는 주요 질문과 함께 후속 질문을 통해 지원자의 직무능력을 판단
     → STAR 기법을 통한 후속 질문에 미리 대비하는 것이 필요

PART 4

05 | 한국자산관리공사 면접 기출질문

한국자산관리공사의 면접전형은 1차 면접과 2차 면접으로 진행된다. 1차 면접으로는 심층면접, PT면접이 있으며, 심층면접은 주제에 대한 스피치 자료를 작성하여 발표하고, 이에 대한 인터뷰를 함께 진행한다. 또한, PT면접은 공사 직무 관련 주제를 바탕으로 자료를 작성하여 발표와 질의응답을 하는 방식으로 진행한다. 2차 면접은 임원면접으로, 인성 및 자질과 직무능력을 종합적으로 평가한다.

1. 2023년 기출질문

- 자기소개를 해 보시오.
- 지원동기를 말해 보시오.
- 본인의 성격의 장점과 단점에 대해 말해 보시오.
- 어떤 사람과 일하고 싶은지 말해 보시오.
- 어떤 사람과 일할 때 힘든지, 그런 사람과 일하게 됐을 때는 어떻게 극복할 것인지 말해 보시오.
- 본인의 스트레스 해소법에 대해 말해 보시오.
- 본인의 미래 계획(앞으로의 포부)에 대해 말해 보시오.
- 상사의 부조리한 명령에 어떻게 대처할 것인지 말해 보시오.
- 단체 조직에서 갈등해소 경험이 있다면 말해 보시오.
- 존경하는 롤모델이 있다면 가족을 제외하고 말해 보시오.
- 한국자산관리공사에 대해 아는 대로 말해 보시오.
- 그동안 읽었던 책 중 가장 기억에 남는 책은 무엇인지, 왜 기억에 남는지 말해 보시오.
- 한국자산관리공사의 미래는 어떻게 될 것이라 생각하는지 말해 보시오.
- 본인을 한 단어로 표현해 보시오.
- 역사 속 인물과 본인의 닮은 점에 대해 말해 보시오.
- 공공기관에서 중요하다고 생각하는 것에 대해 말해 보시오.
- 피치 못할 상황으로 규정을 어겨야만 할 때 무엇을 기준으로 판단할 것인지 말해 보시오.
- 단체나 조직에서 의견 차이를 해결한 경험이 있다면 말해 보시오.
- 한국자산관리공사가 주력하고 있는 부분이 무엇이라고 생각하는지 말해 보시오.
- 실패했던 경험과 본인의 한계를 극복했던 경험을 말해 보시오.

2. 2022년 기출질문

- 한국자산관리공사와 잘 맞는 나만의 경쟁력을 말해 보시오.
- 살면서 가장 열정적이었던 순간은 언제인지 말해 보시오.
- 공공기관의 청렴 문제가 중요해지고 있는데, 어떻게 하면 청렴도를 높일 수 있을지 말해 보시오.
- 본인이 갖고 있는 좋은 습관이 있다면 말해 보시오.
- 평소 주변에서 어떤 사람이라고 평가받는지 말해 보시오.
- 지원한 직무에 대해 알고 있는 대로 설명해 보시오.

3. 2021년 기출질문

- 한국자산관리공사에 지원한 이유가 무엇인지 말해 보시오.
- 본인보다 나이가 어린 상사가 있다면 어떻게 지낼 것인지 말해 보시오.
- 정직함을 실천한 경험이 있다면 말해 보시오.
- 입사 후 이루고 싶은 비전이 있다면 말해 보시오.
- 본인과 가치관이 다른 사람을 설득한 경험이 있다면 말해 보시오.
- 본인만의 민원 응대 방법이 있다면 말해 보시오.

4. 2020년 기출질문

- 갈등 시 협력을 통해 해결한 경험이 있다면 말해 보시오.
- 이 일을 열심히 할 수 있다고 생각하는지, 그렇다면 이유가 무엇인지 말해 보시오.
- 많은 공기업 중 한국자산관리공사를 지원한 이유에 대해 말해 보시오.
- 입사 후 포부가 무엇인지 말해 보시오.
- 한국자산관리공사의 사업이나 인재상에 대한 본인의 생각을 말해 보시오.
- 불만 민원이 들어온다면 어떻게 대처할 것인지 말해 보시오.

5. 2019년 기출질문

- 한국자산관리공사에 대해 아는 대로 말해 보시오.
- 본인의 응시 분야에 대해 아는 대로 설명해 보시오.
- 수익성과 공공성 중 어떤 것이 더 중요한지 본인의 생각을 말해 보시오.
- 한국자산관리공사의 재무제표를 본 적이 있는가?
- 본인은 승진에 대한 욕망이 강한 사람인가?
- 본인이 말한 입사 후 포부를 실제로 달성할 수 있다고 생각하는지 말해 보시오.
- 비상식적인 상황을 경험해 본 적이 있다면 말해 보시오.
- 지원동기를 말해 보시오.
- 공직자가 갖추어야 할 자세는 무엇이라고 생각하는지 말해 보시오.
- 남들이 겪어보지 못했을 법한 본인의 특별한 경험이 있다면 말해 보시오.
- 본인이 생각하는 바람직한 리더의 모습과 그렇게 생각하는 이유를 말해 보시오.
- 친구의 딸이 면접을 보는데 본인이 면접관이라면 고급 정보를 제공해 줄 것인가?

6. 2018년 기출질문

- 직장상사가 과도한 업무를 강요한다면 본인은 어떻게 반응할 것인지 말해 보시오.
- 선약이 있는데 퇴근 전 팀장이 불러 업무를 대신해 줄 수 있냐고 묻는다면 어떻게 거절할 것인가?
- 대인관계의 어려움을 극복한 경험이 있다면 말해 보시오.
- 선배와 팀장이 동시에 일을 준다면 어떻게 할 것인가?
- 직무 역량을 여러 사람에게 인정받는 것과 직무를 잘 아는 사람들에게 인정받는 것 중 어느 것이 더 좋은지 말해 보시오.
- 평소 생각하는 본인의 장단점에 대해 말해 보시오.
- 일을 하게 만드는 원동력이 무엇인가?
- 본인은 외로움을 잘 느끼는 편인가?
- 사람들이 본인에게 다가오지 않는다면 어떻게 행동할 것인지 말해 보시오.
- 본인이 생각하는 본인의 근무 태도에 대해 말해 보시오.
- 지방 근무가 가능한가?
- 본인의 전문성에 대해 말해 보시오.
- 본인을 세 단어로 표현해 보시오.
- 본인이 다른 지원자보다 뛰어난 부분에 대해 말해 보시오.
- 본인의 역량 중 어떤 것이 한국자산관리공사에 도움이 되겠는지 말해 보시오.
- 부산에 간다면 어떤 취미생활을 해보고 싶은가?
- 본인만의 스트레스 해소법은 무엇인지 말해 보시오.

7. 2017년 기출질문

- 한국자산관리공사가 진행하는 사업에 대한 리스크와 해결방안에 대해 말해 보시오.
- 조직공헌가치 중 가장 중요하게 생각하는 것을 말해 보시오.
- 상사가 부당한 일을 시킨다면 어떻게 할 것인지 솔직하게 말해 보시오.
- 팀 내 갈등을 해결한 경험이 있다면 말해 보시오.
- 본인은 다른 지원자에 비해 공사 업무에 필요한 역량이 부족해 보이는데 왜 공사에 지원했는가?
- 부산으로 이전하는 것에 대해 어떻게 생각하는지 말해 보시오.
- 개발과 유지보수 중 무엇을 더 중요하게 생각하는지 말해 보시오.
- 친화력과 개인 역량 중 어느 것이 더 좋다고 생각하는지 말해 보시오
- 구인난과 구직난이 모두 심각한 요즘 상황을 타파할 방안은 무엇이 있겠는지 말해 보시오.
- 한국자산관리공사에 입사하기 위해 무엇을 준비했는지 말해 보시오.
- 동아리 활동에 대해 말해 보시오.
- 사기업과 공기업의 사회적 책임은 무엇이 다른지 말해 보시오.
- 봉사활동으로 무엇을 했는지, 가장 인상 깊은 경험은 무엇인지 말해 보시오.

"오늘 당신의 노력은 아름다운 꽃의 물이 될 것입니다."

그러나, 이 꽃을 볼 때 사람들은 이 꽃의 아름다움과 향기만을 사랑하고 칭찬하였지, 이 꽃을 그렇게 아름답게 어여쁘게 만들어 주는 병 속의 물은 조금도 생각지 않는 것이 보통입니다.

만일 이 꽃병 속에 들어 있는 물을 죄다 쏟아 버리고 빈 병에다 이 꽃을 꽂아 보십시오.

아무리 아름답고 어여쁜 꽃이기로서니 단 한 송이의 꽃을 피울 수 있으며, 단 한 번이라도 꽃 향기를 날릴 수 있겠습니까?

우리는 여기서 아무리 본바탕이 좋고 아름다운 꽃이라도 보이지 않는 물의 숨은 힘이 없으면 도저히 그 빛과 향기를 자랑할 수 없는 것을 알았습니다.

- 방정환의 「우리 뒤에 숨은 힘」 중 -

우리가 해야 할 일은 끊임없이 호기심을 갖고
새로운 생각을 시험해 보고 새로운 인상을 받는 것이다.

- 월터 페이터 -

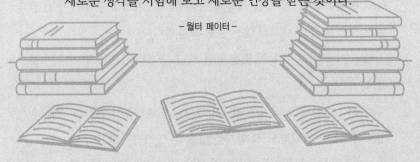

현재 나의 실력을 객관적으로 파악해 보자!

모바일 OMR
답안채점 / 성적분석 서비스

도서에 수록된 모의고사에 대한 객관적인 결과(정답률, 순위)를 종합적으로 분석하여 제공합니다.

OMR 입력

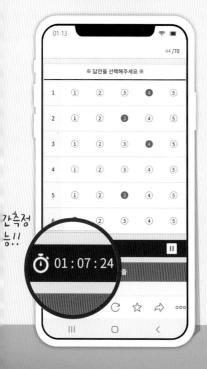

성적분석

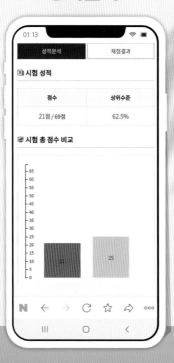

채점결과

※OMR 답안채점 / 성적분석 서비스는 등록 후 30일간 사용 가능합니다.

참여 방법

도서 내 모의고사 우측 상단에 위치한 QR코드 찍기 ➡ 로그인 하기 ➡ '시작하기' 클릭 ➡ '응시하기' 클릭 ➡ 나의 답안을 모바일 OMR 카드에 입력 ➡ '성적분석 & 채점결과' 클릭 ➡ 현재 내 실력 확인하기

SD에듀

공기업 취업을 위한 NCS 직업기초능력평가 시리즈

NCS부터 전공까지 완벽 학습 "통합서" 시리즈

공기업 취업의 기초부터 차근차근! 취업의 문을 여는 **Master Key!**

NCS 영역 및 유형별 체계적 학습 "집중학습" 시리즈

영역별 이론부터 유형별 모의고사까지! 단계별 학습을 통한 **Only Way!**

SD에듀

2024 최신판

한국자산관리공사

정답 및 해설

2023년 공기업 기출복원문제

NCS 출제유형 + 전공

모의고사 5회

합격의 별을 따자

SD에듀
(주)시대고시기획

Add+

특별부록

01 | 2023년 주요 공기업
NCS 기출복원문제

01	02	03	04	05	06	07	08	09	10	11	12	13	14	15	16	17	18	19	20
⑤	⑤	④	④	②	⑤	④	①	②	④	④	①	④	③	③	③	②	②	①	④
21	22	23	24	25	26	27	28	29	30	31	32	33	34	35	36	37	38	39	40
①	③	②	③	④	①	④	⑤	②	④	④	①	⑤	④	②	④	⑤	③	①	③
41	42	43	44	45	46	47	48	49	50										
③	③	②	③	②	④	②	⑤	④	④										

01
정답 ⑤

제시문의 세 번째 문단에 따르면 스마트 글라스 내부 센서를 통해 충격과 기울기를 감지할 수 있어, 작업자에게 위험한 상황이 발생할 경우 통보 시스템을 통해 바로 파악할 수 있게 되었음을 알 수 있다.

오답분석

① 첫 번째 문단에 따르면 스마트 글라스를 통한 작업자의 음성인식만으로 철도시설물 점검이 가능해졌음을 알 수 있지만, 다섯 번째 문단에 따르면 아직 유지보수 작업은 가능하지 않음을 알 수 있다.
② 첫 번째 문단에 따르면 스마트 글라스의 도입 이후에도 사람의 작업이 필요함을 알 수 있다.
③ 세 번째 문단에 따르면 스마트 글라스의 도입으로 추락 사고나 그 밖의 위험한 상황을 미리 예측할 수 있어 이를 방지할 수 있게 되었음을 알 수 있지만, 실제로 안전사고 발생 횟수가 감소하였는지는 알 수 없다.
④ 두 번째 문단에 따르면 여러 단계를 거치던 기존 작업 방식에서 스마트 글라스의 도입으로 작업을 한 번에 처리할 수 있게 된 것을 통해 작업 시간이 단축되었음을 알 수 있지만, 작업 인력의 감소 여부는 알 수 없다.

02
정답 ⑤

제시문의 네 번째 문단에 따르면 인공지능 등의 스마트 기술 도입으로 까치집 검출 정확도는 95%까지 상승하였으므로 까치집 제거율 또한 상승할 것임을 예측할 수 있으나, 근본적인 문제인 까치집 생성의 감소를 기대할 수는 없다.

오답분석

① 세 번째 문단과 네 번째 문단에 따르면 정확도가 65%에 불과했던 인공지능의 까치집 식별 능력이 딥러닝 방식의 도입으로 95%까지 상승했음을 알 수 있다.
② 세 번째 문단에서 시속 150km로 빠르게 달리는 열차에서의 까치집 식별 정확도는 65%에 불과하다는 내용으로 보아, 빠른 속도에서는 인공지능의 사물 식별 정확도가 낮음을 알 수 있다.
③ 네 번째 문단에 따르면 작업자의 접근이 어려운 곳에는 드론을 띄워 까치집을 발견 및 제거하는 기술도 시범 운영하고 있다고 하였다.
④ 세 번째 문단에 따르면 실시간 까치집 자동 검출 시스템 개발로 실시간으로 위험 요인의 위치와 이미지를 작업자에게 전달할 수 있게 되었다.

03

제시문의 두 번째 문단에 따르면 CCTV는 열차 종류에 따라 운전실에서 실시간으로 상황을 파악할 수 있는 네트워크 방식과 각 객실에서의 영상을 저장하는 개별 독립 방식으로 설치된다고 하였다. 따라서 개별 독립 방식으로 설치된 일부 열차에서는 각 객실의 상황을 실시간으로 파악하지 못할 수 있다.

오답분석

① 첫 번째 문단에 따르면 2023년까지 현재 운행하고 있는 열차의 모든 객실에 CCTV를 설치하겠다는 내용으로 보아, 현재 모든 열차의 모든 객실에 CCTV가 설치되지 않았음을 유추할 수 있다.
② 첫 번째 문단에 따르면 2023년까지 모든 열차 승무원에게 바디캠을 지급하겠다고 하였다. 이에 따라 승객이 승무원을 폭행하는 등의 범죄 발생 시 해당 상황을 녹화한 바디캠 영상이 있어 수사의 증거자료로 사용할 수 있게 되었다.
③ 두 번째 문단에 따르면 CCTV는 사각지대 없이 설치되며 일부는 휴대 물품 보관대 주변에도 설치된다고 하였다. 따라서 인적 피해와 물적 피해 모두 예방할 수 있게 되었다.
⑤ 세 번째 문단에 따르면 CCTV 제품 품평회와 시험을 통해 제품의 형태와 색상, 재질, 진동과 충격 등에 대한 적합성을 고려한다고 하였다.

04

작년 K대학교의 재학생 수는 6,800명이고 남학생 수와 여학생 수의 비가 8 : 9이므로, 남학생 수는 $6,800 \times \dfrac{8}{8+9} = 3,200$명이고,

여학생 수는 $6,800 \times \dfrac{9}{8+9} = 3,600$명이다. 올해 줄어든 남학생 수와 여학생 수의 비가 12 : 13이므로 올해 K대학교에 재학 중인

남학생 수와 여학생 수의 비는 $(3,200 - 12k) : (3,600 - 13k) = 7 : 8$이다.

$7 \times (3,600 - 13k) = 8 \times (3,200 - 12k)$

$\rightarrow 25,200 - 91k = 25,600 - 96k$

$\rightarrow 5k = 400$

$\therefore k = 80$

따라서 올해 K대학교에 재학 중인 남학생 수는 $3,200 - 12 \times 80 = 2,240$명이고, 여학생 수는 $3,600 - 13 \times 80 = 2,560$명이므로 올해 K대학교의 전체 재학생 수는 $2,240 + 2,560 = 4,800$명이다.

05

마일리지 적립 규정에 회원 등급과 관련된 내용은 없으며, 마일리지 적립은 지불한 운임의 액수, 더블적립 열차 탑승 여부, 선불형 교통카드 Rail+ 사용 여부에 따라서만 결정된다.

오답분석

① KTX 마일리지는 KTX 열차 이용 시에만 적립된다.
③ 비즈니스 등급은 기업회원 여부와 관계없이 최근 1년간의 활동내역을 기준으로 부여된다.
④ 반기 동안 추석 및 설 명절 특별수송기간 탑승 건을 제외하고 4만 점을 적립하면 VIP 등급을 부여받는다.
⑤ VVIP 등급과 VIP 등급 고객은 한정된 횟수 내에서 무료 업그레이드 쿠폰으로 KTX 특실을 KTX 일반실 가격에 구매할 수 있다.

06

K공사를 통한 예약 접수는 온라인 쇼핑몰 홈페이지를 통해서만 가능하며, 오프라인(방문) 접수는 우리·농협은행의 창구를 통해서만 이루어진다.

오답분석

① 구매자를 대한민국 국적자로 제한한다는 내용은 없다.
② 단품으로 구매 시 1인당 화종별 최대 3장으로 총 9장, 세트로 구매할 때도 1인당 최대 3세트로 총 9장까지 신청이 가능하며, 세트와 단품은 중복신청이 가능하므로 1인당 구매 가능한 최대 개수는 18장이다.
③ 우리·농협은행의 계좌가 없다면, K공사 온라인 쇼핑몰을 이용하거나 우리·농협은행에 직접 방문하여 구입할 수 있다.
④ 총발행량은 예약 주문 이전부터 화종별 10,000장으로 미리 정해져 있다.

07

정답 ④

우리·농협은행 계좌 미보유자인 외국인 A씨가 예약 신청을 할 수 있는 방법은 두 가지이다. 하나는 신분증인 외국인등록증을 지참하고 우리·농협은행의 지점을 방문하여 신청하는 것이고, 다른 하나는 K공사 온라인 쇼핑몰에서 가상계좌 방식으로 신청하는 것이다.

오답분석
① A씨는 외국인이므로 창구 접수 시 지참해야 하는 신분증은 외국인등록증이다.
② K공사 온라인 쇼핑몰에서는 가상계좌 방식을 통해서만 예약 신청이 가능하다.
③ 홈페이지를 통한 신청이 가능한 은행은 우리은행과 농협은행뿐이다.
⑤ 우리·농협은행의 홈페이지를 통해 예약 접수를 하려면 해당 은행에 미리 계좌가 개설되어 있어야 한다.

08

정답 ①

3종 세트는 186,000원, 단품은 각각 63,000원이므로 5명의 구매 금액을 계산하면 다음과 같다.
• A : (186,000×2)+63,000=435,000원
• B : 63,000×8=504,000원
• C : (186,000×2)+(63,000×2)=498,000원
• D : 186,000×3=558,000원
• E : 186,000+(63,000×4)=438,000원
따라서 가장 많은 금액을 지불한 사람은 D이며, 구매 금액은 558,000원이다.

09

정답 ②

허리디스크는 디스크의 수핵이 탈출하여 생긴 질환이므로 허리를 굽히거나 앉아 있을 때 디스크에 가해지는 압력이 높아져 통증이 더 심해진다. 반면 척추관협착증의 경우 서 있을 때 척추관이 더욱 좁아지게 되어 통증이 더욱 심해진다.

오답분석
① 허리디스크는 디스크의 탄력 손실이나 갑작스런 충격으로 인해 균열이 생겨 발생하고, 척추관협착증은 오랜 기간 동안 황색인대가 두꺼워져 척추관에 변형이 일어나 발생하므로 허리디스크가 더 급작스럽게 증상이 나타난다.
③ 허리디스크는 자연치유가 가능하지만, 척추관협착증은 불가능하다. 따라서 허리디스크는 주로 통증을 줄이고 안정을 취하는 보존치료를 하지만, 척추관협착증은 변형된 부분을 제거하는 외과적 수술을 한다.
④ 허리디스크와 척추관협착증 모두 척추 중앙의 신경 다발(척수)이 압박받을 수 있으며, 심할 경우 하반신 마비 증세를 보일 수 있으므로 빠른 치료를 받는 것이 중요하다.

10

정답 ④

고령인 사람이 서 있을 때 통증이 나타난다면 퇴행성 척추질환인 척추관협착증(요추관협착증)일 가능성이 높다. 반면 허리디스크(추간판탈출증)는 젊은 나이에도 디스크에 급격한 충격이 가해지면 발생할 수 있고, 앉아 있을 때 통증이 심해진다. 따라서 ⊙에는 척추관협착증, ⓒ에는 허리디스크가 들어가야 한다.

11

정답 ④

제시문은 장애인 건강주치의 시범사업을 소개하며 3단계 시범사업에서 기존과 달라지는 내용을 위주로 설명하고 있다. 따라서 가장 처음에 와야 할 문단은 3단계 장애인 건강주치의 시범사업을 소개하는 (마) 문단이다. 이어서 장애인 건강주치의 시범사업 세부 서비스를 소개하는 문단이 와야 하는데, 서비스 종류를 소개하는 문장이 있는 (다) 문단이 이어지는 것이 가장 적절하다. 그리고 2번째 서비스인 주장애관리를 소개하는 (가) 문단이 와야 하며, 그 다음으로 3번째 서비스인 통합관리 서비스와 추가적으로 방문 서비스를 소개하는 (라) 문단이 오는 것이 적절하다. 마지막으로 장애인 건강주치의 시범사업에 신청하는 방법을 소개하며 글을 끝내는 것이 적절하므로 (나) 문단이 이어져야 한다. 따라서 글의 순서를 바르게 나열하면 (마) – (다) – (가) – (라) – (나)이다.

12

- 2019년 직장가입자 및 지역가입자 건강보험금 징수율

  - 직장가입자 : $\dfrac{6,698,187}{6,706,712} \times 100 \fallingdotseq 99.87\%$

  - 지역가입자 : $\dfrac{886,396}{923,663} \times 100 \fallingdotseq 95.97\%$

- 2020년 직장가입자 및 지역가입자 건강보험금 징수율

  - 직장가입자 : $\dfrac{4,898,775}{5,087,163} \times 100 \fallingdotseq 96.3\%$

  - 지역가입자 : $\dfrac{973,681}{1,003,637} \times 100 \fallingdotseq 97.02\%$

- 2021년 직장가입자 및 지역가입자 건강보험금 징수율

  - 직장가입자 : $\dfrac{7,536,187}{7,763,135} \times 100 \fallingdotseq 97.08\%$

  - 지역가입자 : $\dfrac{1,138,763}{1,256,137} \times 100 \fallingdotseq 90.66\%$

- 2022년 직장가입자 및 지역가입자 건강보험금 징수율

  - 직장가입자 : $\dfrac{8,368,972}{8,376,138} \times 100 \fallingdotseq 99.91\%$

  - 지역가입자 : $\dfrac{1,058,943}{1,178,572} \times 100 \fallingdotseq 89.85\%$

따라서 직장가입자 건강보험금 징수율이 가장 높은 해는 2022년이고, 지역가입자 건강보험금 징수율이 가장 높은 해는 2020년이다.

13

이뇨제의 1인 투여량은 60mL/일이고 진통제의 1인 투여량은 60mg/일이므로 이뇨제를 투여한 환자 수와 진통제를 투여한 환자 수의 비는 이뇨제 사용량과 진통제 사용량의 비와 같다.

- 2018년 : $3,000 \times 2 < 6,720$
- 2019년 : $3,480 \times 2 = 6,960$
- 2020년 : $3,360 \times 2 < 6,840$
- 2021년 : $4,200 \times 2 > 7,200$
- 2022년 : $3,720 \times 2 > 7,080$

따라서 2018년과 2020년에 진통제를 투여한 환자 수는 이뇨제를 투여한 환자 수의 2배보다 많다.

오답분석

① 2022년에 전년 대비 사용량이 감소한 의약품은 이뇨제와 진통제로, 이뇨제의 사용량 감소율은 $\dfrac{3,720-4,200}{4,200} \times 100 \fallingdotseq$

  -11.43%이고, 진통제의 사용량 감소율은 $\dfrac{7,080-7,200}{7,200} \times 100 \fallingdotseq -1.67\%$이다. 따라서 전년 대비 2022년 사용량 감소율이

  가장 큰 의약품은 이뇨제이다.

② 5년 동안 지사제 사용량의 평균은 $\dfrac{30+42+48+40+44}{5}=40.8$정이고, 지사제의 1인 1일 투여량은 2정이다. 따라서 지사제

  를 투여한 환자 수의 평균은 $\dfrac{40.8}{2}=20.4$이므로 18명 이상이다.

③ 이뇨제 사용량은 매년 '증가 – 감소 – 증가 – 감소' 추세이다.

14

분기별 사회복지사 인력의 합은 다음과 같다.

• 2022년 3분기 : 391+670+1,887=2,948명
• 2022년 4분기 : 385+695+1,902=2,982명
• 2023년 1분기 : 370+700+1,864=2,934명
• 2023년 2분기 : 375+720+1,862=2,957명

분기별 전체 보건인력 중 사회복지사 인력의 비율은 다음과 같다.

• 2022년 3분기 : $\dfrac{2,948}{80,828} \times 100 ≒ 3.65\%$

• 2022년 4분기 : $\dfrac{2,982}{82,582} \times 100 ≒ 3.61\%$

• 2023년 1분기 : $\dfrac{2,934}{86,236} \times 100 ≒ 3.40\%$

• 2023년 2분기 : $\dfrac{2,957}{86,707} \times 100 ≒ 3.41\%$

따라서 옳지 않은 것은 ③이다.

15

건강생활실천지원금제 신청자 목록에 따라 신청자별로 확인하면 다음과 같다.

• A : 주민등록상 주소지가 시범지역에 속하지 않는다.
• B : 주민등록상 주소지는 관리형에 속하지만, 고혈압 또는 당뇨병 진단을 받지 않았다.
• C : 주민등록상 주소지는 예방형에 속하고, 체질량지수와 혈압이 건강관리가 필요한 사람이므로 예방형이다.
• D : 주민등록상 주소지는 관리형에 속하고, 고혈압 진단을 받았으므로 관리형이다.
• E : 주민등록상 주소지는 예방형에 속하고, 체질량지수와 공복혈당 건강관리가 필요한 사람이므로 예방형이다.
• F : 주민등록상 주소지가 시범지역에 속하지 않는다.
• G : 주민등록상 주소지는 관리형에 속하고, 당뇨병 진단을 받았으므로 관리형이다.
• H : 주민등록상 주소지가 시범지역에 속하지 않는다.
• I : 주민등록상 주소지는 예방형에 속하지만, 필수조건인 체질량지수가 정상이므로 건강관리가 필요한 사람에 해당하지 않는다.

따라서 예방형 신청이 가능한 사람은 C, E이고, 관리형 신청이 가능한 사람은 D, G이다.

16

출산장려금 지급 시기의 가장 우선순위인 임신일이 가장 긴 임산부는 B, D, E임산부이다. 이 중에서 만 19세 미만인 자녀 수가 많은 임산부는 D, E임산부이고, 소득 수준이 더 낮은 임산부는 D임산부이다. 따라서 D임산부가 가장 먼저 출산장려금을 받을 수 있다.

17

제시문은 행위별수가제에 대한 것으로 환자, 의사, 건강보험 재정 등 많은 곳에서 한계점이 있다고 설명하면서 건강보험 고갈을 막기 위해 다양한 지불방식을 도입하는 등 구조적인 개편이 필요함을 설명하고 있다. 따라서 글의 주제로 '행위별수가제의 한계점'이 가장 적절하다.

18

• 구상(求償) : 무역 거래에서 수량·품질·포장 따위에 계약 위반 사항이 있는 경우, 매주(賣主)에게 손해 배상을 청구하거나 이의를 제기하는 일
• 구제(救濟) : 자연적인 재해나 사회적인 피해를 당하여 어려운 처지에 있는 사람을 도와줌

19

- (운동에너지)$= \dfrac{1}{2} \times$ (질량) $\times$ (속력)$^2 = \dfrac{1}{2} \times 2 \times 4^2 = 16\text{J}$
- (위치에너지)$=$ (질량) $\times$ (중력가속도) $\times$ (높이)$= 2 \times 10 \times 0.5 = 10\text{J}$
- (역학적 에너지)$=$ (운동에너지) $+$ (위치에너지)$= 16 + 10 = 26\text{J}$

공의 역학적 에너지는 26J이고, 튀어 오를 때 가장 높은 지점에서 운동에너지가 0이므로 역학적 에너지는 위치에너지와 같다. 따라서 공이 튀어 오를 때 가장 높은 지점에서의 위치에너지는 26J이다.

20

출장지까지 거리는 $200 \times 1.5 = 300\text{km}$이므로 시속 60km의 속력으로 달릴 때 걸리는 시간은 5시간이고, 약속시간보다 1시간 늦게 도착하므로 약속시간은 4시간 남았다. 300km를 시속 60km의 속력으로 달리다 도중에 시속 90km의 속력으로 달릴 때 약속시간보다 30분 일찍 도착했으므로, 이때 걸린 시간은 $4 - \dfrac{1}{2} = \dfrac{7}{2}$ 시간이다.

시속 90km의 속력으로 달린 거리를 $x\,\text{km}$라 하면

$$\dfrac{300-x}{60} + \dfrac{x}{90} = \dfrac{7}{2}$$

$\rightarrow 900 - 3x + 2x = 630$

$\therefore x = 270$

따라서 A부장이 시속 90km의 속력으로 달린 거리는 270km이다.

21

상품의 원가를 x원이라 하면 처음 판매가격은 $1.23x$원이다.
여기서 1,300원을 할인하여 판매했을 때 얻은 이익은 원가의 10%이므로
$(1.23x - 1,300) - x = 0.1x$

$\rightarrow 0.13x = 1,300$

$\therefore x = 10,000$

따라서 상품의 원가는 10,000원이다.

22

G와 B의 자리를 먼저 고정하고, 양 끝에 앉을 수 없는 A의 위치를 토대로 경우의 수를 계산하면 다음과 같다.
- G가 가운데에 앉고, B가 G의 바로 왼쪽에 앉는 경우의 수

	A	B	G			
		B	G	A		
		B	G			A

$3 \times 4! = 72$가지

- G가 가운데에 앉고, B가 G의 바로 오른쪽에 앉는 경우의 수

	A		G	B		
		A	G	B		
			G	B	A	

$3 \times 4! = 72$가지

따라서 조건과 같이 앉을 때 가능한 경우의 수는 $72 + 72 = 144$가지이다.

23

정답 ②

유치원생이 11명일 때 평균 키는 113cm이므로 유치원생 11명의 키의 합은 113×11＝1,243cm이다. 키가 107cm인 유치원생이 나갔으므로 남은 유치원생 10명의 키의 합은 1,243－107＝1,136cm이다. 따라서 남은 유치원생 10명의 평균 키는 $\frac{1,136}{10}$＝113.6cm이다.

24

정답 ③

'우회수송'은 사고 등의 이유로 직통이 아닌 다른 경로로 우회하여 수송한다는 뜻이기 때문에 '우측 선로로 변경'은 순화로 적절하지 않다.

오답분석
① '열차시격'에서 '시격'이란 '사이에 뜬 시간'이라는 뜻의 한자어로, 열차와 열차 사이의 간격, 즉 '배차간격'으로 순화할 수 있다.
② '전차선'이란 선로를 의미하고, '단전'은 전기의 공급이 중단됨을 말한다. 따라서 바르게 순화되었다.
④ '핸드레일(Handrail)'은 난간을 뜻하는 영어 단어로, 우리말로는 '안전손잡이'로 순화할 수 있다.
⑤ '키스 앤 라이드(Kiss and Ride)'는 헤어질 때 키스를 하는 영미권 문화에서 비롯된 용어로, '환승정차구역'을 지칭한다.

25

정답 ④

세 번째 문단을 통해 정부가 철도 중심 교통체계 구축을 위해 노력하고 있음을 알 수는 있으나, 구체적으로 시행된 조치는 언급되지 않았다.

오답분석
① 첫 번째 문단을 통해 전 세계적으로 탄소중립이 주목받자 이에 대한 방안으로 등장한 것이 철도 수송임을 알 수 있다.
② 첫 번째 문단과 두 번째 문단을 통해 철도 수송의 확대가 온실가스 배출량의 획기적인 감축을 가져올 것임을 알 수 있다.
③ 네 번째 문단을 통해 '중앙선 안동 ~ 영천 간 궤도' 설계 시 탄소 감축 방안으로 저탄소 자재인 유리섬유 보강근이 철근 대신 사용되었음을 알 수 있다.
⑤ 네 번째 문단을 통해 S철도공단은 철도 중심 교통체계 구축을 위해 건설 단계에서부터 친환경·저탄소 자재를 적용하였고, 탄소 감축을 위해 2025년부터는 모든 철도건축물을 일정한 등급 이상으로 설계하기로 결정하였음을 알 수 있다.

26

정답 ①

제시문을 살펴보면 먼저 첫 번째 문단에서는 이산화탄소로 메탄올을 만드는 곳이 있다며 관심을 유도하고, 두 번째 문단에서 메탄올을 어떻게 만들고 어디에서 사용하는지 구체적으로 설명함으로써 탄소 재활용의 긍정적인 측면을 부각하고 있다. 하지만 세 번째 문단에서는 앞선 내용과 달리 이렇게 만들어진 메탄올의 부정적인 측면을 설명하고, 네 번째 문단에서는 이와 같은 이유로 탄소 재활용에 대한 결론이 나지 않았다며 글이 마무리되고 있다. 따라서 글의 주제로 적절한 것은 탄소 재활용의 이면을 모두 포함하는 내용인 ①이다.

오답분석
② 두 번째 문단에 한정된 내용이므로 제시문 전체를 다루는 주제로 보기에는 적절하지 않다.
③ 지열발전소의 부산물을 통해 메탄올이 만들어진 것은 맞지만, 새롭게 탄생된 연료로 보기는 어려우며, 글의 전체를 다루는 주제로 보기에도 적절하지 않다.
④·⑤ 제시문의 첫 번째 문단과 두 번째 문단에서는 버려진 이산화탄소 및 부산물의 재활용을 통해 '메탄올'을 제조함으로써 미래 원료를 해결할 수 있을 것처럼 보이지만, 이어지는 세 번째 문단과 네 번째 문단에서는 이렇게 만들어진 '메탄올'이 과연 미래 원료로 적합한지 의문점이 제시되고 있다. 따라서 글의 주제로 보기에는 적절하지 않다.

27

A ~ C철도사의 차량 1량당 연간 승차인원 수는 다음과 같다.

- 2020년

  - A철도사 : $\frac{775,386}{2,751} \fallingdotseq 281.86$천 명/년/1량

  - B철도사 : $\frac{26,350}{103} \fallingdotseq 255.83$천 명/년/1량

  - C철도사 : $\frac{35,650}{185} \fallingdotseq 192.7$천 명/년/1량

- 2021년

  - A철도사 : $\frac{768,776}{2,731} \fallingdotseq 281.5$천 명/년/1량

  - B철도사 : $\frac{24,746}{111} \fallingdotseq 222.94$천 명/년/1량

  - C철도사 : $\frac{33,130}{185} \fallingdotseq 179.08$천 명/년/1량

- 2022년

  - A철도사 : $\frac{755,376}{2,710} \fallingdotseq 278.74$천 명/년/1량

  - B철도사 : $\frac{23,686}{113} \fallingdotseq 209.61$천 명/년/1량

  - C철도사 : $\frac{34,179}{185} \fallingdotseq 184.75$천 명/년/1량

따라서 3년간 차량 1량당 연간 평균 승차인원 수는 C철도사가 가장 적다.

오답분석

① 2020 ~ 2022년의 C철도사 차량 수는 185량으로 변동이 없다.
② 2020 ~ 2022년의 연간 승차인원 비율은 모두 A철도사가 가장 높다.
③ A ~ C철도사의 2020년의 전체 연간 승차인원 수는 775,386+26,350+35,650=837,386천 명, 2021년의 전체 연간 승차인원 수는 768,776+24,746+33,130=826,652천 명, 2022년의 전체 연간 승차인원 수는 755,376+23,686+34,179=813,241천 명으로 매년 감소하였다.
⑤ 2020 ~ 2022년의 C철도사 차량 1량당 연간 승차인원 수는 각각 192.7천 명, 179.08천 명, 184.75천 명이므로 모두 200천 명 미만이다.

28

2018년 대비 2022년에 석유 생산량이 감소한 국가는 C, F이며, 석유 생산량 감소율은 다음과 같다.

- C : $\frac{4,025,936-4,102,396}{4,102,396} \times 100 \fallingdotseq -1.9\%$
- F : $\frac{2,480,221-2,874,632}{2,874,632} \times 100 \fallingdotseq -13.7\%$

따라서 석유 생산량 감소율이 가장 큰 국가는 F이다.

오답분석

① 석유 생산량이 매년 증가한 국가는 A, B, E, H로 총 4개이다.
② 2018년 대비 2022년에 석유 생산량이 증가한 국가의 석유 생산량 증가량은 다음과 같다.
  - A : 10,556,259−10,356,185=200,074bbl/day
  - B : 8,567,173−8,251,052=316,121bbl/day
  - D : 5,422,103−5,321,753=100,350bbl/day

- E : $335,371-258,963=76,408$bbl/day
- G : $1,336,597-1,312,561=24,036$bbl/day
- H : $104,902-100,731=4,171$bbl/day

따라서 석유 생산량 증가량이 가장 많은 국가는 B이다.

③ E국가의 연도별 석유 생산량을 H국가의 연도별 석유 생산량과 비교하면 다음과 같다.

- 2018년 : $\dfrac{258,963}{100,731}≒2.6$
- 2019년 : $\dfrac{273,819}{101,586}≒2.7$
- 2020년 : $\dfrac{298,351}{102,856}≒2.9$
- 2021년 : $\dfrac{303,875}{103,756}≒2.9$
- 2022년 : $\dfrac{335,371}{104,902}≒3.2$

따라서 2022년 E국가의 석유 생산량은 H국가의 석유 생산량의 약 3.2배이므로 옳지 않다.

④ 석유 생산량 상위 2개국은 매년 A, B이며, 매년 석유 생산량의 차이는 다음과 같다.

- 2018년 : $10,356,185-8,251,052=2,105,133$bbl/day
- 2019년 : $10,387,665-8,297,702=2,089,963$bbl/day
- 2020년 : $10,430,235-8,310,856=2,119,379$bbl/day
- 2021년 : $10,487,336-8,356,337=2,130,999$bbl/day
- 2022년 : $10,556,259-8,567,173=1,989,086$bbl/day

따라서 A와 B국가의 석유 생산량의 차이는 '감소 – 증가 – 증가 – 감소' 추세를 보이므로 옳지 않다.

29
정답 ②

제시된 법률에 따라 공무원인 친구가 받을 수 있는 선물의 최대 금액은 1회에 100만 원이다.

$12x<100 \;\rightarrow\; x<\dfrac{100}{12}=\dfrac{25}{3}≒8.33$

따라서 A씨는 수석을 최대 8개 보낼 수 있다.

30
정답 ④

거래처로 가기 위해 C와 G를 거쳐야 하므로, C를 먼저 거치는 최소 이동거리와 G를 먼저 거치는 최소 이동거리를 비교해 본다.

- 본사 – C – D – G – 거래처
  $6+3+3+4=16$km
- 본사 – E – G – D – C – F – 거래처
  $4+1+3+3+3+4=18$km

따라서 최소 이동거리는 16km이다.

31
정답 ④

- 볼펜을 30자루 구매하면 개당 200원씩 할인되므로 $800×30=24,000$원이다.
- 수정테이프를 8개 구매하면 $2,500×8=20,000$원이지만, 10개를 구매하면 개당 1,000원이 할인되어 $1,500×10=15,000$원이므로 10개를 구매하는 것이 더 저렴하다.
- 연필을 20자루 구매하면 연필 가격의 25%가 할인되므로 $400×20×0.75=6,000$원이다.
- 지우개를 5개 구매하면 $300×5=1,500$원이며 지우개에 대한 할인은 적용되지 않는다.

따라서 총금액은 $24,000+15,000+6,000+1,500=46,500$원이고 3만 원을 초과했으므로 10% 할인이 적용되어 $46,500×0.9=41,850$원이다. 또한 할인 적용 전 금액이 5만 원 이하이므로 배송료 5,000원이 추가로 부과되어 $41,850+5,000=46,850$원이 된다. 그런데 만약 비품을 3,600원어치 추가로 주문하면 $46,500+3,600=50,100$원이므로 할인 적용 전 금액이 5만 원을 초과하여 배송료가 무료가 되고, 총금액이 3만 원을 초과했으므로 지불할 금액은 10% 할인이 적용된 $50,100×0.9=45,090$원이 된다. 그러므로 지불 가능한 가장 저렴한 금액은 45,090원이다.

32

정답 ①

A ~ E가 받는 성과급을 구하면 다음과 같다.

직원	직책	매출 순이익	기여도	성과급 비율	성과급
A	팀장	4,000만 원	25%	매출 순이익의 5%	1.2×4,000×0.05＝240만 원
B	팀장	2,500만 원	12%	매출 순이익의 2%	1.2×2,500×0.02＝60만 원
C	팀원	1억 2,500만 원	3%	매출 순이익의 1%	12,500×0.01＝125만 원
D	팀원	7,500만 원	7%	매출 순이익의 3%	7,500×0.03＝225만 원
E	팀원	800만 원	6%	－	0원

따라서 가장 많은 성과급을 받는 사람은 A이다.

33

정답 ⑤

2023년 6월의 학교폭력 신고 누계 건수는 7,530＋1,183＋557＋601＝9,871건으로, 10,000건 미만이다.

오답분석

① • 2023년 1월의 학교폭력 상담 건수 : 9,652－9,195＝457건
　• 2023년 2월의 학교폭력 상담 건수 : 10,109－9,652＝457건
　따라서 2023년 1월과 2023년 2월의 학교폭력 상담 건수는 같다.
② 학교폭력 상담 건수와 신고 건수 모두 2023년 3월에 가장 많다.
③ 전월 대비 학교폭력 상담 건수가 가장 크게 감소한 때는 2023년 5월이지만, 학교폭력 신고 건수가 가장 크게 감소한 때는 2023년 4월이다.
④ 전월 대비 학교폭력 상담 건수가 증가한 월은 2022년 9월과 2023년 3월이고, 이때 학교폭력 신고 건수 또한 전월 대비 증가하였다.

34

정답 ④

연도별 전체 발전량 대비 유류·양수 자원 발전량은 다음과 같다.

- 2018년 : $\dfrac{6,605}{553,256} \times 100 \fallingdotseq 1.2\%$
- 2019년 : $\dfrac{6,371}{537,300} \times 100 \fallingdotseq 1.2\%$
- 2020년 : $\dfrac{5,872}{550,826} \times 100 \fallingdotseq 1.1\%$
- 2021년 : $\dfrac{5,568}{553,900} \times 100 \fallingdotseq 1\%$
- 2022년 : $\dfrac{5,232}{593,958} \times 100 \fallingdotseq 0.9\%$

따라서 2022년의 유류·양수 자원 발전량은 전체 발전량의 1% 미만이다.

오답분석

① 원자력 자원 발전량과 신재생 자원 발전량은 매년 증가하였다.
② 연도별 석탄 자원 발전량의 전년 대비 감소폭은 다음과 같다.
　• 2019년 : 226,571－247,670＝－21,099GWh
　• 2020년 : 221,730－226,571＝－4,841GWh
　• 2021년 : 200,165－221,730＝－21,565GWh
　• 2022년 : 198,367－200,165＝－1,798GWh
　따라서 석탄 자원 발전량의 전년 대비 감소폭이 가장 큰 해는 2021년이다.

③ 연도별 신재생 자원 발전량 대비 가스 자원 발전량은 다음과 같다.

- 2018년 : $\frac{135,072}{36,905} \times 100 ≒ 366\%$

- 2019년 : $\frac{126,789}{38,774} \times 100 ≒ 327\%$

- 2020년 : $\frac{138,387}{44,031} \times 100 ≒ 314\%$

- 2021년 : $\frac{144,976}{47,831} \times 100 ≒ 303\%$

- 2022년 : $\frac{160,787}{50,356} \times 100 ≒ 319\%$

따라서 연도별 신재생 자원 발전량 대비 가스 자원 발전량이 가장 큰 해는 2018년이다.

⑤ 전체 발전량이 증가한 해는 2020 ~ 2022년이며, 그 증가폭은 다음과 같다.
- 2020년 : 550,826−537,300＝13,526GWh
- 2021년 : 553,900−550,826＝3,074GWh
- 2022년 : 593,958−553,900＝40,058GWh

따라서 전체 발전량의 전년 대비 증가폭이 가장 큰 해는 2022년이다.

35

㉠ 퍼실리테이션(Facilitation)이란 '촉진'을 의미하며, 어떤 그룹이나 집단이 의사결정을 잘하도록 도와주는 일을 가리킨다. 최근 많은 조직에서는 보다 생산적인 결과를 가져올 수 있도록 그룹이 나아갈 방향을 알려 주고, 주제에 대한 공감을 이룰 수 있도록 능숙하게 도와주는 퍼실리테이터를 활용하고 있다. 퍼실리테이션에 의한 문제해결 방법은 깊이 있는 커뮤니케이션을 통해 서로의 문제점을 이해하고 공감함으로써 창조적인 문제해결을 도모한다. 소프트 어프로치나 하드 어프로치 방법은 타협점의 단순 조정에 그치지만, 퍼실리테이션에 의한 방법은 초기에 생각하지 못했던 창조적인 해결 방법을 도출한다. 동시에 구성원의 동기가 강화되고 팀워크도 한층 강화된다는 특징을 보인다. 이 방법을 이용한 문제해결은 구성원이 자율적으로 실행하는 것이며, 제3자가 합의점이나 줄거리를 준비해 놓고 예정대로 결론이 도출되어 가도록 해서는 안 된다.

㉡ 하드 어프로치에 의한 문제해결방법은 상이한 문화적 토양을 가지고 있는 구성원을 가정하여 서로의 생각을 직설적으로 주장하고 논쟁이나 협상을 통해 의견을 조정해 가는 방법이다. 이때 중심적 역할을 하는 것이 논리, 즉 사실과 원칙에 근거한 토론이다. 제3자는 이것을 기반으로 구성원에게 지도와 설득을 하고 전원이 합의하는 일치점을 찾아내려고 한다. 이러한 방법은 합리적이긴 하지만 잘못하면 단순한 이해관계의 조정에 그치고 말아서 그것만으로는 창조적인 아이디어나 높은 만족감을 이끌어내기 어렵다.

㉢ 소프트 어프로치에 의한 문제해결방법은 대부분의 기업에서 볼 수 있는 전형적인 스타일로 조직구성원들은 같은 문화적 토양을 가지고 이심전심으로 서로를 이해하는 상황을 가정한다. 코디네이터 역할을 하는 제3자는 결론으로 끌고 갈 지점을 미리 머릿속에 그려가면서 권위나 공감에 의지하여 의견을 중재하고, 타협과 조정을 통하여 해결을 도모한다. 결론이 애매하게 끝나는 경우가 적지 않으나, 그것은 그것대로 이심전심을 유도하여 파악하면 된다. 소프트 어프로치에서는 문제해결을 위해서 직접 표현하는 것이 바람직하지 않다고 여기며, 무언가를 시사하거나 암시를 통하여 의사를 전달하고 기분을 서로 통하게 함으로써 문제해결을 도모하려고 한다.

36

네 번째 조건을 제외한 모든 조건과 그 대우를 논리식으로 표현하면 다음과 같다.
- $\sim(D \lor G) \rightarrow F / \sim F \rightarrow (D \land G)$
- $F \rightarrow \sim E / E \rightarrow \sim F$
- $\sim(B \lor E) \rightarrow \sim A / A \rightarrow (B \land E)$

네 번째 조건에 따라 A가 투표를 하였으므로, 세 번째 조건의 대우에 의해 B와 E 모두 투표를 하였다. 또한 E가 투표를 하였으므로, 두 번째 조건의 대우에 따라 F는 투표하지 않았으며, F가 투표하지 않았으므로 첫 번째 조건의 대우에 따라 D와 G는 모두 투표하였다. A, B, D, E, G 5명이 모두 투표하였으므로 네 번째 조건에 따라 C는 투표하지 않았다. 따라서 투표를 하지 않은 사람은 C와 F이다.

37

VLOOKUP 함수는 열의 첫 열에서 수직으로 검색하여 원하는 값을 출력하는 함수이다. 함수의 형식은 「=VLOOKUP(찾을 값, 범위,열 번호,찾기 옵션)」이며 이 중 근삿값을 찾기 위해서는 찾기 옵션에 1을 입력해야 하고, 정확히 일치하는 값을 찾기 위해서는 0을 입력해야 한다. 상품코드 S3310897의 값을 일정한 범위에서 찾아야 하는 것이므로 범위는 절대참조로 지정해야 하며, 크기 '중'은 범위 중 3번째 열에 위치하고, 정확히 일치하는 값을 찾아야 하므로 입력해야 하는 함수식은 「=VLOOKUP("S3310897", $B$2:$E$8,3,0)」이다.

오답분석

① · ② HLOOKUP 함수를 사용하려면 찾고자 하는 값은 '중'이고, [B2:E8] 범위에서 찾고자 하는 행 'S3310897'은 6번째 행이므로 「=HLOOKUP("중",$B$2:$E$8,6,0)」를 입력해야 한다.
③ · ④ '중'은 테이블 범위에서 3번째 열이다.

38

Windows Game Bar로 녹화한 영상의 저장 위치는 파일 탐색기를 사용하여 [내 PC] – [동영상] – [캡처] 폴더를 원하는 위치로 옮겨 변경할 수 있다.

39

RPS 제도 이행을 위해 공급의무자는 일정 비율 이상(의무공급비율)을 신재생에너지로 발전해야 한다. 하지만 의무공급비율은 매년 확대되고 있고, 여기에 맞춰 신재생에너지 발전설비를 계속 추가하는 것은 시간적, 물리적으로 어려우므로 공급의무자는 신재생에너지 공급자로부터 REC를 구매하여 의무공급비율을 달성한다.

오답분석

② 신재생에너지 공급자가 공급의무자에게 REC를 판매하기 위해서는 에너지관리공단 신재생에너지센터, 한국전력거래소 등 공급인증기관으로부터 공급 사실을 증명하는 공급인증서를 신청해 발급받아야 한다.
③ 2021년 8월 이후 에너지관리공단에서 운영하는 REC 거래시장을 통해 일반기업도 REC를 구매하여 온실가스 감축실적으로 인정받을 수 있게 되었다.
④ REC에 명시된 공급량은 발전방식에 따라 가중치를 곱해 표기하므로 실제 공급량과 다를 수 있다.

40

빈칸 ㉠의 앞 문장은 공급의무자가 신재생에너지 발전설비 확대를 통한 RPS 달성에는 한계점이 있음을 설명하고, 뒷 문장은 이에 대한 대안으로서 REC 거래를 설명하고 있다. 따라서 빈칸에 들어갈 접속부사는 '그러므로'가 가장 적절하다.

41

오답분석

① 인증서의 유효기간은 발급일로부터 3년이다. 2020년 10월 6일에 발급받은 REC의 만료일은 2023년 10월 6일이므로 이미 만료되어 거래할 수 없다.
② 천연가스는 화석연료이므로 REC를 발급받을 수 없다.
④ 기업에 판매하는 REC는 에너지관리공단에서 거래시장을 운영한다.

42

수소는 연소 시 탄소를 배출하지 않는 친환경에너지이지만, 수소혼소 발전은 수소와 함께 액화천연가스(LNG)를 혼합하여 발전하므로 기존 LNG 발전에 비해 탄소 배출량은 줄어들지만, 여전히 탄소를 배출한다.

오답분석

① 수소혼소 발전은 기존의 LNG 발전설비를 활용할 수 있기 때문에 화석연료 발전에서 친환경에너지 발전으로 전환하는 데 발생하는 사회적·경제적 충격을 완화할 수 있다.

② 높은 온도로 연소되는 수소는 공기 중의 질소와 반응하여 질소산화물(NO_x)을 발색시키며, 이는 미세먼지와 함께 대기오염의 주요 원인으로 작용한다.

④ 수소혼소 발전에서 수소를 혼입하는 양이 많아질수록 발전에 사용하는 LNG를 많이 대체하므로 탄소 배출량은 줄어든다.

43

보기에 주어진 문장은 접속부사 '따라서'로 시작하므로 수소가 2050 탄소중립 실현을 위한 최적의 에너지원이 되는 이유 뒤에 와야 한다. 따라서 보기는 수소 에너지의 장점과 이어지는 (나)에 들어가는 것이 가장 적절하다.

44

- 총무팀 : 연필, 지우개, 볼펜, 수정액의 수량이 기준 수량보다 적다.
  - 최소 주문 수량 : 연필 15자루, 지우개 15개, 볼펜 40자루, 수정액 15개
  - 최대 주문 수량 : 연필 60자루, 지우개 90개, 볼펜 120자루, 수정액 60개
- 연구개발팀 : 볼펜, 수정액의 수량이 기준 수량보다 적다.
  - 최소 주문 수량 : 볼펜 10자루, 수정액 10개
  - 최대 주문 수량 : 볼펜 120자루, 수정액 60개
- 마케팅홍보팀 : 지우개, 볼펜, 수정액, 테이프의 수량이 기준 수량보다 적다.
  - 최소 주문 수량 : 지우개 5개, 볼펜 45자루, 수정액 25개, 테이프 10개
  - 최대 주문 수량 : 지우개 90개, 볼펜 120자루, 수정액 60개, 테이프 40개
- 인사팀 : 연필, 테이프의 수량이 기준 수량보다 적다.
  - 최소 주문 수량 : 연필 5자루, 테이프 15개
  - 최대 주문 수량 : 연필 60자루, 테이프 40개

따라서 비품 신청 수량이 바르지 않은 팀은 마케팅홍보팀이다.

45

N사에서 A지점으로 가려면 1호선으로 역 2개를 지난 후 2호선으로 환승하여 역 5개를 더 가야 한다.

따라서 편도로 이동하는 데 걸리는 시간은 $(2 \times 2) + 3 + (2 \times 5) = 17$분이므로 왕복하는 데 걸리는 시간은 $17 \times 2 = 34$분이다.

46

- A지점 : $(900 \times 2) + (950 \times 5) = 6,550$m
- B지점 : $900 \times 8 = 7,200$m
- C지점 : $(900 \times 2) + (1,300 \times 4) = 7,000$m 또는 $(900 \times 5) + 1,000 + 1,300 = 6,800$m
- D지점 : $(900 \times 5) + (1,000 \times 2) = 6,500$m 또는 $(900 \times 2) + (1,300 \times 3) + 1,000 = 6,700$m

따라서 이동거리가 가장 짧은 지점은 D지점이다.

47

- A지점 : 이동거리는 6,550m이고 기본요금 및 거리비례 추가비용은 2호선 기준이 적용되므로 1,500+100=1,600원이다.
- B지점 : 이동거리는 7,200m이고 기본요금 및 거리비례 추가비용은 1호선 기준이 적용되므로 1,200+50×4=1,400원이다.
- C지점 : 이동거리는 7,000m이고 기본요금 및 거리비례 추가비용은 4호선 기준이 적용되므로 2,000+150=2,150원이다.
  또는 이동거리가 6,800m일 때, 기본요금 및 거리비례 추가비용은 4호선 기준이 적용되므로 2,000+150=2,150원이다.
- D지점 : 이동거리는 6,500m이고 기본요금 및 거리비례 추가비용은 3호선 기준이 적용되므로 1,800+100×3=2,100원이다.
  또는 이동거리가 6,700m일 때, 기본요금 및 거리비례 추가비용은 4호선 기준이 적용되므로 2,000+150=2,150원이다.

따라서 이동하는 데 드는 비용이 가장 적은 지점은 B지점이다.

48

미국 컬럼비아 대학교에서 만들어낸 치즈케이크는 7겹으로, 7가지의 반죽형 식용 카트리지로 만들어졌다. 따라서 페이스트를 층층이 쌓아서 만드는 FDM 방식을 사용하여 제작하였음을 알 수 있다.

[오답분석]

① PBF / SLS 방식 3D 푸드 프린터는 설탕 같은 분말 형태의 재료를 접착제나 레이저로 굳혀 제작하는 것이므로 설탕케이크 장식을 제작하기에 적절한 방식이다.
② 3D 푸드 프린터는 질감을 조정하거나, 맛을 조정하여 음식을 제작할 수 있으므로 식감 등으로 발생하는 편식을 줄일 수 있다.
③ 3D 푸드 프린터는 음식을 제작할 때 개인별로 필요한 영양소를 첨가하는 등 사용자 맞춤 식단을 제공할 수 있다는 장점이 있다.
④ 네 번째 문단에서 현재 3D 푸드 프린터의 한계점을 보면 디자인적·심리적 요소로 인해 3D 푸드 프린터로 제작된 음식에 거부감이 들 수 있다고 하였다.

49

(라) 문장이 포함된 문단은 3D 푸드 프린터의 장점에 대해 설명하는 문단이며, 특히 대체육 프린팅의 장점에 대해 소개하고 있다. 그러나 (라) 문장은 대체육의 단점에 대해 서술하고 있으므로 네 번째 문단에 추가로 서술하거나 삭제하는 것이 적절하다.

[오답분석]

① (가) 문장은 컬럼비아 대학교에서 3D 푸드 프린터로 만들어 낸 치즈케이크의 특징을 설명하는 문장이므로 적절하다.
② (나) 문장은 현재 주로 사용되는 3D 푸드 프린터의 작동 방식을 설명하는 문장이므로 적절하다.
③ (다) 문장은 3D 푸드 프린터의 장점을 소개하는 세 번째 문단의 중심내용이므로 적절하다.
⑤ (마) 문장은 3D 푸드 프린터의 한계점인 '디자인으로 인한 심리적 거부감'을 서술하고 있으므로 적절하다.

50

네 번째 문단은 3D 푸드 프린터의 한계 및 개선점을 설명한 문단으로, 3D 푸드 프린터의 장점을 설명한 세 번째 문단과 역접관계에 있다. 따라서 ㉣에는 '그러나'가 적절한 접속부사이다.

[오답분석]

① ㉠ 앞에서 서술된 치즈케이크의 특징이 대체육과 같은 다른 관련 산업에서 주목하게 된 이유가 되므로 '그래서'는 적절한 접속부사이다.
② ㉡ 앞의 문장은 3D 푸드 프린터의 장점을 소개하는 세 번째 문단의 중심내용이고 뒤의 문장은 이에 대한 예시를 설명하고 있으므로 '예를 들어'는 적절한 접속부사이다.
③ ㉢의 앞과 뒤는 다른 내용이지만 모두 3D 푸드 프린터의 장점을 나열한 것이므로 '또한'은 적절한 접속부사이다.
⑤ ㉤의 앞과 뒤는 다른 내용이지만 모두 3D 푸드 프린터의 단점을 나열한 것이므로 '게다가'는 적절한 접속부사이다.

02 | 2023년 주요 공기업
전공 기출복원문제

01 경영

01	02	03	04	05	06	07	08	09	10	11	12	13	14	15					
⑤	②	①	④	④	①	②	①	③	④	④	③	④	④	②					

01

정답 ⑤

페이욜은 기업활동을 기술활동, 영업활동, 재무활동, 회계활동, 관리활동, 보전활동 6가지 분야로 구분하였다.

오답분석

② 차별 성과급제, 기능식 직장제도, 과업관리, 계획부 제도, 작업지도표 제도 등은 테일러의 과학적 관리법을 기본이론으로 한다.
③ 포드의 컨베이어 벨트 시스템은 생산원가를 절감하기 위해 표준 제품을 정하고 대량생산하는 방식을 정립한 것이다.
④ 베버의 관료제 조직은 계층에 의한 관리, 분업화, 문서화, 능력주의, 사람과 직위의 분리, 비개인성의 6가지 특징을 가지며, 이를 통해 조직을 가장 합리적이고 효율적으로 운영할 수 있다고 주장한다.

02

정답 ②

논리적인 자료 제시를 통해 높은 이해도를 이끌어 내는 것은 이성적 소구에 해당한다.

오답분석

① 감성적 소구는 감정전이형 광고라고도 하며, 브랜드 이미지 제고, 호의적 태도 등을 목표로 한다.
③ 감성적 소구 방법으로 유머 소구, 공포 소구, 성적 소구 등이 해당된다.
④ 이성적 소구는 자사 제품이 선택되어야만 하는 이유 또는 객관적 근거를 제시하고자 하는 방법이다.
⑤ 이성적 소구는 위험성이 있거나 새로운 기술이 적용된 제품 등의 지식과 정보를 제공함으로써 표적소비자들이 제품을 선택할 수 있게 한다.

03

정답 ①

가치사슬은 미시경제학 또는 산업조직론을 기반으로 하는 분석 도구이다.

오답분석

② 가치사슬은 기업의 경쟁우위를 강화하기 위한 기본적 분석 도구로, 기업이 수행하는 활동을 개별적으로 나누어 분석한다.
③ 구매, 제조, 물류, 판매, 서비스 등을 기업의 본원적 활동으로 정의한다.
④ 인적자원 관리, 인프라, 기술개발, 조달활동 등을 기업의 지원적 활동으로 정의한다.
⑤ 각 가치사슬의 이윤은 전체 수입에서 가치창출을 위해 발생한 모든 비용을 제외한 값이다.

04

정답 ④

ⓒ 자동화 기계 도입에 따른 다기능공 활용이 늘어나면, 작업자는 여러 기능을 숙달해야 하는 부담이 증가한다.
ⓔ 혼류 생산을 통해 공간 및 설비 이용률을 향상시킨다.

㉠ 현장 낭비 제거를 통해 원가를 낮추고 생산성을 향상시킬 수 있다.
㉢ 소 LOT 생산을 통해 재고율을 감소시켜 재고비용, 공간 등을 줄일 수 있다.

05
정답 ④

주식회사 발기인의 인원 수는 별도의 제한이 없다.

① 주식회사의 법인격에 대한 설명이다.
② 출자자의 유한책임에 대한 설명이다(상법 제331조).
③ 주식은 자유롭게 양도할 수 있는 것이 원칙이다.
⑤ 주식회사는 사원(주주)의 수가 다수인 경우가 많기 때문에 사원이 직접 경영에 참여하기보다는 이사회로 경영권을 위임한다.

06
정답 ①

ELS는 주가연계증권으로, 사전에 정해진 조건에 따라 수익률이 결정되며 만기가 있다.

② 주가연계파생결합사채(ELB)에 대한 설명이다.
③ 주가지수연동예금(ELD)에 대한 설명이다.
④ 주가연계신탁(ELT)에 대한 설명이다.
⑤ 주가연계펀드(ELF)에 대한 설명이다.

07
정답 ②

블룸의 기대이론에 대한 설명으로, 기대감, 수단성, 유의성을 통해 구성원의 직무에 대한 동기 부여를 결정한다고 주장하였다.

① 허즈버그의 2요인이론에 대한 설명이다.
③ 매슬로의 욕구 5단계이론에 대한 설명이다.
④ 맥그리거의 XY이론에 대한 설명이다.
⑤ 로크의 목표설정이론에 대한 설명이다.

08
정답 ①

시장세분화 단계에서는 시장을 기준에 따라 세분화하고, 각 세분시장의 고객 프로필을 개발하여 차별화된 마케팅을 실행한다.

②·③ 표적시장 선정 단계에서는 각 세분시장의 매력도를 평가하여 표적시장을 선정한다.
④ 포지셔닝 단계에서는 각각의 시장에 대응하는 포지셔닝을 개발하고 전달한다.
⑤ 재포지셔닝 단계에서는 자사와 경쟁사의 경쟁위치를 분석하여 포지셔닝을 조정한다.

09
정답 ③

- (당기순이익)＝(총수익)−(총비용)＝35억−20억＝15억 원
- (기초자본)＝(기말자본)−(당기순이익)＝65억−15억＝50억 원
- (기초부채)＝(기초자산)−(기초자본)＝100억−50억＝50억 원

10

상위에 있는 욕구를 충족시키지 못하면 하위에 있는 욕구는 더욱 크게 증가하여, 하위욕구를 충족시키기 위해 훨씬 더 많은 노력이 필요하게 된다.

오답분석

① 심리학자 앨더퍼가 인간의 욕구에 대해 매슬로의 욕구 5단계설을 발전시켜 주장한 이론이다.
②·③ 존재욕구를 기본적 욕구로 정의하며, 관계욕구, 성장욕구로 계층화하였다.

11

사업 다각화는 무리하게 추진할 경우 수익성에 악영향을 줄 수 있다는 단점이 있다.

오답분석

① 지속적인 성장을 추구하여 미래 유망산업에 참여하고, 구성원에게 더 많은 기회를 줄 수 있다.
② 기업이 한 가지 사업만 영위하는 데 따르는 위험에 대비할 수 있다.
③ 보유자원 중 남는 자원을 활용하여 범위의 경제를 실현할 수 있다.

12

종단분석은 시간과 비용의 제약으로 인해 표본 규모가 작을수록 좋으며, 횡단분석은 집단의 특성 또는 차이를 분석해야 하므로 표본이 일정 규모 이상일수록 정확하다.

13

채권이자율이 시장이자율보다 높아지면 채권가격은 액면가보다 높은 가격에 거래된다. 단, 만기에 가까워질수록 채권가격이 하락하여 가격위험에 노출된다.

오답분석

①·②·③ 채권이자율이 시장이자율보다 낮은 할인채에 대한 설명이다.

14

물음표(Question Mark) 사업은 신규 사업 또는 현재 시장점유율은 낮으나, 향후 성장 가능성이 높은 사업이다. 기업 경영 결과에 따라 개(Dog) 사업 또는 스타(Star) 사업으로 바뀔 수 있다.

오답분석

① 스타(Star) 사업 : 성장률과 시장점유율이 모두 높아서 계속 투자가 필요한 유망 사업이다.
② 현금젖소(Cash Cow) 사업 : 높은 시장점유율로 현금창출은 양호하나, 성장 가능성은 낮은 사업이다.
③ 개(Dog) 사업 : 성장률과 시장점유율이 모두 낮아 철수가 필요한 사업이다.

15

테일러의 과학적 관리법에서는 작업에 사용하는 도구 등을 표준화하여 관리 비용을 낮추고 효율성을 높이는 것을 추구한다.

오답분석

① 과학적 관리법의 특징 중 표준화에 대한 설명이다.
③ 과학적 관리법의 특징 중 동기부여에 대한 설명이다.
④ 과학적 관리법의 특징 중 통제에 대한 설명이다.

01	02	03	04	05	06	07	08	09	10	11	12	13	14	15					
⑤	②	①	④	⑤	①	④	③	③	④	④	③	①	③	④					

01

정답 ⑤

가격탄력성이 1보다 크면 탄력적이라고 할 수 있다.

[오답분석]

①·② 수요의 가격탄력성은 가격의 변화에 따른 수요의 변화를 의미하며, 분모는 상품 가격의 변화량을 상품 가격으로 나눈 값이며, 분자는 수요량의 변화량을 수요량으로 나눈 값이다.

③ 대체재가 많을수록 해당 상품 가격 변동에 따른 수요의 변화는 더 크게 반응하게 된다.

02

정답 ②

GDP 디플레이터는 명목 GDP를 실질 GDP로 나누어 물가상승 수준을 예측할 수 있는 물가지수로, 국내에서 생산된 모든 재화와 서비스 가격을 반영한다. 따라서 GDP 디플레이터를 구하는 계산식은 (명목 GDP)÷(실질 GDP)×100이다.

03

정답 ①

한계소비성향은 소비의 증가분을 소득의 증가분으로 나눈 값으로, 소득이 1,000만 원 늘었을 때 현재 소비자들의 한계소비성향이 0.7이므로 소비는 700만 원이 늘었다고 할 수 있다. 따라서 소비의 변화폭은 700이다.

04

정답 ④

㉠ 환율이 상승하면 제품을 수입하기 위해 더 많은 원화를 필요로 하고, 이에 따라 수입이 감소하게 되므로 순수출이 증가한다.

㉡ 국내이자율이 높아지면 국내자산 투자수익률이 좋아져 해외로부터 자본유입이 확대되고, 이에 따라 환율은 하락한다.

㉢ 국내물가가 상승하면 상대적으로 가격이 저렴한 수입품에 대한 수요가 늘어나 환율은 상승한다.

05

정답 ⑤

독점적 경쟁시장은 광고, 서비스 등 비가격경쟁이 가격경쟁보다 더 활발히 진행된다.

06

정답 ①

케인스학파는 경기침체 시 정부가 적극적으로 개입하여 총수요의 증대를 이끌어야 한다고 주장하였다.

[오답분석]

② 고전학파의 거시경제론에 대한 설명이다.

③ 케인스학파의 거시경제론에 대한 설명이다.

④ 고전학파의 이분법에 대한 설명이다.

⑤ 케인스학파의 화폐중립성에 대한 설명이다.

07

정답 ④

[오답분석]

① 매몰비용의 오류 : 이미 투입한 비용과 노력 때문에 경제성이 없는 사업을 지속하여 손실을 키우는 것을 의미한다.
② 감각적 소비 : 제품을 구입할 때, 품질, 가격, 기능보다 디자인, 색상, 패션 등을 중시하는 소비 패턴을 의미한다.
③ 보이지 않는 손 : 개인의 사적 영리활동이 사회 전체의 공적 이익을 증진시키는 것을 의미한다.
⑤ 희소성 : 사람들의 욕망에 비해 그 욕망을 충족시켜 주는 재화나 서비스가 부족한 현상을 의미한다.

08

정답 ③

- (실업률)=(실업자)÷(경제활동인구)×100
- (경제활동인구)=(취업자)+(실업자)
∴ 5,000÷(20,000+5,000)×100=20%

09

정답 ③

(한계비용)=(총비용 변화분)÷(생산량 변화분)
- 생산량이 50일 때 총비용 : 16(평균비용)×50(생산량)=800
- 생산량이 100일 때 총비용 : 15(평균비용)×100(생산량)=1,500
따라서 한계비용은 700÷50=14이다.

10

정답 ④

A국은 노트북을 생산할 때 기회비용이 더 크기 때문에 TV 생산에 비교우위가 있고, B국은 TV를 생산할 때 기회비용이 더 크기 때문에 노트북 생산에 비교우위가 있다.

구분	노트북 1대	TV 1대
A국	TV 0.75	노트북 1.33
B국	TV 1.25	노트북 0.8

11

정답 ④

다이내믹 프라이싱의 단점은 소비자 후생이 감소해 소비자의 만족도가 낮아진다는 것이다. 이로 인해 기업이 소비자의 불만에 직면할 수 있다는 리스크가 발생한다.

12

정답 ③

ⓒ 빅맥 지수는 동질적으로 판매되는 상품의 가치는 동일하다는 가정하에 나라별 화폐로 해당 제품의 가격을 평가하여 구매력을 비교하는 것이다.
ⓒ 맥도날드의 대표적 햄버거인 빅맥 가격을 기준으로 한 이유는 전 세계에서 가장 동질적으로 판매되고 있기 때문이며, 이처럼 품질, 크기, 재료가 같은 물건이 세계 여러 나라에서 팔릴 때 나라별 물가를 비교하기 수월하다.

[오답분석]

㉠ 빅맥 지수는 영국 경제지인 이코노미스트에서 최초로 고안하였다.
㉣ 빅맥 지수에 사용하는 빅맥 가격은 제품 가격만 반영하고 서비스 가격은 포함하지 않기 때문에 나라별 환율에 대한 상대적 구매력 평가 외에 다른 목적으로 사용하기에는 측정값이 정확하지 않다.

13

확장적 통화정책은 국민소득을 증가시켜 이에 따른 보험료 인상 등 세수확대 요인으로 작용한다.

오답분석

② 이자율이 하락하고, 소비 및 투자가 증가한다.
③·④ 긴축적 통화정책이 미치는 영향이다.

14

토지, 설비 등이 부족하면 한계 생산가치가 떨어지기 때문에 노동자를 많이 고용하는 게 오히려 손해이다. 따라서 노동 수요곡선은 왼쪽으로 이동한다.

오답분석

① 노동 수요는 재화에 대한 수요가 아닌 재화를 생산하기 위해 파생되는 수요이다.
② 상품 가격이 상승하면 기업은 더 많은 제품을 생산하기 위해 노동자를 더 많이 고용한다.
④ 노동에 대한 인식이 긍정적으로 변화하면 노동시장에 더 많은 노동력이 공급된다.

15

S씨가 달리기를 선택할 경우 (기회비용)＝1(순편익)＋8(암묵적 기회비용)＝9로 기회비용이 가장 작다.

오답분석

① 헬스를 선택할 경우
   (기회비용)＝2(순편익)＋8(암묵적 기회비용)＝10
② 수영을 선택할 경우
   (기회비용)＝5(순편익)＋8(암묵적 기회비용)＝13
③ 자전거를 선택할 경우
   (기회비용)＝3(순편익)＋7(암묵적 기회비용)＝10

얼마나 많은 사람들이 책 한 권을 읽음으로써
인생에 새로운 전기를 맞이했던가.

－ 헨리 데이비드 소로 －

PART **1**

직업기초능력

01 | 의사소통능력

출제유형분석 01 | 실전예제

01

제시문의 두 번째 문단에 따르면 선물환거래는 금리차익을 얻는 것과 투기적 목적 등을 가지고 있다.

[오답분석]

②·④ 선물환거래에 대한 내용이다.
③·⑤ 옵션에 대한 내용이다.

02

제시문의 첫 번째 문단에 따르면 평균 비용이 한계 비용보다 큰 경우, 공공요금을 평균 비용 수준에서 결정하면 수요량이 줄면서 거래량이 따라 줄고, 결과적으로 생산량도 감소한다. 이는 사회 전체의 관점에서 볼 때 자원이 효율적으로 배분되지 못하는 상황이다.

[오답분석]

①·④ 첫 번째 문단을 통해 확인할 수 있다.
② 마지막 문단을 통해 확인할 수 있다.
③ 두 번째 문단을 통해 확인할 수 있다.

03

제시문의 세 번째 문단에서 '상품에 응용된 과학 기술이 복잡해지고 첨단화되면서 상품 정보에 대한 소비자의 정확한 이해도 기대하기 어려워졌다.'는 내용을 통해 알 수 있다.

출제유형분석 02 | 실전예제

01

제시문에서는 '장애인 편의 시설에 대한 새로운 시각'이 필요하다고 밝히고, 장애인 편의 시설이 '우리 모두에게 유용함'을 강조하고 있다. 또한 마지막 문단에서 보편적 디자인의 시각으로 바라볼 때 '장애인 편의 시설은 우리 모두에게 편리하고 안전한 시설로 인식될 것'이라고 하였다. 따라서 제시문의 주제로 가장 적절한 것은 ④이다.

02

제시문에서는 현대 사회의 소비 패턴이 '보이지 않는 손' 아래의 합리적 소비에서 벗어나 과시 소비가 중심이 되었으며, 그 이면에는 소비를 통해 자신의 물질적 부를 표현함으로써 신분을 과시하려는 욕구가 있다고 설명하고 있다. 따라서 제시문의 제목으로 가장 적절한 것은 ⑤이다.

03

제시문은 텔레비전의 언어가 개인의 언어 습관에 미치는 악영향을 경계하면서, 올바른 언어 습관을 길들이기 위해 문학 작품의 독서를 강조하고 있다. 따라서 제시문의 핵심 내용으로 가장 적절한 것은 ②이다.

출제유형분석 03 실전예제

01

제시문은 가격을 결정하는 요인과 이를 통해 일반적으로 할 수 있는 예상을 언급하고, 현실적인 여러 요인으로 인해 나타날 수 있는 '거품 현상'이 무엇인지를 설명하는 글이다. 따라서 (가) 수요와 공급에 의해 결정되는 가격 → (마) 상품의 가격에 대한 일반적인 예상 → (다) 현실적인 가격 결정 요인 → (나) 이로 인해 예상치 못하게 나타나는 '거품 현상' → (라) '거품 현상'에 대한 구체적인 설명의 순서로 나열해야 한다.

02

제시문은 무협 소설에서 나타나는 '협(俠)'의 정의와 특징에 대하여 설명하는 글이다. 따라서 (라) 무협 소설에서 나타나는 협의 개념 → (다) 협으로 인정받기 위한 조건 중 하나인 신의 → (가) 협으로 인정받기 위한 추가적인 조건 → (나) 앞선 사례를 통해 나타나는 협의 원칙과 정의의 순서로 나열해야 한다.

출제유형분석 04 실전예제

01

가해자의 징벌을 위해 부과되는 것은 벌금이다.

오답분석

① 불법 행위를 감행하기 쉬운 상황일수록 이를 억제하는 데에는 금전적 제재 수단이 효과적이다.
③ 벌금은 형사적 제재이고 과징금은 행정적 제재이다. 두 제재는 서로 목적이 다르므로 한 가지 행위에 대해 동시 적용이 가능하다.
④ 우리나라에서는 기업의 불법 행위에 대해 손해 배상 소송이 제기되거나 벌금이 부과되는 경우는 드물며, 과징금 등 행정적 제재 수단이 억제 기능을 수행하는 경우가 많다.
⑤ 행정적 제재인 과징금은 국가에 귀속되므로 피해자에게 직접적인 도움이 되지는 못한다.

02

정답 ⑤

㉠의 변혁은 4차 산업혁명으로 인한 변화이다. 다양한 연령대의 아동들을 혼합반으로 구성하는 것은 4차 산업혁명과 관련이 없을 뿐만 아니라 4차 산업혁명을 통해 교육 분야에서 개인 맞춤형 서비스를 제공할 수 있을 것이라는 예측과도 거리가 멀다.

오답분석

① 고도화된 언어 인지와 자동번역 기술의 발달로 나타나는 사례에 해당한다.
② 경계 감시, 위험임무 수행에 무인 시스템과 로봇·드론 기술이 도입된 사례에 해당한다.
③ 분석력, 예측력이 높은 인공지능이 의료 분야에서 활용되는 사례에 해당한다.
④ 인공지능 기술로 교통 빅데이터를 분석·예측하여 교통정보를 공유하는 사례에 해당한다.

03

정답 ③

주어진 보기는 독립신문이 일반 민중들을 위해 순 한글을 사용해 배포됐고, 상하귀천 없이 누구에게나 새로운 소식을 전달해 준다는 내용이다. 따라서 이를 토대로 ③을 추론할 수 있다.

출제유형분석 05 | 실전예제

01

정답 ⑤

빈칸 앞에서는 '전통'의 의미를 '상당히 이질적인 것이 교차하여 견고 튼 끝에 이루어진 것', '어느 것이나 우리화시켜 받아들인 것'으로 규정하고 있으며, 빈칸 뒤에서는 '전통의 혼미란 곧 주체 의식의 혼미란 뜻에 지나지 않는다.'라는 주장을 펴고 있다. 따라서 빈칸에는 여러 과정을 거치면서 한결같이 이어지는 전통을 이야기하는 ④가 들어가는 것이 가장 적절하다.

02

정답 ③

빈칸 뒤의 문장은 최근 선진국에서 스마트팩토리로 인해 해외로 나간 자국 기업들이 다시 본국으로 돌아오는 현상인 '리쇼어링'이 가속화되고 있다는 내용이다. 따라서 스마트팩토리의 발전이 공장의 위치를 해외에서 본국으로 변화시키고 있으므로 빈칸에 들어갈 문장으로는 ③이 가장 적절하다.

03

정답 ①

빈칸 앞부분에서는 왼손보다 오른손을 선호하는 이유에 대한 가설을 제시하고, 이러한 가설이 근본적인 설명을 하지 못한다고 주장한다. 또한, 빈칸 뒷부분에서는 왼손이 아닌 '오른손만을 선호'하는 이유에 대해 설명하고 있다. 즉, 앞부분의 가설대로 단순한 기능 분담이라면 먹는 일에 왼손을 사용하는 사회도 존재해야 하는데, 그렇지 않기 때문에 빈칸에는 사람들이 단순한 기능 분담과 별개로 오른손만 선호하고 왼손을 선호하지 않는다는 내용이 나와야 한다. 따라서 빈칸에 들어갈 문장으로는 ①이 가장 적절하다.

출제유형분석 06 │ 실전예제

01
정답 ⑤

재산이 많은 사람은 약간의 세율 변동에도 큰 영향을 받는다. 따라서 '영향이 크기 때문에'로 수정해야 한다.

02
정답 ①

㉠에서 다섯 번째 줄의 접속어 '그러나'를 기준으로 앞부분은 사물인터넷 사업의 경제적 가치 및 외국의 사물인터넷 투자 추세, 뒷부분은 우리나라의 사물인터넷 사업 현황에 대하여 설명하고 있다. 따라서 두 문단으로 나누는 것이 적절하다.

오답분석

② 문장 앞부분에서 '통계에 따르면'으로 시작하고 있으므로, 이와 호응되는 서술어를 능동 표현인 '예상하며'로 바꾸는 것은 어색하다.
③ 우리나라의 사물인터넷 시장이 선진국에 비해 확대되지 못하고 있는 것은 사물인터넷 관련 기술을 확보하지 못한 결과이다. 따라서 수정하는 것은 적절하지 않다.
④ 문맥상 '기술력을 갖추다.'라는 의미가 되어야 하므로 '확보'로 바꾸어야 한다.
⑤ 사물인터넷의 의의와 기대효과로 글을 마무리하고 있는 문장이므로 삭제할 필요는 없다.

03
정답 ①

문맥의 흐름상 '겉에 나타나 있거나 눈에 띄다.'의 의미를 지닌 '드러나다'의 쓰임은 적절하다. 한편, '들어나다'는 사전에 등록되어 있지 않은 단어로 '드러나다'의 잘못된 표현이다.

출제유형분석 07 │ 실전예제

01
정답 ④

먹고 난 뒤의 그릇을 씻어 정리하는 일을 뜻하는 어휘는 '설거지'이다.

오답분석

① ~로서 : 지위나 신분 또는 자격을 나타내는 격조사
② 왠지 : 왜 그런지 모르게. 또는 뚜렷한 이유도 없이
③ 드러나다 : 가려 있거나 보이지 않던 것이 보이게 됨
⑤ 밑동 : 긴 물건의 맨 아랫동아리

02
정답 ②

'찌개 따위를 끓이거나 설렁탕 따위를 담을 때 쓰는 그릇'을 뜻하는 어휘는 '뚝배기'이다.

오답분석

① '손가락 따위로 어떤 방향이나 대상을 집어서 보이거나 말하거나 알리다.'의 의미를 가진 어휘는 '가리키다'이다.
③ '사람들의 관심이나 주의가 집중되는 사물의 중심 부분'의 의미를 가진 어휘는 '초점'이다.
④ '액체 따위를 끓여서 진하게 만들다, 약재 따위에 물을 부어 우러나도록 끓이다.'의 의미를 가진 어휘는 '달이다'이다.(다려 → 달여)
⑤ '길게 뻗어 나가면서 다른 물건을 감기도 하고 땅바닥에 퍼지기도 하는 식물의 줄기'의 의미를 가진 어휘는 '넝쿨', '덩굴'이다.

03

㉠ 연임 : 원래 정해진 임기를 다 마친 뒤에 다시 계속하여 그 직위에 머무름
㉡ 부과 : 세금이나 부담금 따위를 매기어 부담하게 함
㉢ 임차 : 돈을 내고 남의 물건을 빌려 씀

[오답분석]
• 역임 : 여러 직위를 두루 거쳐 지냄
• 부여 : 사람에게 권리·명예·임무 따위를 지니도록 해 주거나 사물이나 일에 가치·의의 따위를 붙임
• 임대 : 돈을 받고 자기의 물건을 남에게 빌려줌

출제유형분석 08   실전예제

01

수주대토(守株待兔)란 이전부터 행해지던 관습이나 사례들을 융통성 없이 계속하여 따르는 발전 없는 사람을 일컫는 한자성어로,
제시문에서 '단순히 안전 구호를 외치며 안전 체조를 하던 과거 방식을 고집하는 일부 건설사'와 관련된 한자성어이다.

[오답분석]
① 각주구검(刻舟求劍) : 어리석고 우둔하여 현실과 맞지 않는 융통성 없는 행동을 하는 사람을 의미하는 한자성어이다. 제시문에
서 일부 건설사가 현실과 맞지 않는 방식을 고집하는 것은 어리석고 우둔하기보다는 낡은 과거 방식을 계속하여 고집하는 것이므
로 '수주대토'가 더 적절하다.
③ 자강불식(自强不息) : 스스로 강인하게 매진하여 쉬지 않고 끊임없이 목표를 향해 나아가는 것을 의미하는 한자성어이다.
④ 오하아몽(吳下阿蒙) : 힘은 있으나 배워서 얻은 지식이 없는 사람을 비웃는 말로 쓰이는 한자성어이다.
⑤ 일취월장(日就月將) : 하루가 다르게 더 좋은 상태로 나아간다는 의미의 한자성어이다.

02

제시문은 모든 일에는 지켜야 할 질서와 차례가 있음에도 불구하고 이를 무시한 채 무엇이든지 빠르게 처리하려는 한국의 '빨리빨
리' 문화에 대해 설명하고 있다. 따라서 제시문과 관련 있는 속담으로는 '일의 순서도 모르고 성급하게 덤빔'을 의미하는 속담인
'우물에 가 숭늉 찾는다.'가 가장 적절하다.

[오답분석]
① 모양이나 형편이 서로 비슷하고 인연이 있는 것끼리 서로 잘 어울리고, 사정을 보아주며, 감싸주기 쉬움을 비유적으로 이르는
말이다.
③ 속으로는 가기를 원하면서 겉으로는 만류하는 체한다는 뜻으로, 속생각은 전혀 다르면서도 말로만 그럴듯하게 인사치례함을
비유적으로 이르는 말이다.
④ 한마디 말을 듣고도 여러 가지 사실을 미루어 알아낼 정도로 매우 총기가 있다는 말이다.
⑤ 작은 힘이라도 꾸준히 계속하면 큰일을 이룰 수 있음을 비유적으로 이르는 말이다.

02 | 수리능력

출제유형분석 01 | 실전예제

01

정답 ⑤

먼저 물이 빠질 때의 시간을 계산해 보자. 물통의 부피는 $5 \times 4 \times 12 = 240 \text{cm}^3$이고, 부피 1L는 $1,000 \text{cm}^3$이므로 240mL가 된다. 5mL/s의 속도로 물이 빠져나가게 되므로 $240 \div 5 = 48$초가 걸린다. 다시 물을 채워 넣을 때는 구멍이 난 채로 물을 부으므로 $15 - 5 = 10$mL/s의 속도로 채워지며, 240mL를 채울 때까지 24초가 걸린다. 따라서 물이 빠져나가기 시작해서 물이 다시 가득 차게 될 때까지 $48 + 24 = 72$초가 걸린다.

02

정답 ④

중국인 중 관광을 목적으로 온 사람의 수를 x명이라 하자. 주어진 정보를 표로 정리하면 다음과 같다.

(단위 : 명)

구분	중국인	중국인이 아닌 외국인	합계
인원	30	70	100
관광을 목적으로 온 외국인	x	14	20

외국인 100명 중 관광을 목적으로 온 외국인은 20%이므로, 중국인 중 관광으로 온 사람은 6명이어야 한다.

따라서 중국인 중 1명을 조사할 때 관광을 목적으로 온 사람일 확률은 $\dfrac{6}{30} = \dfrac{1}{5}$이다.

03

정답 ④

농도가 15%인 소금물의 양을 xg이라고 가정하고, 소금의 양에 대한 식을 세우면 다음과 같다.
$0.1 \times 200 + 0.15 \times x = 0.13 \times (200 + x)$
→ $20 + 0.15x = 26 + 0.13x$
→ $0.02x = 6$
∴ $x = 300$
따라서 농도가 15%인 소금물은 300g이 필요하다.

04

정답 ⑤

작년 A제품의 생산량을 x개, B제품의 생산량을 y개라고 하자.
$x + y = 1,000$ ··· ㉠
$\dfrac{10}{100} \times x - \dfrac{10}{100} \times y = \dfrac{4}{100} \times 1,000$ → $x - y = 400$ ··· ㉡
㉠과 ㉡을 연립하면 $x = 700$, $y = 300$이다.
따라서 올해에 생산된 A제품의 수는 $700 \times 1.1 = 770$개이다.

05

정답 ③

K랜드 이용 횟수를 x회라고 하자. 이를 토대로 K랜드 이용 금액을 구하면 다음과 같다.

• 비회원 이용 금액 : $20,000 \times x$원

• 회원 이용 금액 : $50,000 + 20,000 \times \left(1 - \dfrac{20}{100}\right) \times x$원

회원 가입한 것이 이익이 되려면 비회원 이용 금액이 회원 이용 금액보다 더 비싸야 한다. 그러므로 다음 식이 성립한다.

$20,000 \times x > 50,000 + 20,000 \times \left(1 - \dfrac{20}{100}\right) \times x$

→ $20,000x > 50,000 + 16,000x$

→ $4,000x > 50,000$

∴ $x > 12.5$

따라서 K랜드를 최소 13번을 이용해야 회원 가입한 것이 이익임을 알 수 있다.

06

정답 ④

산책로의 길이를 xm라 하면, 40분 동안의 민주와 세희의 이동거리는 다음과 같다.

(민주의 이동거리)$=40 \times 40 = 1,600$m

(세희의 이동거리)$=45 \times 40 = 1,800$m

40분 후에 두 번째로 마주친 것이므로 다음 식이 성립한다.

$1,600 + 1,800 = 2x$

→ $2x = 3,400$

∴ $x = 1,700$

따라서 산책로의 길이는 1,700m이다.

07

정답 ④

제시된 그림의 운동장 둘레는 왼쪽과 오른쪽 반원을 합친 지름이 50m인 원의 원주[(지름)×(원주율)]와 위, 아래 직선거리 90m를 더하면 된다. 따라서 학생이 운동장 한 바퀴를 달린 거리는 $(50 \times 3) + (90 \times 2) = 330$m이다.

08

정답 ①

할인되지 않은 KTX 표의 가격을 x원이라 하자.

표를 40% 할인된 가격으로 구매하였으므로 구매 가격은 $(1 - 0.4)x = 0.6x$원이다.

환불 규정에 따르면 하루 전에 표를 취소하는 경우 70%의 금액을 돌려받을 수 있으므로 이를 식으로 정리하면 다음과 같다.

$0.6x \times 0.7 = 16,800$

→ $0.42x = 16,800$

∴ $x = 40,000$

따라서 할인되지 않은 KTX 표의 가격은 40,000원이다.

01

정답 ④

앞의 항에 $\times 1+1^2$, $\times 2+2^2$, $\times 3+3^2$, $\times 4+4^2$, …인 수열이다.

따라서 (   )$=8\times 3+3^2=33$이다.

02

정답 ③

앞의 항에 1, 3, 5, 7, …을 곱하는 수열이다.

따라서 (   )$=30\times 7=210$이다.

03

정답 ④

홀수 항은 -14, 짝수 항은 $+10$의 규칙을 갖는 수열이다.

따라서 (   )$=80-14=66$이다.

01

정답 ③

참여율이 4번째로 높은 해는 2020년이다.

(전년대비 참여율의 증가율)$=\dfrac{\text{(해당연도 참여율)}-\text{(전년도 참여율)}}{\text{(전년도 참여율)}}\times 100$이므로 2020년의 참여율의 증가율은 $\dfrac{6.9-5.7}{5.7}\times 100 ≒$

21%이다.

02

정답 ①

800g 소포의 개수를 x개, 2.4kg 소포의 개수를 y개라 하면 다음 식이 성립한다.

$800\times x+2,400\times y \leq 16,000 \rightarrow x+3y \leq 20 \cdots$ ㉠

B회사는 동일지역, C회사는 타지역이므로

$4,000\times x+6,000\times y=60,000 \rightarrow 2x+3y=30 \rightarrow 3y=30-2x \cdots$ ㉡

㉡을 ㉠에 대입하면

$x+30-2x \leq 20 \rightarrow x \geq 10 \cdots$ ㉢

이때 ㉡, ㉢을 동시에 만족하는 값은 $x=12$, $y=2$이다.

따라서 A회사는 800g 소포는 12개, 2.4kg 소포는 2개 보냈음을 알 수 있다.

01

정답 ①

ㄱ. 자체 재원조달금액 중 국내투자에 사용되는 금액이 차지하는 비중은 $\frac{2,682}{4,025} \times 100 ≒ 66.6\%$이므로 옳다.

ㄴ. 주어진 자료를 보면 해외재원은 국내투자와 해외투자로 양분되나 국내투자부에 해당하는 내용이 없으므로 옳다.

오답분석

ㄷ. 국내재원 중 정부조달금액이 차지하는 비중은 $\frac{2,288}{6,669} \times 100 ≒ 34.3\%$이므로 40% 미만이다.

ㄹ. 국내재원 중 해외투자금액 대비 국내투자금액의 비율은 $\frac{5,096}{1,573} \times 100 ≒ 323.9\%$이므로 3배 이상이다.

02

정답 ③

대치동의 증권자산은 $23.0-17.7-3.1=2.2$조 원이고, 서초동의 증권자산은 $22.6-16.8-4.3=1.5$조 원이므로 옳은 설명이다.

오답분석

① 압구정동의 가구 수는 $\frac{14.4조}{12.8억}=11,250$가구, 여의도동의 가구 수는 $\frac{24.9조}{26.7억}≒9,300$가구이므로 압구정동의 가구 수가 더 많다.

② 이촌동의 가구 수가 2만 이상이려면 총자산이 $7.4 \times 20,000=14.8$조 원 이상이어야 한다. 그러나 이촌동은 총자산이 14.4조 원인 압구정동보다도 순위가 낮으므로 이촌동의 가구 수는 2만 가구 미만이다.

④ 여의도동의 부동산자산은 12.3조 원 미만이다. 따라서 여의도동의 증권자산은 최소 3조 원 이상이다.

⑤ 도곡동의 총자산 대비 부동산자산의 비율은 $\frac{12.3}{15.0} \times 100=82\%$이고, 목동의 총자산 대비 부동산자산의 비율은 $\frac{13.7}{15.5} \times 100≒88.39\%$이므로 옳지 않은 설명이다.

03

정답 ②

뉴질랜드 무역수지는 9월에서 10월까지 증가했다가 11월에 감소한 후 12월에 다시 증가했다.

오답분석

① 한국의 무역수지가 전월 대비 증가한 달은 9월, 10월, 11월이며, 증가량이 가장 많았던 달은 $45,309-41,983=3,326$백만 USD인 11월이다.

③ 그리스의 12월 무역수지는 2,426백만 USD이며 11월 무역수지는 2,409백만 USD이므로, 12월 무역수지의 전월 대비 증가율은 $\frac{2,426-2,409}{2,409} \times 100 ≒ 0.7\%$이다.

④ 10월부터 12월 사이 한국의 무역수지는 '증가 → 감소'의 추이이다. 이와 같은 양상을 보이는 나라는 독일과 미국으로 2개국이다.

⑤ 제시된 자료를 통해 확인할 수 있다.

04

정답 ⑤

1인당 GDP 순위는 E>C>B>A>D이다. 그런데 1인당 GDP가 가장 큰 E국은 1인당 GDP가 2위인 C국보다 1% 정도밖에 높지 않은 반면, 총인구는 C국의 $\frac{1}{10}$ 이하이므로 총 GDP가 C국보다 작다. 따라서 1인당 GDP 순위와 총 GDP 순위는 일치하지 않는다.

오답분석

① 경제성장률이 가장 큰 나라는 D국이며, 1인당 GDP와 총인구를 고려하면 D국의 총 GDP가 가장 작은 것을 알 수 있다.

② 1인당 GDP 대비 총인구를 고려하였을 때 총 GDP가 가장 큰 나라는 C국, 가장 작은 나라는 D국이다.
- C국의 총 GDP : $55,837 \times 321.8 = 17,968,346.6$백만 달러
- D국의 총 GDP : $25,832 \times 46.1 = 1,190,855.2$백만 달러

따라서 총 GDP가 가장 큰 나라와 가장 작은 나라는 10배 이상의 차이를 보인다.
③ 수출 및 수입 규모에 따른 순위는 C>B>A>D>E이므로 서로 일치한다.
④ A국의 총 GDP는 $27,214 \times 50.6 = 1,377,028.4$백만 달러이고, E국의 총 GDP는 $56,328 \times 24.0 = 1,351,872$백만 달러이므로 A국의 총 GDP가 더 크다.

05

2023년 10월 전체 자동차 월매출 총액을 x억 원이라 하고, J자동차의 10월 매출액과 시장점유율을 이용해 10월 전체 자동차 월매출 총액을 구하면 다음과 같다.

$$\frac{27}{x} \times 100 = 0.8 \rightarrow x = 2,700 \div 0.8 = 3,375$$

따라서 2023년 10월 K국의 전체 자동차 월매출 총액은 4,000억 원 미만이다.

오답분석

① 2023년 C자동차의 9월 매출액을 a억 원(단, $a \neq 0$)이라고 하면, 2023년 C자동차의 10월 매출액은 285억 원이고, 전월 대비 증가율은 50%이므로 다음 식이 성립한다.

$a(1+0.5) = 285$

$\therefore a = 190$

따라서 2023년 9월 C자동차의 매출액은 200억 원 미만이다.
② 2023년 10월 매출액 상위 6개 자동차의 9월 매출액을 구하면 다음과 같다.
- A자동차 : $1,139 \div (1+0.6) \fallingdotseq 711.88$억 원
- B자동차 : $1,097 \div (1+0.4) \fallingdotseq 783.57$억 원
- C자동차 : $285 \div (1+0.5) = 190$억 원
- D자동차 : $196 \div (1+0.5) \fallingdotseq 130.67$억 원
- E자동차 : $154 \div (1+0.4) = 110$억 원
- F자동차 : $149 \div (1+0.2) \fallingdotseq 124.17$억 원

즉, 2023년 9월 매출액 상위 6개 자동차의 순위는 'B자동차 - A자동차 - C자동차 - D자동차 - F자동차 - E자동차'이다. 따라서 옳지 않은 설명이다.
③ 2023년 I자동차 누적매출액 자료를 살펴보면 I자동차의 1월부터 5월까지 누적매출액을 알 수 없으므로 6월 매출액은 정확히 구할 수 없다. 다만, 6월 누적매출액을 살펴보았을 때, 6월 매출액의 범위는 0원≤(6월 매출액)≤5억 원임을 알 수 있다. 2023년 I자동차의 7 ~ 9월 월매출액을 구하면 다음과 같다.
- 7월 월매출액 : $9-5 = 4$억 원
- 8월 월매출액 : $24-9 = 15$억 원
- 9월 월매출액 : $36-24 = 12$억 원

따라서 2023년 6 ~ 9월 중 I자동차의 월매출액이 가장 큰 달은 8월이다.
④ 2023년 10월 매출액 상위 5개 자동차의 10월 매출액 기준 시장점유율을 합하면 $34.3+33.0+8.6+5.9+4.6 = 86.4$%이다.

03 | 문제해결능력

출제유형분석 01 실전예제

01

정답 ④

주어진 조건에 따라 결재를 받을 사람의 순서를 배치해 보면 다음과 같다.

• 경우 1

첫 번째	두 번째	세 번째	네 번째	다섯 번째	여섯 번째
A	D	E	B	F	C

• 경우 2

첫 번째	두 번째	세 번째	네 번째	다섯 번째	여섯 번째
D	A	E	B	F	C

따라서 세 번째로 결재를 받아야 할 사람은 E이다.

02

정답 ③

태경이와 승규 사이의 거리는 3km이고, 형욱이는 태경이보다 5km 뒤에서 뛰고 있다고 했으므로 형욱이와 승규 사이의 거리는 2km이다. 현수는 승규보다 5km 앞에서 뛰고 있다고 했으므로 현수와 태경이의 거리는 2km이다. 따라서 현수와 태경이의 거리와 승규와 형욱이의 거리는 같다.

오답분석

① 1등과 5등의 거리는 10km 이하이므로 정훈이는 형욱이보다 3km 뒤까지 위치할 수 있다. 정훈이는 태경이보다 뒤에 있다고 했으므로, 정훈이와 승규의 거리는 최소 0km, 최대 5km이다.
② 정훈이는 형욱이보다 3km 뒤까지 위치할 수 있다.
④ 마라톤 경기의 1등은 현수이다.
⑤ 현수 – 태경 – 승규 – 형욱 순서로 달리고 있고, 정훈이는 태경이의 뒤이기만 하면 되므로 정확한 순서는 알 수 없다.

03

정답 ④

주어진 조건을 정리해 보면 다음과 같다.

구분	미국	영국	중국	프랑스
올해	D	C	B	A
작년	C	A	D	B

따라서 항상 참인 것은 ④이다.

04

정답 ③

가장 먼저 오전 9시에 B과 진료를 본다면 10시에 진료가 끝나고, 셔틀을 타고 본관으로 이동하면 10시 30분이 된다. 이후 C과 진료를 이어보면 12시 30분이 되고, 점심시간 이후 바로 A과 진료를 본다면 오후 2시에 진료를 다 받을 수 있다. 따라서 가장 빠른 경로는 B-C-A이다.

05

정답 ②

두 번째 조건에 의해 A는 2층, C는 1층, D는 2호에 살고 있음을 알 수 있다. 또한 네 번째 조건에 따라 A와 B는 2층, C와 D는 1층에 살고 있음을 알 수 있다. 따라서 1층 1호에는 C, 1층 2호에는 D, 2층 1호에는 A, 2층 2호에는 B가 살고 있다.

06

정답 ②

제시된 조건을 표로 정리하면 다음과 같다.

첫 번째	두 번째	세 번째	네 번째	다섯 번째
잡지	수험서	에세이	소설	만화

먼저, A는 수험서를 구매한 다음 바로 에세이를 구매했는데 만화와 소설보다 잡지를 먼저 구매했고 수험서는 가장 먼저 구매하지 않았다고 했으므로 잡지가 가장 첫 번째로 구매한 것이 되므로 순서는 잡지 → (만화, 소설) → 수험서 → 에세이 → (만화, 소설)이다. 이때, 에세이나 소설은 마지막에 구매하지 않았으므로 만화가 마지막으로 구매한 것이 되고, 에세이와 만화를 연달아 구매하지 않았으므로 소설이 네 번째로 구매한 책이 된다.

따라서 A가 책을 구매한 순서는 잡지 → 수험서 → 에세이 → 소설 → 만화이므로 세 번째로 구매한 책은 에세이이다.

출제유형분석 02 실전예제

01

정답 ②

국내 금융기관에 대한 SWOT 분석 결과를 정리하면 다음과 같다.

강점(Strength)	약점(Weakness)
• 높은 국내 시장 지배력 • 우수한 자산건전성 • 뛰어난 위기관리 역량	• 은행과 이자수익에 편중된 수익구조 • 취약한 해외 비즈니스와 글로벌 경쟁력

기회(Opportunity)	위협(Threat)
• 해외 금융시장 진출 확대 • 기술 발달에 따른 핀테크의 등장 • IT 인프라를 활용한 새로운 수익 창출	• 새로운 금융 서비스의 등장 • 글로벌 금융기관과의 경쟁 심화

㉠ SO전략은 강점을 살려 기회를 포착하는 전략으로, 강점인 국내 시장점유율을 기반으로 핀테크 사업에 진출하려는 ㉠은 적절한 SO전략으로 볼 수 있다.

㉢ ST전략은 강점을 살려 위협을 회피하는 전략으로, 강점인 우수한 자산건전성을 강조하여 글로벌 금융기관과의 경쟁에서 우위를 차지하려는 ㉢은 적절한 ST전략으로 볼 수 있다.

[오답분석]

㉡ WO전략은 약점을 보완하여 기회를 포착하는 전략이다. 그러나 위기관리 역량은 국내 금융기관이 지니고 있는 강점에 해당하므로 WO전략으로 적절하지 않다.

㉣ 해외 비즈니스 역량을 강화하여 해외 금융시장에 진출하는 것은 약점을 보완하여 기회를 포착하는 WO전략에 해당한다.

02

ㄴ. 다수의 풍부한 경제자유구역 성공 사례를 활용하는 것은 강점에 해당되지만, 외국인 근로자를 국내주민과 문화적으로 동화시키려는 시도는 위협을 극복하는 것과는 거리가 멀다. 따라서 해당 전략은 ST전략으로 적절하지 않다.

ㄹ. 경제자유구역 인근 대도시와의 연계를 활성화하면 오히려 인근 기성 대도시의 산업이 확장된 교통망을 바탕으로 경제자유구역의 사업을 흡수할 위험이 커진다. 또한 인근 대도시와의 연계 확대는 경제자유구역 내 국내·외 기업 간의 구조 및 운영상 이질감을 해소하는 데 직접적인 도움이 된다고 보기 어렵다.

오답분석

ㄱ. 경제호황으로 인해 자국을 벗어나 타국으로 진출하려는 해외기업이 증가하는 기회상황에서 성공적 경험으로 축적된 우리나라의 경제자유구역 조성 노하우로 이들을 유인하여 유치하는 전략은 SO전략에 해당한다.

ㄷ. 기존에 국내에 입주한 해외기업의 동형화 사례를 활용하여 국내기업과 외국계 기업의 운영상 이질감을 해소하여 생산성을 증대시키는 전략은 WO전략에 해당한다.

03

제시된 자료는 K섬유회사의 SWOT 분석을 통해 강점(S), 약점(W), 기회(O), 위기(T) 요인을 분석한 것으로, SO전략과 WO전략은 발전 방안으로서 적절하다.

오답분석

ㄴ. ST전략으로 경쟁업체에 특허 기술을 무상 이전하는 것은 경쟁이 더 심화될 수 있으므로 적절하지 않다.

ㄹ. WT전략에서는 기존 설비에 대한 재투자보다는 수요에 맞게 다양한 제품을 유연하게 생산할 수 있는 신규 설비에 대한 투자가 필요하다.

출제유형분석 03 | 실전예제

01

조건에 따라 소괄호 안에 있는 부분을 순서대로 풀이하면 다음과 같다.

'1 A 5'에서 A는 좌우의 두 수를 더하는 것이지만, 더한 값이 10 미만이면 좌우에 있는 두 수를 곱해야 한다. 1+5=6으로 10 미만이므로 두 수를 곱하여 5가 된다.

'3 C 4'에서 C는 좌우의 두 수를 곱하는 것이지만 곱한 값이 10 미만일 경우 좌우에 있는 두 수를 더한다. 이 경우 3×4=12로 10 이상이므로 12가 된다.

중괄호를 풀어보면 '5 B 12'이다. B는 좌우에 있는 두 수 가운데 큰 수에서 작은 수를 빼는 것이지만, 두 수가 같거나 뺀 값이 10 미만이면 두 수를 곱한다. 12-5=7로 10 미만이므로 두 수를 곱해야 한다. 따라서 60이 된다.

'60 D 6'에서 D는 좌우에 있는 두 수 가운데 큰 수를 작은 수로 나누는 것이지만, 두 수가 같거나 나눈 값이 10 미만이면 두 수를 곱해야 한다. 이 경우 나눈 값이 10이 되므로 답은 10이다.

02

알파벳 순서에 따라 숫자로 변환하면 다음과 같다.

A	B	C	D	E	F	G	H	I	J	K	L	M
1	2	3	4	5	6	7	8	9	10	11	12	13
N	O	P	Q	R	S	T	U	V	W	X	Y	Z
14	15	16	17	18	19	20	21	22	23	24	25	26

'INTELLECTUAL'의 품번을 규칙에 따라 정리하면 다음과 같다.

- 1단계 : 9(I), 14(N), 20(T), 5(E), 12(L), 12(L), 5(E), 3(C), 20(T), 21(U), 1(A), 12(L)
- 2단계 : 9+14+20+5+12+12+5+3+20+21+1+12=134
- 3단계 : |(14+20+12+12+3+20+12)−(9+5+5+21+1)|=|93−41|=52
- 4단계 : (134+52)÷4+134=46.5+134=180.5
- 5단계 : 180.5를 소수점 첫째 자리에서 버림하면 180이다.

따라서 제품의 품번은 '180'이다.

출제유형분석 04 | 실전예제

01
정답 ①

갑돌이가 인출하지 않고 현금을 들고 갔더라도 600달러 이상이면 신고를 해야 한다.

오답분석
② 600달러 이상인 경우에 세관신고가 필요하다.
③ 5월이면 변경된 제도가 적용된 후이므로 600달러 이상 신용카드 결제를 했다면 관세청에 실시간으로 통보된다.
④ 신용카드 사용내역이 실시간으로 제출되는 시점은 4월부터이므로 3월에 5,000달러 이상 카드로 결제한 내역은 4월에 국세청에 보고된다.
⑤ 5,000달러 이상을 가족 여러 명의 개인 카드로 사용할 경우 각각의 금액이 적어지므로 관세청에 내역이 들어가지 않을 수도 있다.

02
정답 ①

오답분석
② 서랍장의 가로 길이와 붙박이 수납장 문을 여는 데 필요한 간격과 폭을 더한 길이는 각각 1,100mm, 1,200mm(=550+650)이고, 사무실 문을 여닫는 데 필요한 1,000mm의 공간을 포함하면 총 길이는 3,300mm이다. 따라서 사무실의 가로 길이인 3,000mm를 초과하므로 불가능한 배치이다.
③ 서랍장과 캐비닛의 가로 길이는 각각 1,100mm, 1,000mm이고, 사무실 문을 여닫는 데 필요한 1,000mm의 공간을 포함하면 총 길이는 3,100mm이다. 따라서 사무실의 가로 길이인 3,000mm를 초과하므로 불가능한 배치이다.
④ 회의 탁자의 세로 길이와 서랍장의 가로 길이는 각각 2,110mm, 1,100mm이고, 붙박이 수납장 문을 여는 데 필요한 간격과 폭을 더한 길이인 1,200mm(=550+650)을 포함하면 총 길이는 4,410mm이다. 따라서 사무실의 세로 길이인 3,400mm를 초과하므로 불가능한 배치이다.
⑤ 회의 탁자의 가로 길이와 서랍장의 가로 길이는 각각 1,500mm, 1,100mm이고, 사무실 문을 여닫는 데 필요한 1,000mm의 공간을 포함하면 총 길이는 3,600mm이다. 따라서 사무실의 세로 길이인 3,400mm를 초과하므로 불가능한 배치이다.

03
정답 ⑤

K교통카드 본사에서 10만 원 이상의 고액 환불 시 내방 당일 카드 잔액 차감 후 익일 18시 이후 계좌로 입금받을 수 있다.

오답분석
① 부분환불은 환불 요청금액이 1만 원 이상 5만 원 이하일 때 가능하며, K교통카드 본사와 지하철 역사 내 K교통카드 서비스센터에서 가능하다.
② 모바일 환불 시 1인 최대 50만 원까지 환불 가능하며, 수수료는 500원이므로 카드 잔액이 40만 원일 경우 399,500원이 계좌로 입금된다.
③ 카드 잔액이 30만 원인 경우 20만 원 이하까지만 환불이 가능한 A은행을 제외한 은행 ATM에서 수수료 500원을 제외하고 299,500원이 환불 가능하다.
④ K교통카드 본사 방문 시에는 월 누적 50만 원까지 수수료 없이 환불이 가능하므로, 13만 원 전액 환불 가능하다.

04

예산이 가장 많이 드는 B사업과 E사업은 사업기간이 3년이므로 최소 1년은 겹쳐야 한다. 이를 바탕으로 정리하면 다음과 같다.

연도 예산 사업명	1차 20조 원	2차 24조 원	3차 28.8조 원	4차 34.5조 원	5차 41.5조 원
A	–	1조 원	4조 원	–	–
B	–	15조 원	18조 원	21조 원	–
C	–	–	–	–	15조 원
D	15조 원	8조 원	–	–	–
E	–	–	6조 원	12조 원	24조 원
실질 사용 예산 합계	15조 원	24조 원	28조 원	33조 원	39조 원

따라서 D사업을 첫해에 시작해야 한다.

PART **2**

직무수행능력

01 | 경영 적중예상문제

01	02	03	04	05	06	07	08	09	10	11	12	13	14	15	16	17	18	19	20
④	③	①	③	①	①	①	④	①	②	②	④	③	①	④	④	④	③	②	①

01
정답 ④

자원기반관점(RBV; Resource Based View)은 기업 경쟁력의 원천을 기업의 외부가 아닌 내부에서 찾는다. 진입장벽, 제품차별화 정도, 사업들의 산업집중도 등은 산업구조론(I.O)의 핵심요인이다.

02
정답 ③

가중치를 장부가치 기준의 구성 비율이 아닌 시장가치 기준의 구성 비율로 하는 이유는 주주와 채권자의 현재 청구권에 대한 요구수 익률을 측정하기 위해서이다.

03
정답 ①

[오답분석]

② 준거가격 : 소비자가 과거의 경험이나 기억, 정보 등으로 제품의 구매를 결정할 때 기준이 되는 가격이다.
③ 명성가격 : 소비자가 가격에 의하여 품질을 평가하는 경향이 특히 강하여 비교적 고급품질이 선호되는 상품에 설정되는 가격이다.
④ 관습가격 : 일용품의 경우처럼 장기간에 걸친 소비자의 수요로 인해 관습적으로 형성되는 가격이다.
⑤ 기점가격 : 제품을 생산하는 공장의 입지 조건 등을 막론하고 특정 기점에서 공장까지의 운임을 일률적으로 원가에 더하여 형성되는 가격이다.

04
정답 ③

두 개 이상의 투자안을 결합하여 투자하는 경우의 NPV는 각 투자안의 NPV를 합한 것과 같다는 의미인 가치가산의 원리가 적용되어 두 프로젝트의 NPV를 합한 42억 원이 된다. 반면, IRR의 경우 가치가산의 원리가 적용되지 않으므로 현재 제시된 자료를 통해서는 두 프로젝트를 동시에 수행하였을 때의 IRR을 구할 수 없다.

05
정답 ①

순할인채의 듀레이션은 만기와 일치한다.

06
정답 ①

슈퍼 리더십은 다른 사람들이 자기 스스로 자신을 이끌어갈 수 있게 도와주는 리더십으로, 리더 육성에 초점을 두고 부하직원들이 셀프 리더십을 발휘할 수 있도록 영향력을 행사한다.

[오답분석]

② 셀프 리더십에 대한 설명이다.

③ 서번트 리더십에 대한 설명이다.
④ 임파워링 리더십에 대한 설명이다.
⑤ 변혁적 리더십에 대한 설명이다.

07

정답 ①

기능 조직(Functional Structure)은 기능별 전문화의 원칙에 따라 공통의 전문지식과 기능을 지닌 부서단위로 묶는 조직 구조를 의미한다.

08

정답 ④

오답분석

① 연봉제 : 개별 구성원의 능력·실적 및 조직 공헌도 등을 평가해 계약에 의해 연간 임금액을 책정하는 보수 체계이다.
② 개인성과급제 : 노동의 성과를 측정하여 그 결과에 따라 임금을 지급하는 제도이다.
③ 임금피크제 : 근로자들의 임금을 삭감하지 않고 고용을 유지하기 위해 근무시간을 줄여 고용을 보장하기 위한 제도이다.
⑤ 스캔런 플랜 : 생산액의 변동에 임금을 연결시켜 산출하는 것으로, 일정 기간 동안 구성원과 조직이 기대한 원가절감액에서 실제 절약한 비용을 뺀 나머지를 모든 구성원들에게 금전적 형태로 제공하는 제도이다.

09

정답 ①

콘체른(Konzern)은 기업결합이라고 하며, 법률상으로 독립되어 있으나 지분 결합 등의 방식으로 경영상 실질적으로 결합되어 있는 기업결합형태를 말한다. 일반적으로는 거대기업이 여러 산업의 다수의 기업을 지배할 목적으로 형성된다.

오답분석

② 카르텔 : 한 상품 또는 상품군의 생산이나 판매를 일정한 형태로 제한하고자 경제적, 법률적으로 서로 독립성을 유지하며, 기업 간 상호 협정에 의해 결합하는 담합 형태이다.
③ 트러스트 : 카르텔보다 강력한 집중의 형태로서, 시장독점을 위해 각 기업체가 개개인의 독립성을 상실하고 합동한다.
④ 콤비나트 : 기술적으로 연관성 있는 생산부문이 가까운 곳에 입지하여 형성된 기업의 지역적 결합형태이다.
⑤ 조인트 벤처 : 특정 경제적 목적을 달성하기 위해 2인 이상의 업자가 공동으로 결성한 사업체이다.

10

정답 ②

- (영업이익)＝₩2,500,000×10%＝₩250,000
- (잔여이익)＝₩250,000－₩2,500,000×(최저필수수익률)＝₩25,000
- (최저필수수익률)＝9%

11

정답 ②

허즈버그(Herzberg)는 직무만족에 영향을 주는 요인을 동기요인(Motivator)으로, 직무불만족에 영향을 주는 요인을 위생요인 (Hygiene Factor)으로 분류했다. 동기요인에는 성취, 인정, 책임소재, 업무의 질 등이 있으며, 위생요인에는 회사의 정책, 작업조 건, 동료직원과의 관계, 임금, 지위 등이 있다. 그리고 인간이 자신의 일에 만족감을 느끼지 못하게 되면 위생요인에 관심을 기울이 게 되고, 이에 대해 만족하지 못할 경우에는 일의 능률이 크게 저하된다고 주장했다.

12

정답 ④

오답분석

① 자기자본비용은 기업이 조달한 자기자본의 가치를 유지하기 위해 최소한 벌어들어야 하는 수익률이다.
② 새로운 투자안의 선택에 있어서 투자수익률은 자기자본비용을 넘어야만 한다.

③ 기업이 주식발행을 통해 자금조달을 할 경우 자본이용의 대가로 얼마의 이용 지급료를 산정해야 하는지는 명확하지 않다.
⑤ 베타와 증권시장선을 계산해서 미래의 증권시장선으로 사용하는 것은 과거와 비슷한 현상이 미래에도 발생할 수 있다는 가정하에서만 타당한 방법이다.

13
정답 ③

균형성과표(BSC)는 재무관점, 고객관점, 내부 프로세스관점, 학습 및 성장관전 등의 4가지 관점으로 성과를 측정한다.

14
정답 ①

델파이(Delphi) 기법은 예측하려는 현상에 대하여 관련 있는 전문가나 담당자들로 구성된 위원회를 구성하고 개별적 질의를 통해 의견을 수집하여 종합·분석·정리하고 의견이 일치될 때까지 개별적 질의 과정을 되풀이하는 예측기법이다.

15
정답 ④

- (당기법인세)=[490,000(회계이익)+125,000(감가상각비한도초과액)+60,000(접대비한도초과액)−25,000(미수이자)]×20% =130,000원
- (이연법인세자산)=125,000(감가상각비한도초과액)×20%=25,000원
- (이연법인세부채)=25,000(미수이자)×20%=5,000원
- (법인세비용)=130,000+5,000−25,000=110,000원

16
정답 ④

차량을 200만 원에 구입하여 40만 원을 지급한 상태이므로 총자산은 증가하였다고 볼 수 있다. 그리고 아직 치르지 않은 잔액 160만 원이 외상으로 존재하므로 총부채 역시 증가하였다고 볼 수 있다.

17
정답 ④

증권회사의 상품인 유가증권과 부동산 매매회사가 정상적 영업과정에서 판매를 목적으로 취득한 토지·건물 등은 재고자산으로 처리된다.

오답분석
①·② 선입선출법의 경우에는 계속기록법을 적용하든 실지재고조사법을 적용하든, 기말재고자산, 매출원가, 매출총이익 모두 동일한 결과가 나온다.
③ 매입운임은 매입원가에 포함한다.
⑤ 재고자산을 순실현가능가치로 감액한 평가손실과 모든 감모손실은 감액이나 감모가 발생한 기간에 비용으로 인식한다.

18
정답 ③

(영업권)=30,000,000−(9,000,000+8,000,000)=₩13,000,000

19
정답 ②

라인 확장(Line Extension)이란 기존 상품을 개선한 신상품에 기존의 상표를 적용하는 브랜드 확장의 유형이다. 라인 확장은 적은 마케팅 비용으로 매출과 수익성 모두 손쉽게 높일 수 있고, 제품의 타깃이 아닌 소비자층을 타깃팅함으로써 소비자층을 확대할 수 있다는 장점이 있다. 하지만 무분별한 라인 확장은 브랜드 이미지가 약해지는 희석효과나 신제품이 기존제품 시장을 침범하는 자기잠식효과를 유발하는 등 역효과를 일으킬 수도 있기 때문에 주의해야 한다.

20

소비자의 구매의사결정 과정
- 문제인식 : 내외부 자극에 의해 구매욕구가 발생한다.
- 정보탐색 : 정보 원천에서 제품들에 대한 정보를 수집한다.
- 대안평가 : 대안별로 그 속성들을 평가한다.
- 구매 : 평가된 제품들 중 가장 선호하는 것을 실제로 구매한다.
- 구매 후 행동 : 구매 후 사용 시 만족 또는 불만족을 행동화한다.

02 | 경제
적중예상문제

01	02	03	04	05	06	07	08	09	10	11	12	13	14	15	16	17	18	19	20
①	④	①	④	③	②	②	③	②	④	④	②	②	⑤	⑤	②	①	④	①	④

01
정답 ①

오답분석
② 수요나 공급이 가격에 민감할수록 조세 부과로 인한 수요량과 공급량이 더욱 크게 감소하여 시장 왜곡이 더 커진다.
③·④·⑤ 조세부과의 크기로 인해 수요곡선이나 공급곡선의 이동 폭이 달라지는 것이므로, 곡선 기울기인 탄력성과는 무관한 설명이다.

02
정답 ④

고전학파에 따르면 임금이 완전 신축적이므로 항상 완전고용을 달성한다. 그러므로 고전학파는 실업문제 해소를 위한 정부의 개입은 불필요하다고 주장한다. 반면 케인스학파는 실업문제 해소를 위해 재정정책이 금융정책보다 더 효과적이라고 주장한다.

03
정답 ①

독점기업의 가격차별전략
• 제1급 가격차별 : 각 단위의 재화에 대하여 소비자들이 지불할 용의가 있는 최대금액을 설정하는 것(한계수입과 가격이 같은 점에서 생산량 결정)이다.
• 제2급 가격차별 : 재화 구입량에 따라 각각 다른 가격을 설정하는 것이다.
• 제3급 가격차별 : 소비자들의 특징에 따라 시장을 몇 개로 분할하여 각 시장에서 서로 다른 가격을 설정하는 것이다.

04
정답 ④

수요곡선과 공급곡선의 일반적인 형태란 우하향하는 수요곡선과 우상향하는 공급곡선을 의미한다. 이때, 공급곡선이 상방으로 이동하면, 생산량(Q)이 감소하고 가격(P)이 상승한다.

오답분석
① 수요곡선이 하방으로 이동하면 생산량이 감소하고 가격도 하락한다.
② 공급곡선이 하방으로 이동하면 생산량이 증가하고 가격이 하락한다.
③ 수요곡선이 상방으로 이동하면 생산량이 증가하고 가격도 상승한다.
⑤ 수요곡선과 공급곡선이 모두 하방으로 이동하면 가격은 하락한다. 이때 생산량은 두 곡선의 하방이동 폭에 따라서 증가할 수도, 불변일 수도, 감소할 수도 있다.

05

정답 ③

독점적 경쟁시장의 장기균형에서는 $P > SMC$가 성립한다.

[오답분석]

①·② 독점적 경쟁시장의 장기균형은 수요곡선과 단기평균비용곡선, 장기평균비용곡선이 접하는 점에서 달성된다.

④ 균형생산량은 단기평균비용의 최소점보다 왼쪽에서 달성된다.

⑤ 가격과 평균비용이 같은 지점에서 균형이 결정되므로, 장기 초과이윤은 0이다.

06

정답 ②

'A국 통화로 표시한 B국 통화 1단위의 가치'란 A국 통화의 명목환율을 의미한다. 명목환율을 e, 실질환율을 ε, 외국 물가를 P_f,

국내 물가를 P라고 할 때, 실질환율은 $\varepsilon = \dfrac{e \times P_f}{P}$로 표현된다.

이를 각 항목의 변화율에 대한 식으로 바꾸면 $\dfrac{\Delta \varepsilon}{\varepsilon} = \dfrac{\Delta e}{e} + \dfrac{\Delta P_f}{P_f} - \dfrac{\Delta P}{P}$이 된다. 제시된 자료에서 명목환율은 15%, A국(자국)의

물가지수는 7%, B국(외국)의 물가지수는 3% 증가하였으므로, 이를 식에 대입하면 실질환율(ε)의 변화율은 $15+3-7=11\%$(상승)

이다. 또한, 실질환율이 상승하면 수출품의 가격이 하락하게 되므로 수출량은 증가한다.

07

정답 ②

균형재정승수란 정부가 균형재정을 유지하는 경우에 국민소득이 얼마나 증가하는가를 측정하는 것이다. 균형재정이란 정부의 조세

수입과 정부지출이 같아지는 상황으로 $\triangle G = \triangle T$라고 할 수 있다. 정부지출과 조세를 동일한 크기만큼 증가시키는 경우로, 정부지

출승수는 $\dfrac{\Delta Y}{\Delta G} = \dfrac{-MPC}{1-MPC} = \dfrac{-0.8}{1-0.8} = -4$이다.

따라서 정부지출과 조세를 동시에 같은 크기만큼 증가시키면 $\dfrac{\Delta Y}{\Delta G} + \dfrac{\Delta Y}{\Delta T} = \dfrac{1}{1-0.8} + \dfrac{-0.8}{1-0.8} = 5 - 4 = 1$이 된다. 즉, 균형재정

승수는 1이다.

08

정답 ③

생산물 가격이 하락할수록 요소수요는 감소하므로 노동수요곡선이 좌측으로 이동하면서 새로운 균형에서는 임금과 고용량이 모두

감소한다.

09

정답 ②

기업 B의 광고 여부에 관계없이 기업 A는 광고를 하는 것이 우월전략이다. 또한, 기업 A의 광고 여부에 관계없이 기업 B도 광고를

하는 것이 우월전략이다. 따라서 두 기업이 모두 광고를 하는 것이 우월전략이므로 우월전략균형에서 두 기업의 이윤은 (55, 75)이다.

이때 우월전략균형은 내쉬균형에 포함되므로 내쉬균형에서의 기업 A의 이윤은 55이고, 기업 B의 이윤은 75이다.

10

정답 ④

명목임금은 150만 원 인상되었으므로 10% 증가했지만, 인플레이션율 12%를 고려한 실질임금은 $12-10=2\%$ 감소하였다.

11

정답 ④

A국에서 해외 유학생과 외국인 관광객이 증가하면 달러 공급이 늘어나 A국 화폐의 가치가 상승하므로 환율은 하락한다. 환율이 하락하면 수출은 줄고, 수입은 늘어나서 경상수지가 악화될 것이다. 반면, B국에서는 해외 투자가 증가하고 외국인 투자자들이 자금을 회수하므로 달러 수요가 늘어나 B국 화폐의 가치는 하락한다.

12

정답 ②

누적된 비용인 총비용을 단위생산량으로 나눈 평균이 평균비용이다. 반면, 한계비용은 총비용의 변화분에 따라서 생산량이 하나씩 늘어날 때마다 바뀌는 비용을 말한다. 따라서 한계비용이 하락하는 구간에서는 평균비용도 하락하는 것이고, 반대로 한계비용이 증가하면서부터는 바로 평균비용이 증가하진 않지만, 평균비용의 최저점에서 한계비용을 만난 이후부터는 평균비용도 증가하게 된다. 이는 고정비용의 존재 때문이다. 그러므로 평균비용곡선이 상승하면 한계비용곡선은 평균비용곡선 상방에 위치한다.

13

정답 ②

유동성 함정은 금리가 한계금리 수준까지 낮아져 통화량을 늘려도 소비·투자 심리가 살아나지 않는 현상을 말한다.

[오답분석]
① 화폐 환상 : 화폐의 실질적 가치에 변화가 없는데도 명목단위가 오르면 임금이나 소득도 올랐다고 받아들이는 현상이다.
③ 구축 효과 : 정부의 재정적자 또는 확대 재정정책으로 이자율이 상승하여 민간의 소비와 투자활동이 위축되는 효과이다.
④ J커브 효과 : 환율의 변동과 무역수지와의 관계를 나타낸 것으로, 무역수지 개선을 위해 환율상승을 유도하면 초기에는 무역수지가 오히려 악화되다가 상당 기간이 지난 후에야 개선되는 현상이다.
⑤ 피셔 방정식 : 명목이자율은 실질이자율과 인플레이션율의 합이라는 관계를 나타낸 공식이다.

14

정답 ⑤

보상적 임금격차는 선호하지 않는 조건을 가진 직장은 불리한 조건을 임금으로 보상해 줘야 한다는 것이다. 대부분의 사람들은 3D 작업환경에서 일하기 싫어하기 때문에 이런 직종에서 필요한 인력을 충원하기 위해서는 작업환경이 좋은 직종에 비해 더 높은 임금을 제시해야 한다. 이러한 직업의 비금전적인 특성을 보상하기 위한 임금의 차이를 보상적 격차 또는 평등화 격차라고 한다. 보상적 임금격차의 발생 원인에는 노동의 난이도, 작업환경, 명예, 주관적 만족도, 불안전한 급료 지급, 교육훈련의 차이, 고용의 안정성 여부, 작업의 쾌적성, 책임의 정도, 성공·실패의 가능성 등이 있다.

15

정답 ⑤

독점시장에서의 이윤극대화 조건은 $MR=MC$, 즉 한계수입과 한계비용이 일치하는 점에서 이윤이 극대화된다는 것이다.

16

정답 ②

완전경쟁시장의 균형은 $P=MC$이므로, $P=6, Q=4$이다.
합병 후 독점시장에서 $MR=10-2Q$이므로 이윤극대화조건 $MR=MC$에 대입하면 다음 식이 성립한다.
$10-2Q=2$
$\therefore Q=4$

17

정답 ①

광공업 생산지수는 경기동행지수에 속하는 변수이다.

18

정답 ④

A씨가 실망실업자가 되면서 실업자에서 비경제활동인구로 바뀌게 되었다. 실업률은 경제활동인구에 대한 실업자의 비율이므로 분자인 실업자보다 분모의 경제활동인구가 큰 상황에서 실업자와 경제활동인구가 동일하게 줄어든다면 실업률은 하락하게 된다. 한편, 고용률은 생산가능인구에 대한 취업자의 비율이므로 분자인 취업자와 분모의 생산가능인구에 아무런 변화가 없다면 고용률은 변하지 않는다.

19

정답 ①

오답분석

② 새케인스학파는 비용인상 인플레이션을 긍정하였다.

③ 예상한 것보다 높은 인플레이션이 발생했을 경우에는 그만큼 실질이자율이 하락하게 되어 채무자가 이득을 보고 채권자가 손해를 보게 된다.

④ 예상치 못한 인플레이션이 발생했을 경우 실질임금이 하락하므로 노동자는 불리해지며, 고정된 임금을 지급하는 기업은 유리해진다.

⑤ 예상하지 못한 인플레이션 발생의 불확실성이 커지면 단기계약이 활성화되고 장기계약이 위축된다.

20

정답 ④

오답분석

ㅁ. 환불 불가한 숙박비는 회수 불가능한 매몰비용이므로 선택 시 고려하지 않은 ⓒ의 행위는 합리적 선택 행위의 일면이라고 할 수 있다.

지식에 대한 투자가 가장 이윤이 많이 남는 법이다.

– 벤자민 프랭클린 –

PART 3

최종점검 모의고사

01	02	03	04	05	06	07	08	09	10	11	12	13	14	15	16	17	18	19	20
②	②	④	①	③	③	⑤	②	①	④	③	②	③	③	③	④	④	①	③	③

01

정답 ②

'피터팬증후군이라는 말로 표현되기도 하였으나, 이와 달리 키덜트는 … 긍정적인 이미지를 가지고 있다.'라는 내용을 통해 두 단어는 혼용하여 사용되지 않음을 알 수 있다.

오답분석

① '20 ~ 40대의 어른이 되었음에도 불구하고'라는 내용에서 키덜트의 나이를 알 수 있다.
③ '키덜트는 각박한 현대인의 생활 속에서 마음 한구석에 어린이의 심상을 유지하는 사람들이라는 긍정적인 이미지를 가지고 있다.'라는 내용을 통해 키덜트와 현대사회가 밀접한 관련이 있음을 짐작할 수 있다.
④ '키덜트들은 이를 통해 얻은 영감이나 에너지가 일에 도움이 된다고 한다.'라는 내용을 통해 알 수 있다.
⑤ '기업들은 키덜트족을 타깃으로 하는 상품과 서비스를 만들어내고 있으며'라는 내용을 통해 키덜트도 시장의 수요자임을 알 수 있다.

02

정답 ②

제시문은 신앙 미술에 나타난 동물의 상징적 의미와 사례, 변화와 그 원인, 그리고 동물의 상징적 의미가 지닌 문화적 가치에 대하여 설명하고 있다. 따라서 (나) 신앙 미술에 나타난 동물의 상징적 의미와 그 사례 → (다) 동물의 상징적 의미의 변화 → (라) 동물의 상징적 의미가 변화하는 원인 → (가) 동물의 상징적 의미가 지닌 문화적 가치의 순서로 나열하는 것이 적절하다.

03

정답 ④

빈칸 앞부분에서는 예술작품에 담겨있는 작가의 의도를 강조하며, 독자가 예술작품을 해석하고 이해하는 활동은 예술적 가치, 즉 작가의 의도가 담긴 작품에서 파생된 2차적인 활동일 뿐이라고 이야기하고 있다. 따라서 독자의 작품 해석에 있어 작가의 의도와 작품을 왜곡하지 않아야 한다는 ④가 빈칸에 들어갈 내용으로 가장 적절하다.

오답분석

①·② 두 번째 문단에 따르면 예술은 독자의 해석으로 완성되는 것이 아니며, 작품을 해석해 줄 독자가 없어도 예술은 그 자체로 가치가 있다.
③ 작품에 포함된 작가의 권위를 인정해야 한다는 것일 뿐, 작가의 권위와 작품 해석의 다양성은 서로 관련이 없다.
⑤ 작품 해석에 있어 작품 제작 당시의 시대적·문화적 배경을 고려해야 한다는 내용은 언급하고 있지 않다.

04

정답 ①

'어렵사리 겨우'를 뜻하는 말은 '근근이'로 써야 한다.

05

정답 ③

제시문의 맥락상 '뒤섞이어 있음'을 의미하는 '혼재(混在)'가 적절하다.
• 잠재(潛在) : 겉으로 드러나지 않고 속에 잠겨 있거나 숨어 있음

06

정답 ③

제시문에서는 협업과 소통의 문화가 기업에 성공적으로 정착하려면 기업의 작은 변화부터 필요하다고 주장한다. 따라서 제시문과 관련 있는 한자성어로는 '높은 곳에 오르려면 낮은 곳에서부터 오른다.'는 뜻으로, '일을 순서대로 하여야 함'을 의미하는 '등고자비(登高自卑)'가 가장 적절하다.

오답분석
① 장삼이사(張三李四) : 장씨의 셋째 아들과 이씨의 넷째 아들이라는 뜻으로, 이름이나 신분이 특별하지 아니한 평범한 사람들을 이르는 말이다.
② 하석상대(下石上臺) : 아랫돌 빼서 윗돌 괴고 윗돌 빼서 아랫돌 괸다는 뜻으로, 임시변통으로 이리저리 둘러맞춤을 이르는 말이다.
④ 주야장천(晝夜長川) : 밤낮으로 쉬지 아니하고 연달아 흐르는 시냇물이라는 뜻으로, '쉬지 않고 언제나', '늘'이라는 의미이다.
⑤ 내유외강(內柔外剛) : 속은 부드럽고, 겉으로는 굳셈을 뜻하는 말이다.

07

정답 ⑤

(마)는 공포증을 겪는 사람들의 상황 해석 방식과 공포증에서 벗어나는 방법이 핵심 주제이다. 공포증을 겪는 사람들의 행동 유형은 나타나 있지 않다.

08

정답 ②

n을 자연수라고 할 때, n항의 값이 $(n+10)\times(n+11)$인 수열이다.
따라서 (   )$=(6+10)\times(6+11)=16\times17=272$이다.

09

정답 ①

첫 번째 항부터 $\times7$, -11을 번갈아 적용하는 수열이다
따라서 (   )$=1,099-11=1,088$이다.

10

정답 ④

• 순항 중일 때 날아간 거리 : $860\times\left(3+\dfrac{30-15}{60}\right)=2,795$km

• 기상 악화일 때 날아간 거리 : $(860-40)\times\dfrac{15}{60}=205$km

$\therefore 2,795+205=3,000$
따라서 날아간 거리는 총 3,000km이다.

PART 3

11

- 1인 1일 사용량에서 영업용 사용량이 차지하는 비중 : $\dfrac{80}{282}\times100 \fallingdotseq 28.37\%$

- 1인 1일 가정용 사용량의 하위 두 항목이 차지하는 비중 : $\dfrac{20+13}{180}\times100 \fallingdotseq 18.33\%$

12

음식점까지의 거리를 $x$km라 하자.

역에서 음식점까지 왕복하는 데 걸리는 시간과 음식을 포장하는 데 걸리는 시간이 1시간 30분 이내여야 하므로 다음 식이 성립한다.

$$\dfrac{x}{3}+\dfrac{15}{60}+\dfrac{x}{3}\le\dfrac{3}{2}$$

양변에 60을 곱하면 $20x+15+20x\le90 \to 40x\le75 \to x\le\dfrac{75}{40}=1.875$이다.

즉, 역과 음식점 사이 거리는 1.875km 이내여야 하므로 갈 수 있는 음식점은 'N버거'와 'B도시락'이다.

따라서 K사원이 구입할 수 있는 음식은 햄버거와 도시락이다.

13

ⓛ • 15세 이상 외국인 중 실업자의 비율 : $\dfrac{15.6+18.8}{695.7+529.6}\times100 \fallingdotseq 2.80\%$

　• 15세 이상 귀화허가자 중 실업자의 비율 : $\dfrac{1.8}{52.7}\times100 \fallingdotseq 3.41\%$

　따라서 15세 이상 외국인 중 실업자의 비율이 더 낮다.

ⓒ 외국인 취업자 수는 $560.5+273.7=834.2$천 명이므로 $834.2\div33.8 \fallingdotseq 24.68$배이다.

[오답분석]

ⓐ $\dfrac{695.7+529.6+52.7}{43,735}\times100 \fallingdotseq 2.92\%$이므로, 국내 인구 중 이민자의 비율은 4% 이하이다.

ⓔ 국내인 여성의 경제활동 참가율이 제시되어 있지 않으므로 알 수 없다.

14

증발한 물의 양을 xg이라 하자.

$$\dfrac{3}{100}\times400=\dfrac{5}{100}\times(400-x)$$

$$\to 1,200=2,000-5x$$

$$\therefore x=160$$

따라서 증발한 물의 양이 160g이므로, 남아있는 설탕물의 양은 $400-160=240$g이다.

15

정답 ③

주어진 조건에 의하면 D면접자와 E면접자는 2번과 3번 의자에 앉아 있고, A면접자는 1번과 8번 의자에 앉을 수 없다. B면접자는 6번 또는 7번 의자에 앉을 수 있고, A면접자와 C면접자 사이에는 2명이 앉는다는 조건까지 모두 고려하면 A면접자와 B면접자가 서로 이웃해 있을 때, 다음과 같은 두 가지 경우를 확인할 수 있다.

• B면접자가 6번에 앉을 경우

구분	1	2	3	4	5	6	7	8
경우 1		D	E		A	B		C
경우 2		D	E	C		B	A	
경우 3		D	E	A		B	C	
조건	A(×) C(×)							A(×)

• B면접자가 7번에 앉을 경우

구분	1	2	3	4	5	6	7	8
경우 1		D	E	C(×)		A	B	
경우 2		D	E			A	B	C(×)
경우 3		D	E		A		B	C
조건	A(×) C(×)							A(×)

→ B면접자가 7번에 앉는 경우 1과 경우 2에서는 A면접자와 C면접자 사이에 2명이 앉는다는 조건이 성립되지 않는다. 따라서 A면접자와 B면접자가 서로 이웃해 앉는다면 C면접자는 4번 또는 8번 의자에 앉을 수 있다.

[오답분석]

① 주어진 조건을 살펴보면 A면접자는 1번, 8번 의자에 앉지 않는다고 하였고 2번과 3번 의자는 D면접자와 E면접자로 확정되어 있다. 그리고 C면접자와의 조건 때문에 6번 의자에도 앉을 수 없다. 따라서 A면접자는 4번, 5번, 7번 의자에 앉을 수 있다. 따라서 A면접자가 4번에 앉는 것이 항상 옳다고 볼 수 없다.

② 주어진 조건에서 C면접자는 D면접자와 이웃해 앉지 않는다고 하였다. D면접자는 2번 의자로 확정되어 있으므로 C면접자는 1번 의자에 앉을 수 없다.

④ B면접자가 7번 의자에 앉고 A면접자와 B면접자 사이에 2명이 앉도록 하면, A면접자는 4번 의자에 앉아야 한다. 그런데 A면접자와 C면접자 사이에 2명이 앉는다는 조건이 성립되려면 C면접자는 1번 의자에 앉아야 하는데, C면접자는 D면접자와 이웃해 있지 않다고 하였으므로 옳지 않다.

⑤ C면접자가 8번에 앉는 것과는 상관없이 B면접자는 6번 또는 7번 의자에 앉을 수 있다. 따라서 B면접자가 6번에 앉는다는 것은 항상 옳다고 볼 수 없다.

16

정답 ④

D팀은 파란색을 선택하였으므로 보라색을 사용하지 않고, B팀과 C팀도 보라색을 사용한 적이 있으므로 A팀이 보라색을 선택한다. B팀은 빨간색을 사용한 적이 있고, 파란색과 보라색은 사용할 수 없으므로 노란색을 선택한다. C팀은 남은 빨간색을 선택한다.

A팀	B팀	C팀	D팀
보라색	노란색	빨간색	파란색

따라서 항상 참인 것은 ④이다.

[오답분석]

①·③·⑤ 주어진 조건만으로는 판단하기 어렵다.
② A팀의 상징색은 보라색이다.

17

④

ㄴ. 민간의 자율주행기술 R&D를 지원하여 기술적 안정성을 높이는 전략은 위협을 최소화하는 내용은 포함하지 않고 약점만 보완하는 전략이므로 ST전략이라 볼 수 없다.

ㄹ. 국내기업의 자율주행기술 투자가 부족한 약점을 국가기관의 주도로 극복하려는 내용은 약점을 최소화하고 위협을 회피하려는 WT전략의 내용으로 적합하지 않다.

[오답분석]

ㄱ. 높은 수준의 자율주행기술을 가진 외국 기업과의 기술이전협약 기회를 통해 국내외에서 우수한 평가를 받는 국내 자동차기업이 국내 자율주행자동차 산업의 강점을 강화하는 전략은 SO전략에 해당한다.

ㄷ. 국가가 지속적으로 자율주행차 R&D를 지원하는 법안이 본회의를 통과한 기회를 토대로 기술개발을 지원하여 국내 자율주행자동차 산업의 약점인 기술적 안전성을 확보하려는 전략은 WO전략에 해당한다.

18

①

3만 원 초과 10만 원 이하 소액통원의료비를 청구할 경우 진단서 없이 보험금 청구서와 병원영수증, 질병분류기호(질병명)가 기재된 처방전만으로 접수가 가능하다.

19

③

ㄱ. 공정 순서는 A → B·C → D → E → F로 전체 공정이 완료되기 위해서는 15분이 소요된다.

ㄷ. B공정이 1분 더 지연되어도 C공정에서 5분이 걸리기 때문에 전체 공정 시간에는 변화가 없다.

[오답분석]

ㄴ. 첫 제품 생산 후부터는 5분마다 1개의 제품이 생산되기 때문에 첫 제품 생산 후부터 1시간마다 12개의 제품이 생산된다.

20

③

B안의 가중치는 전문성이고, 전문성 면에서 자원봉사제도는 (-)이므로 적절하지 않은 내용이다.

[오답분석]

① 비용저렴성을 달성하려면 (+)를 보이는 자원봉사제도가 가장 유리하다.

② B안에 가중치를 적용할 경우 전문성에 가중치를 적용하므로 (+)를 보이는 유급법률구조제도가 가장 적절하며, A안에 가중치를 적용할 경우 ⑤에 의해 유급법률구조제도가 가장 적절하다. 따라서 어떤 것을 적용하더라도 결과는 같다.

④ 전문성 면에서는 유급법률구조제도가 (+), 자원봉사제도가 (-)이므로 적절한 내용이다.

⑤ A안에 가중치를 적용할 경우 접근용이성과 전문성에 가중치를 적용하므로 두 정책목표 모두에서 (+)를 보이는 유급법률구조제도가 가장 적절하다.

제2회 최종점검 모의고사

01 직업기초능력

01	02	03	04	05	06	07	08	09	10	11	12	13	14	15	16	17	18	19	20
⑤	③	③	②	⑤	③	③	③	②	③	②	③	②	⑤	③	②	④	③	③	④

01
정답 ⑤

마지막 문단의 '칸트의 생각들은 독일 철학의 흐름 속에 이어지다가 후일 아인슈타인에게도 결정적 힌트가 되었다.'라는 내용을 통해 칸트의 견해가 아인슈타인에게 영향을 끼친 것은 알 수 있지만, 두 사람의 견해가 같은지는 확인할 수 없다.

오답분석
① '우리는 이 개념들을 배워서 아는 것이 아니다. 즉, 경험에 앞서 이미 아는 것이다.'라는 내용을 통해 공간, 시간 등의 개념은 태어날 때부터 가진 것임을 알 수 있다.
② '경험에 앞서는 범주를 제시했다는 점에서 혁명적 개념이었고, 경험을 강조한 베이컨주의에 대한 강력한 반동인 셈이다.'라는 내용을 통해 낭만주의와 베이컨주의가 상반된 내용을 다룬다는 것을 알 수 있다.
③ '현상으로서 공간과 시간은 그 자체로서 존재할 수 없고 단지 우리 안에서만 존재할 수 있다.'는 내용을 통해 알 수 있다.
④ 세 번째 문단의 내용을 통해 칸트의 철학적 관념론이 객관적이기보다는 주관적인 것에 가깝다는 것을 유추할 수 있다.

02
정답 ③

개별존재로서 생명의 권리를 갖기 위해서는 개별존재로서 생존을 지속시키고자 하는 욕망을 가질 수 있어야 하며, 이를 위해서 자신을 일정한 시기에 걸쳐 존재하는 개별존재로서 파악해야 한다. 따라서 '자신을 일정한 시기에 걸쳐 존재하는 개별존재로서 파악할 수 있는 존재만이 생명에 대한 권리를 가질 수 있다.'는 빈칸 앞의 결론을 도출하기 위해서는 개별존재로서 생존을 지속시키고자 하는 욕망이 개별존재로서의 인식을 가능하게 한다는 내용이 있어야 하므로 빈칸에 들어갈 내용으로는 ③이 적절하다.

03
정답 ③

첫 번째로 1965년 노벨상 수상자인 게리 베커에 대한 내용으로 이야기를 도입하며 베커가 주장한 '시간의 비용' 개념을 소개하는 (라)가 와야 하고, (라)를 보충하는 내용으로 베커의 '시간의 비용이 가변적'이라는 개념을 언급한 (가)가 와야 한다. 다음으로 베커와 같이 시간의 비용이 가변적이라고 주장한 경제학자 린더의 주장을 소개한 (다)가 와야 하며, 마지막으로 베커와 린더의 공통적 전제인 사람들에게 주어진 시간이 고정된 양이라는 사실과 기대수명이 늘어남으로써 시간의 가치가 달라질 것이라는 내용의 (나)의 순서로 나열해야 한다. 따라서 문단을 순서대로 바르게 나열한 것은 (라) – (가) – (다) – (나)이다.

PART 3

04

제시문에서 우려하고 있는 것은 외환 위기라는 표면적인 이유 때문에 무조건 외제 상품을 배척하는 행위이다. 즉, 문제의 본질을 잘못 이해하여 임기응변식의 대응을 하는 것에 문제를 제기하고 있는 것이다. 따라서 제시문과 가장 관련 있는 속담은 '언 발에 오줌 누기'이다.

오답분석
① 겉모영은 보잘것없으나 내용은 훨씬 훌륭함
③ 성미가 몹시 급함
④ 일이 이미 잘못된 뒤에는 손을 써도 소용이 없음
⑤ 위급한 상황에 처해도 정신만 바로 차리면 위기를 벗어날 수 있음

05

ⓜ 찍던지 → 찍든지

> '~던지 / ~든지'의 구분
> • 던지 : 막연한 의문이 있는 채로 그것을 뒤 절의 사실이나 판단과 관련시키는 데 쓰는 연결 어미(예 얼마나 춥던지 손이 곱아 펴지지 않았다)
> • 든지 : 나열된 동작이나 상태, 대상들 중에서 어느 것이든 선택될 수 있음을 나타내는 연결 어미(예 사과든지 배든지 다 좋다)

06

제시문에서는 우리나라가 지식 기반 산업 위주의 사회로 바뀌면서 내부 노동시장에 의존하던 인력 관리 방식이 외부 노동시장에서의 채용으로 변화함에 따라 지식 격차에 의한 소득 불평등과 국가 간 경제적 불평등 현상이 심화되고 있다고 말하고 있다. 따라서 글의 제목으로 가장 적절한 것은 ③이다.

오답분석
① 정보통신 기술을 통해 전 지구적 노동시장이 탄생하여 기업을 비롯한 사회 조직들이 국경을 넘어 인력을 충원하고 재화와 용역을 구매하고 있다. 하지만 이러한 국가 간 노동 인력의 이동이 가져오는 폐해에 대해서는 언급하고 있지 않다.
② 지식 기반 경제로의 이행은 지식 격차에 의한 소득 불평등 심화 현상을 일으킨다. 하지만 이에 대한 해결책은 언급하고 있지 않다.
④ 생산 기능은 저개발국으로 이전되고 연구 개발 기능은 선진국으로 모여들어 정보 격차가 확대되고 있다. 하지만 국가 간의 격차 축소 정책의 필요성은 언급하고 있지 않다.
⑤ 사회 불평등 현상은 지식 기반 산업 위주로 변화하는 국가에서 나타나거나 나라와 나라 사이에서 나타나기도 한다. 제시문에서 언급한 내용이지만 글의 전체를 다루고 있지 않으므로 적절하지 않다.

07

제시문은 중력, 부력, 항력 등 유체 속에서 운동하는 물체에 작용하는 힘과 종단 속도를 설명하고 있다. 그중에서 부력은 어떤 물체에 의해서 배제된 부피만큼의 유체의 무게에 해당하는 힘으로, 항상 중력의 반대 방향으로 작용하며, 이때 중력의 방향은 수직(연직) 방향이다. ③은 마찰력을 이용한 사례이므로 적절하지 않다.

08

ㄴ. 보험금 지급 부문에서 지원된 전체 금융구조조정자금 중 저축은행이 지원받은 금액의 비중은 $\dfrac{72,892}{303,125} \times 100 \fallingdotseq 24.0\%$로 20%를 초과한다.

ㄷ. 제2금융에서 지원받은 금융구조조정자금 중 보험금 지급 부문으로 지원받은 금액이 차지하는 비중은 $\dfrac{182,718}{217,080} \times 100 \fallingdotseq 84.2\%$ 이므로 80% 이상이다.

ㄹ. 부실자산 매입 부문에서 지원된 금융구조조정자금 중 은행이 지급받은 금액의 비중은 $\dfrac{81,064}{105,798} \times 100 \fallingdotseq 76.6\%$로, 보험사가 지급받은 금액의 비중의 20배인 $\dfrac{3,495}{105,798} \times 100 \times 20 \fallingdotseq 66.1\%$ 이상이므로 옳은 설명이다.

[오답분석]

ㄱ. 출자 부문에서 은행이 지원받은 금융구조조정자금은 222,039억 원으로, 증권사가 지원받은 금융구조조정자금의 3배인 99,769×3=299,307억 원보다 작다.

09

[오답분석]

① 1993년 이후 안정성지수는 증가했다.
③ 안정성지수와 양적성장지수는 구조개혁 전반기의 증감폭이 더 크다.
④ 구조개혁 전반기 양적성장지수의 직전기간 대비 증감폭이 더 크다.
⑤ 질적성장지수는 1.3에서 0.8 정도로 감소했기 때문에 50%에 미치지 못한다.

10

희경이가 본사에서 나온 시각을 구하려면 오후 3시에서 본사에서 지점까지 걸린 시간만큼을 제하면 된다. 본사에서 지점까지 가는 데 걸린 시간은 $\dfrac{20}{60} + \dfrac{30}{90} = \dfrac{2}{3}$ 시간, 즉 40분이 걸렸으므로, 오후 2시 20분에 본사에서 나왔다는 것을 알 수 있다.

11

- 18개 지역 날씨의 총합 : $(-3.4)+(-2.4)+(-2.0)+(0.6)+(7.9)+(4.1)+(0.6)+(-2.3)+(-1.2)+(2.5)+(1.1)+(-1.7)+(-3.2)+(0.6)+(-4.9)+(1.6)+(3.2)+(3.4)=4.5℃$
- 18개 지역 날씨의 평균 : $\dfrac{4.5}{18}=0.25℃$
- 18개 지역의 중앙값 : 0.6℃
따라서 평균값과 중앙값의 차는 0.6-0.25=0.35이다.

12

먼저 채용이 취소된 2명이 누구인지에 대한 구분이 없으므로 그 경우의 수는 $_{10}\mathrm{C}_2$ 이다.
남은 8명의 합격자 중 2명을 회계부서에 배치했으므로 경우의 수는 $_8\mathrm{C}_2$ 이고, 배치하고 남은 6명 중 3명씩을 각각 인사부서와 홍보부서로 배치하였으므로 경우의 수는 $_6\mathrm{C}_3 \times _3\mathrm{C}_3$ 이다.
$\therefore \ _{10}\mathrm{C}_2 \times _8\mathrm{C}_2 \times _6\mathrm{C}_3 \times _3\mathrm{C}_3 = \dfrac{10 \times 9}{2 \times 1} \times \dfrac{8 \times 7}{2 \times 1} \times \dfrac{6 \times 5 \times 4}{3 \times 2 \times 1} \times 1 = 45 \times 28 \times 20 \times 1 = 25,200$
따라서 가능한 경우의 수는 25,200가지이다.

13

㉠ 근로자가 총 90명이고 전체에게 지급된 임금의 총액이 2억 원이므로 근로자당 평균 월 급여액은 $\frac{2억\ 원}{90명} ≒ 222만$ 원이다.

따라서 평균 월 급여액은 230만 원 이하이다.

㉡ 월 210만 원 이상의 급여를 받는 근로자 수는 26+12+8+4=50명이다. 따라서 총 90명의 절반인 45명보다 많으므로 옳은 설명이다.

오답분석

㉢ 월 180만 원 미만의 급여를 받는 근로자 수는 6+4=10명이다. 따라서 전체에서 $\frac{10}{90} ≒ 11\%$의 비율을 차지하고 있으므로 옳지 않은 설명이다.

㉣ '월 240만 원 이상 월 270만 원 미만'의 구간에서 월 250만 원 이상의 급여를 받는 근로자의 수는 주어진 자료만으로는 확인할 수 없다. 따라서 옳지 않은 설명이다.

14

정답 ⑤

9월 말을 기점으로 이후의 그래프가 모두 하향곡선을 그리고 있다.

오답분석

① · ③ 표를 통해 쉽게 확인할 수 있다.
② 환율이 하락하면 반대로 원화가치가 높아진다.
④ 유가 범위는 125 ~ 85 사이의 변동 폭을 보이고 있다.

15

정답 ③

주어진 조건에 따르면 가장 오랜 시간 동안 사업 교육을 진행하는 A와 부장보다 길게 교육을 진행하는 B는 부장이 될 수 없으므로 C가 부장임을 알 수 있다. 이때, 다섯 번째 조건에 따라 C부장은 교육 시간이 가장 짧은 인사 교육을 담당하는 것을 알 수 있다. 이를 표로 정리하면 다음과 같다.

구분	인사 교육	영업 교육	사업 교육
시간	1시간	1시간 30분	2시간
담당	C	B	A
직위	부장	과장	과장

따라서 바르게 연결된 것은 ③이다.

16

정답 ②

주어진 조건을 표로 정리하면 다음과 같다.

구분	아메리카노	카페라테	카푸치노	에스프레소
호동	○	×	×	×
수근				○
지원				×

따라서 옳은 것은 ②이다.

오답분석

① · ⑤ 주어진 조건만으로는 지원이가 좋아하는 커피를 알 수 없다.
③ 수근이는 에스프레소를 좋아하지만, 지원이는 에스프레소를 좋아하지 않는다.
④ 호동이와 수근이는 좋아하는 커피가 다르다고 했으므로, 호동이는 에스프레소를 좋아하지 않는다. 또한 주어진 조건에서 카페라테와 카푸치노도 좋아하지 않는다고 했으므로 호동이가 좋아하는 커피는 아메리카노이다.

17

WT전략은 외부 환경의 위협 요인을 회피하고 약점을 보완하는 전략을 적용해야 한다. ④는 강점(S)을 강화하는 전략이므로 적절하지 않다.

오답분석
① SO전략은 기회를 활용하면서 강점을 더욱 강화시키는 전략이므로 적절하다.
② WO전략은 외부의 기회를 사용해 약점을 보완하는 전략이므로 적절하다.
③ ST전략은 외부 환경의 위협을 회피하며 강점을 적극 활용하는 전략이므로 적절하다.
⑤ WT전략은 외부 환경의 위협 요인을 회피하고 약점을 보완하는 전략이므로 적절하다.

18

정답 ③

B씨가 서류를 제출해야 할 장소는 창문을 등지고 기둥을 지나 왼쪽으로 돈 뒤 오른쪽에 위치한 C이다.

19

정답 ③

제시된 직원 투표 결과를 정리하면 다음과 같다.

(단위 : 표)

여행상품	1인당 비용(원)	총무팀	영업팀	개발팀	홍보팀	공장1	공장2	합계
A	500,000	2	1	2	0	15	6	26
B	750,000	1	2	1	1	20	5	30
C	600,000	3	1	0	1	10	4	19
D	1,000,000	3	4	2	1	30	10	50
E	850,000	1	2	0	2	5	5	15
합계		10	10	5	5	80	30	140

㉠ 가장 인기 높은 여행상품은 D이다. 그러나 공장1의 고려사항은 회사에 손해를 줄 수 있으므로, 2박 3일 여행상품이 아닌 1박 2일 여행상품 중 가장 인기 있는 B가 선택된다. 따라서 $750,000 \times 140 = 105,000,000$원이 필요하므로 옳다.
㉢ 공장1의 A, B 투표 결과가 바뀐다면 여행상품 A, B의 투표 수가 각각 31, 25표가 되어 선택되는 여행상품이 A로 변경된다.

오답분석
㉡ 가장 인기 높은 여행상품은 D이므로 옳지 않다.

20

정답 ④

조건에 따라 최고점과 최저점을 제외한 3명의 면접관의 평균과 보훈 가점을 더한 총점은 다음과 같다.

구분	총점	순위	구분	총점	순위
A	$\frac{80+85+75}{3}=80$점	7위	G	$\frac{80+90+95}{3}+10 ≒ 98.33$점	1위
B	$\frac{75+90+85}{3}+5 ≒ 88.33$점	3위	H	$\frac{90+80+85}{3}=85$점	4위
C	$\frac{85+85+85}{3}=85$점	4위	I	$\frac{80+80+75}{3}+5 ≒ 83.33$점	5위
D	$\frac{80+85+80}{3} ≒ 81.67$점	6위	J	$\frac{85+80+85}{3} ≒ 83.33$점	5위
E	$\frac{90+95+85}{3}+5=95$점	2위	K	$\frac{85+75+75}{3}+5 ≒ 83.33$점	5위
F	$\frac{85+90+80}{3}=85$점	4위	L	$\frac{75+90+70}{3} ≒ 78.33$점	8위

따라서 총점이 가장 높은 6명의 합격자를 면접을 진행한 순서대로 나열하면 $G-E-B-C-F-H$ 순이다.

| 01 | 경영

21	22	23	24	25	26	27	28	29	30	31	32	33	34	35	36	37	38	39	40
③	①	④	①	①	⑤	⑤	①	⑤	⑤	③	④	④	②	①	②	①	①	①	①
41	42	43	44	45	46	47	48	49	50	51	52	53	54	55	56	57	58	59	60
②	④	④	③	⑤	②	③	③	①	③	①	②	③	③	⑤	①	②	①	①	③
61	62	63	64	65	66	67	68	69	70	71	72	73	74	75	76	77	78	79	80
②	①	①	②	①	④	④	②	④	①	①	②	⑤	③	②	⑤	③	②	⑤	④

21

정답 ③

오답분석

① 비용편익비율 : 편익과 비용의 할인된 금액의 비율로써 미래에 발생할 것으로 예상되는 비용과 편익을 현재가치로 환산한 값이다.
② 순현재가치 : 비용과 편익을 기준년도의 현재가치로 할인하여 편익에서 비용을 차감한 값이다.
④ 손익분기점 : 일정 기간의 편익과 비용이 같아 편익과 비용의 차가 0인 매출액이다.
⑤ 자본회수기간 : 투자에 소요된 모든 비용을 회수하는 데 소요되는 기간이다.

22

정답 ①

기능별 조직은 전체 조직을 기능별 분류에 따라 형성시키는 조직의 형태이다. 해당 회사는 수요가 비교적 안정된 소모품을 납품하는 업체이기 때문에 환경적으로도 안정되어 있으며, 부서별 효율성을 추구하므로 기능별 조직이 조직구조로 적합하다.

기능별 조직

구분	내용
적합한 환경	• 조직구조 : 기능조직 • 환경 : 안정적 • 기술 : 일상적이며 낮은 상호의존성 • 조직규모 : 작거나 중간 정도 • 조직목표 : 내적 효율성, 기술의 전문성과 질 향상
장점	• 기능별 규모의 경제 획득 • 기능별 기술 개발 용이 • 기능 목표 달성 가능 • 중간 이하 규모의 조직에 적합 • 소품종 생산에 유리
단점	• 환경변화에 대한 대응이 늦음 • 최고경영자의 의사결정이 지나치게 많음 • 부문 간 상호조정 곤란 • 혁신이 어려움 • 전체 조직목표에 대한 제한된 시각

23

계속기업의 가정이란 보고기업이 예측 가능한 미래에 영업을 계속하여 영위할 것이라는 가정이다. 따라서 기업이 경영활동을 청산 또는 중단할 의도가 있다면, 계속기업의 가정이 아닌 청산가치 등을 사용하여 재무제표를 작성해야 한다.

오답분석
① 재무제표는 재무상태표, 포괄손익계산서, 자본변동표, 현금흐름표, 주석으로 구성된다. 법에서 이익잉여금처분계산서 등의 작성을 요구하는 경우 주석으로 공시한다.
② 재무제표는 원칙적으로 최소 1년에 한 번씩은 작성해야 한다.
③ 현금흐름표 등 현금흐름에 대한 정보는 현금주의에 기반한다.
⑤ 역사적원가는 측정일의 조건을 반영하지 않고, 현행가치는 측정일의 조건을 반영한다. 이때 현행가치는 다시 현행원가, 공정가치, 사용가치(이행가치)로 구분된다.

24

$EOQ = \sqrt{\dfrac{2 \times D \times S}{H}}$ (D=연간 수요량, S=1회 주문비, H=연간단위당 재고유지비용)

$D = 20,000$, $S = 200$, $H = 32$

따라서 $EOQ = \sqrt{\dfrac{2 \times 20,000 \times 200}{32}} = \sqrt{\dfrac{8,000,000}{32}} = \sqrt{250,000} = 500$개이다.

25

리엔지니어링은 해머와 챔피(Hammer & Champy)에 의해 제시된 것으로, 정보기술을 통해 기업경영의 핵심적 과정을 전면 개편함으로써 경영성과를 향상시키려는 경영기법이다. 리엔지니어링은 기존의 관리패턴을 근본적으로 바꾸어 기업경영의 질을 높이려는 것으로, 철학이나 사고방식, 더 나아가 문명의 전환까지 염두에 두고 있다.

오답분석
② · ③ 다운사이징(Downsizing)에 대한 설명이다.
④ CKD(Complete Knock Down)에 대한 설명이다.
⑤ 다운타임(Downtime)에 대한 설명이다.

26

[동기유발력(MF)] $\Sigma = VIE$
상황별로 VIE의 값을 구하면 유인성(V)는 10점, 수단성(I)는 80%이며, 기대치(E)는 70%이다. 브룸의 기대이론에 따르면 동기유발력은 유인성과 기대치, 그리고 수단성을 서로 곱한 결과를 모두 합한 값이므로 동기유발력은 $VIE = 10 \times 0.8 \times 0.7 = 5.6$이다.

27

마이클 포터는 원가우위전략과 차별화전략을 동시에 추구하는 것을 이도저도 아닌 어정쩡한 상황이라고 언급하였으며, 둘 중 한 가지를 선택하여 추구하는 것이 효과적이라고 주장했다.

28
정답 ①

지수평활법은 가장 최근 데이터에 가장 큰 가중치가 주어지고 시간이 지남에 따라 가중치가 기하학적으로 감소되는 가중치 이동평균 예측 기법으로, 평활상수가 클수록 최근 자료에 더 높은 가중치를 부여한다.

오답분석
② 회귀분석법은 실제치와 예측치의 오차를 자승한 값의 총합계가 최소화가 되도록 회귀계수를 추정한다.
③ 수요예측과정에서 발생하는 예측오차들의 합은 영(Zero)에 수렴하는 것이 바람직하다.
④ 이동평균법에서 과거 자료의 수를 증가시키면 예측치를 평활하는 효과는 그지만, 예측의 민감도는 떨어져서 수요예측의 정확도는 오히려 낮아진다.
⑤ 회귀분석법은 인과관계 분석법에 해당한다.

29
정답 ⑤

A기업이 폐기물을 배출하여 B기업에 나쁜 영향을 미치는 외부불경제가 발생하는 상황이다. 이 경우 A기업은 폐기물 처리비용을 부담하지 않으므로 생산량이 사회적 적정생산량보다 많아지고, B기업은 강물을 정화하기 위한 비용을 부담해야 하므로 생산량이 사회적 적정생산량보다 적어진다. 코즈의 정리에 따르면 외부성에 대한 소유권이 적절히 설정되면 A기업과 B기업의 협상을 통해 오염물질 배출량이 사회적인 최적수준으로 감소할 수 있고, 이처럼 협상을 통해 외부성 문제가 해결되기 위해서는 반드시 한 당사자가 다른 당사자에게 보상을 하여야 한다.

30
정답 ⑤

대비오류(Contrast Error)는 대조효과라고도 하며, 연속적으로 평가되는 두 피고과자 간의 평가점수 차이가 실제보다 더 큰 것으로 느끼게 되는 오류를 말한다. 면접 시 우수한 후보의 바로 뒷 순서에 면접을 보는 평범한 후보가 중간 이하의 평가점수를 받는 경우가 바로 그 예라고 할 수 있다.

31
정답 ③

(영업레버리지도)=(공헌이익)÷(영업이익)
• (공헌이익)=(총매출액)-(총변동원가)=5억 원(=10,000개×50,000원)-2천만 원(=10,000개×2,000원)=4억 8천만 원
• (영업이익)=(공헌이익)-(총고정원가)=5억 7천만 원-2억 5천만 원(=10,000×25,000원)=3억 2천만 원
따라서 K기업의 영업레버리지도는 4억 8천만 원÷3억 2천만 원=1.5이다.

32
정답 ④

성공요인은 기업의 경영전략을 평가하고 이를 통해 정의하는 것으로, 평가 관점에 해당하지 않는다.

> **균형성과평가제도(BSC: Balanced Score Card)**
> 조직의 목표 실현을 위해 기존 전략에 대해 재무, 고객, 업무프로세스, 학습 및 성장 관점으로 평가하고, 이를 통해 전략목표 달성을 위한 성공요인을 정의하는 성과관리 시스템이다.

33
정답 ④

오답분석
① 강제할당법에 대한 설명이다.
② 대조표법에 대한 설명이다.
③ 중요사건기술법에 대한 설명이다.
⑤ 에세이평가법에 대한 설명이다.

34

프로그램의 최고 단계 훈련을 마치고, 프로젝트 팀 지도를 전담하는 직원은 블랙벨트이다. 마스터 블랙벨트는 식스 시그마 최고과정에 이른 사람으로, 블랙벨트가 수행하는 프로젝트를 전문적으로 관리한다.

35

정답 ①

페이욜의 6가지 경영활동
- 기술적 활동(생산, 제조, 가공)
- 상업적 활동(구매, 판매, 교환)
- 재무적 활동(자본의 조달과 운용)
- 보호적 활동(재화 및 종업원의 보호)
- 회계적 활동(재산목록, 대차대조표, 원가, 통계 등)
- 관리적 활동(계획, 조직, 명령, 조정, 통제)

36

정답 ②

㉠ 연간수요는 일정하게 발생하고, 주문량에 따라 재고유지비도 선형적으로 증가한다.
㉢ 각 주문은 끊임없이 공급되어 품절 등이 발생하지 않는다.

[오답분석]
㉡ 주문량은 전량 일시에 입고된다.
㉣ 단위당 구매비, 생산비 등이 일정하며, 할인은 적용하지 않는다.

37

정답 ①

직무현장훈련(OJT)이란 업무와 훈련을 겸하는 교육훈련 방법을 의미한다. 실습장 훈련, 인턴사원, 경영 게임법 등은 Off the Job Training에 해당한다.

38

정답 ①

미국의 경영자 포드는 부품의 표준화, 제품의 단순화, 작업의 전문화 등 '3S 운동'을 전개하고 컨베이어 시스템에 의한 이동조립방법을 채택해 작업의 동시 관리를 꾀하여 생산능률을 극대화했다.

39

정답 ①

임프로쉐어 플랜은 단위당 소요되는 표준노동시간과 실제노동시간을 비교하여 절약된 노동시간만큼 시간당 임률을 노사가 1 : 1로 배분하는 것으로, 개인별 인센티브 제도에 쓰이는 성과측정방법을 집단의 성과측정에 이용한 방식이다. 산업공학의 원칙을 이용하여 보너스를 산정한다는 특징이 있다.

[오답분석]
② 스캔런 플랜 : 노사협력에 의한 생산성 향상에 대한 대가를 지불하는 방식의 성과배분계획 모형이다.
③ 러커 플랜 : 매출액에서 각종 비용을 제한 일종의 부가가치 개념인 생산가치로부터 임금상수를 도출하여, 실제 부가가치 발생규모를 표준부가가치와 비교하여 그 절약분에 임금상수를 곱한 만큼 종업원에게 배분하는 방식이다.
④ 메리크식 복률성과급 : 표준작업량의 83%와 100%선을 기준으로 하여 83% 미만의 성과자들에게는 낮은 임률을 적용하지만 83 ~ 100% 사이의 성과자들에게는 표준임금률을 약간 상회하는 수준을, 100% 이상의 성과자들에게는 더 높은 수준의 임률을 제공하여 중간 정도의 목표를 달성하는 종업원을 배려하고 있다.
⑤ 테일러식 차별성과급 : 표준작업량을 기준으로 임금률을 고저로 나누는 방식이다.

40

(기계장치의 취득원가)=20,000,000×2÷10(공정가치 비율)=₩4,000,000

41

분류법은 직무평가의 방법 중 정성적 방법으로, 등급법이라고도 한다.

42

노조가입의 강제성의 정도에 따른 것이므로 '클로즈드 숍 – 유니언 숍 – 오픈 숍' 순서이다.

43

시장이 명확하게 세분화되어 이질적인 시장, 쇠퇴기로 접어드는 제품, 다양성이 높은 제품 등에는 차별적 마케팅 전략이 적합하다.

오답분석
① 경영자원이 부족하여 시장지배가 어려운 기업에는 집중적 마케팅 전략이 적합하다.
②·③·⑤ 소비자의 욕구, 선호도 등이 동질적인 시장, 도입기 또는 성장기에 접어드는 제품, 대량생산 및 유통이 가능한 제품 등에는 비차별적 마케팅 전략이 적합하다.

44

주식시장은 발행시장과 유통시장으로 나누어진다. 발행시장이란 주식을 발행하여 투자자에게 판매하는 시장이고, 유통시장은 발행된 주식이 제3자 간에 유통되는 시장을 의미한다. 자사주 매입은 유통시장에서 이루어지며, 주식배당, 주식분할, 유·무상증자, 기업공개 등은 발행시장과 관련이 있다.

45

수평적 분화는 조직 내 직무나 부서의 개수를 의미하며, 전문화의 수준이 높아질수록 직무의 수가 증가하므로 수평적 분화의 정도는 높아지는 것이 일반적이다.

46

JIT의 주요 요소는 부품의 표준화, 고품질, 가동준비 시간의 감소, 소규모 로트 사이즈, 예방관리가 있다.

47

(필요 광고예산)=(전체 신문의 평균 CPR)×(도달률)
• 전체 신문의 평균 CPR : 500만 원
• 도달률 : (A신문 전체 열독률 20%)+(B신문 전체 열독률 14%)−(중복 4%)=30%
∴ 500만 원×30=1억 5,000만 원

48

집중적 마케팅 전략은 전체 세분시장 중에서 특정 세분시장을 목표시장으로 삼아 집중 공략하는 전략으로, 해당 시장의 소비자 욕구를 보다 정확히 이해하여 그에 걸맞은 제품과 서비스를 제공함으로써 전문화의 명성을 얻을 수 있으며, 그로 인해 생산·판매 및 촉진활동을 전문화함으로써 비용을 절감시킬 수 있다.

49

2부제 가격(이중요율) 전략은 제품의 가격체계를 기본가격과 사용가격으로 구분하여 2부제로 부가하는 가격정책을 말한다. 다시 말해, 제품의 구매량과는 상관없이 기본가격과 단위가격이 적용되는 가격시스템을 의미한다.

50

오답분석

① 아웃소싱 : 일부의 자재, 부품, 노동, 서비스를 외주업체에 이전해 전문성과 비용 효율성을 높이는 것을 말한다.
② 합작투자 : 2개 이상의 기업이 공동으로 투자하여 새로운 기업을 설립하는 것을 말한다.
④ 턴키프로젝트 : 공장이나 여타 생산설비를 가동 직전까지 준비한 후 인도해 주는 방식을 말한다.
⑤ 그린필드투자 : 해외 진출 기업이 투자 대상국에 생산시설이나 법인을 직접 설립하여 투자하는 방식으로, 외국인직접투자(FDI)의 한 유형이다.

51

유연생산시스템(FMS)은 소량의 다품종 제품을 짧은 납기로 생산하여 수요변동에 대한 재고를 지니지 않고 대처하면서 생산 효율의 향상 및 원가절감을 실현할 수 있는 생산시스템이다.

52

시계열분석법은 제품 및 제품계열에 대한 수년간의 자료 등을 수집하기 용이하며, 변화하는 경향이 비교적 분명하고 안정적일 경우에 활용되는 통계적인 예측방법이다.

53

자재소요계획(MRP; Material Requirement Planning)은 부품수요를 관리하기 위한 기법이다.

54

• EPS(주당순이익)=(당기순이익)÷(유통주식수) → 300억 원÷1,000만 주=3,000원
• PER(주가수익비율)=(주가)÷(주당순이익) → 24,000원÷3,000원=8배
따라서 K회사의 적정주가는 24,000원이다.

55

테일러(Tailor)의 과학적 관리법에 해당하는 내용으로, 일반 관리론은 앙리 페이욜이 경영관리를 경영자와 경영실무자의 입장에서 주장하였다. 반면 호손 실험으로는 인간관계론이 등장하였다.

56

확률표본추출 방법으로는 단순확률추출법, 계통추출법, 층화추출법, 군집추출법이 있다.

오답분석

②·③·④·⑤ 비확률표본추출은 확률을 사용하지 않고 조사기관, 조사자 등을 통해 표본 선별을 진행한다. 편의추출법, 판단추출법, 할당추출법, 눈덩이추출법 등이 해당한다.

57

유지가능성이란 세분시장이 충분한 규모이거나 이익을 낼 수 있는 정도의 크기가 되어야 함을 말한다. 즉, 각 세분시장 내에는 특정 마케팅 프로그램을 지속적으로 실행할 가치가 있을 만큼의 동질적인 수요자들이 존재해야 한다.

58

마케팅 전략을 수립하는 순서는 STP 즉, 시장세분화(Segmentation) → 표적시장 선정(Targeting) → 포지셔닝(Positioning) 이다.

59

포지셔닝 전략은 자사제품의 큰 경쟁우위를 찾아내어 이를 바탕으로 선정된 목표시장의 소비자들의 마음 속에 자사의 제품을 자리잡게 하는 전략이다.

60

- (자산)=(자본)+(부채)
- (자본)=(자본금)+(자본잉여금)+[이익잉여금(당기순이익 포함)]
  유상증자를 하면 자본금과 자본잉여금이 증가하고, 이익이 늘어나면 이익잉여금이 증가한다. 주식배당을 하면 이익잉여금이 줄어든 만큼 자본금이 증가하므로 자본은 불변한다. 단, 현금배당을 하면 이익잉여금은 감소하게 된다.
- 1,500억 원=800억 원+(당기순이익)+500억 원
- ∴ (당기순이익)=200억 원

61

- 집약적 유통 : 가능한 많은 중간상들에게 자사의 제품을 취급하도록 하는 것이다.
- 전속적 유통 : 일정 지역 내에서의 독점판매권을 중간상에게 부여하는 방식이다.
- 선택적 유통 : 집약적 유통과 전속적 유통의 중간 형태이다.

62

균형 상태란 자신 – 상대방 – 관련 사물의 세 요소가 내부적으로 일치되어 있는 것처럼 보이는 상태를 말한다. 균형이론은 개인(자신), 태도 대상(상대방), 관련 대상(자신 – 상대방과 관련된 사물) 3가지 삼각관계에 대한 이론으로, 이 관계들에 대한 값(−1 또는 +1)을 곱한 결과 양의 값이 나오면 균형 상태이고, 음의 값이 나오면 불균형 상태이다. 값이 음일 경우 사람들은 심리적 불균형 상태가 되어 균형으로 맞추려고 하는 경향이 있다고 본다.

63

집약적 유통은 포괄되는 시장의 범위를 확대시키려는 전략으로, 소비자는 제품 구매를 위해 많은 노력을 기울이지 않기 때문에 주로 편의품이 이에 해당한다.

64

㉠ 국제회계기준위원회(IASB)는 회계처리 및 재무제표의 통일성을 목적으로 IFRS를 공표한다.
㉢ 보유자산을 공정가치로 측정함에 따라 현재의 시장가격을 기준으로 해당 자산을 평가한다.

[오답분석]
㉡ IFRS를 도입한 기업은 연결 재무제표를 기본 재무제표로 사용하여야 한다.
㉣ 우리나라는 2011년부터 상장사, 금융기업 등에 대해 IFRS를 의무 도입하였다.

65

공급사슬관리(SCM)는 공급업체, 구매 기업, 유통업체 그리고 물류회사들이 주문, 생산, 재고수준 그리고 제품과 서비스의 배송에 관한 정보를 공유하도록 하여 제품과 서비스를 효율적으로 구매, 생산, 배송할 수 있도록 지원하는 시스템이다.

66

• 2024년 초 부채요소의 장부금액 : 93,934+3,087(전환권조정 상각액)=₩97,021
• 2024년 전환사채 행사 시 증가하는 주식발행초과금 : 97,021×60%−(자본금)+(전환권대가 대체액)=58,213−(60주×500)+6,066×60%=₩31,853

67

허시와 블랜차드의 3차원적 유효성이론에 따르면 부하의 성숙수준이 증대됨에 따라 리더는 부하의 성숙수준이 중간 정도일 때까지 보다 더 관계지향적인 행동을 취해야 하며, 과업지향적인 행동은 덜 취해야 한다.

68

• [저가재고(4,000)]=(실제수량)×80(순실현가능가치)
∴ (실제수량)=50개

69

재판매가격 유지정책에 대한 설명이다.

70

[오답분석]
② 단일 투자안의 투자의사결정은 기업이 미리 설정한 최장기간 회수기간보다 실제 투자안의 회수기간이 짧으면 선택하게 된다.
③ 화폐의 시간가치를 고려하지 못하고 회수기간 이후의 현금흐름을 무시하고 있다는 점에서 비판을 받고 있다.
④ 투자안을 평가하는 데 있어 방법이 매우 간단하면서 서로 다른 투자안을 비교하기 쉽고 기업의 자금 유동성을 고려하였다는 장점을 가지고 있다.
⑤ 두 기법 모두 화폐의 시간가치를 고려하지 않고 있다.

71

주제품과 함께 사용되어야 하는 종속제품을 높은 가격으로 책정하여 마진을 보장하는 전략을 종속제품 가격결정이라고 한다.

오답분석

② 묶음 가격결정 : 몇 개의 제품들을 하나로 묶어서 할인된 가격으로 판매하는 전략이다.
③ 단수 가격결정 : 제품 가격의 끝자리를 단수로 표시하여 소비자들이 제품의 가격이 저렴하다고 느껴 구매하도록 하는 가격전략이다.
④ 침투 가격결정 : 빠른 시일 내에 시장에 깊숙이 침투하기 위해, 신제품의 최초가격을 낮게 설정하는 전략이다.
⑤ 스키밍 가격결정 : 신제품이 시장에 진출할 때 가격을 높게 책정한 후 점차적으로 그 가격을 내리는 전략이다.

72

수직적 통합이란 원재료 획득에서부터 최종제품의 생산, 판매에 이르기까지의 제품의 전체적인 공급과정에서 기업이 어느 일정 부분을 통제하는 전략으로 다각화의 한 방법이며, 이는 전방통합과 후방통합으로 구분할 수 있다. 원재료를 공급하는 기업이 생산기업을 통합하거나, 생산기업이 유통채널을 가진 기업을 통합하는 것을 전방통합이라고 한다. 반면 유통기업이 생산기업을 통합하거나, 생산기업이 원재료 공급업체를 통합하는 것을 후방통합이라고 한다. 수직적 통합은 경쟁자 배제, 수익의 증대, 기술적 일관성을 높일 수 있는 장점이 있다.

73

상대평가란 피평가자들 간 비교를 통하여 평가하는 방법으로, 피평가자들의 선별에 초점을 두는 인사평가이다. 상대평가 기법으로는 서열법, 쌍대비교법, 강제할당법 등이 있다.
서열법은 피평가자의 능력·업적 등을 통틀어 그 가치에 따라 서열을 매기는 기법이고, 쌍대비교법은 두 사람씩 쌍을 지어 비교하면서 서열을 정하는 기법이다. 강제할당법은 사전에 범위와 수를 결정해 놓고 피평가자를 일정한 비율에 맞추어 강제로 할당하는 기법이다.

> **절대평가**
> 피평가자의 실제 업무수행 사실에 기초하여 피평가자의 육성에 초점을 둔 평가방법이다. 절대평가 기법으로는 평정척도법, 체크리스트법, 중요사건기술법 등이 있다.
> • 평정척도법 : 피평가자의 성과, 적성, 잠재능력, 작업행동을 평가하기 위해 평가요소들을 제시하고 이에 따라 단계별 차등을 두어 평가하는 기법
> • 체크리스트법 : 직무상 행동들을 구체적으로 제시하고 평가자가 해당 서술문을 체크하는 기법
> • 중요사건기술법 : 피평가자의 직무와 관련된 효과적이거나 비효과적인 행동을 관찰하여 기록에 남긴 후 평가하는 기법

74

오답분석

① 규모의 경제를 활용하기 위해서는 하나의 공기업에서 생산하는 것이 바람직하다.
② 공공재를 아무런 규제없이 시장원리에 맡겨둘 경우 과소 생산이 이루어져 사회적 최적생산량 달성을 이룰 수 없다.
④ 한계비용가격 설정을 사용하는 경우 해당 공기업은 손실을 입게 된다.
⑤ 평균비용가격 설정을 사용하는 경우 사회적 최적 생산량에 미달한다.

75

수익성 지수는 여러 투자안이 있을 때 어느 투자안이 경제성이 있는지 판단하기 위해 쓰인다.

76

측정 도구와 관계없이 측정상황에 따라 발생하는 오차는 비체계적 오차이다. 체계적 오차는 측정 과정에서 일정한 패턴이나 규칙성을 가지는 오차를 말한다. 비체계적 오차가 적다는 것은 신뢰성이 높다고 볼 수 있다.

77

트러스트(Trust)는 경제적 자립권과 독립성을 둘 다 포기한 채 시장독점이라는 하나의 목적으로 여러 기업이 뭉쳐서 이뤄진 통일체이다.

[오답분석]

① 카르텔(Kartell) : 기업연합을 의미하는 용어로, 동종 산업에 종사하는 다수의 기업들이 서로 경제적인 자립권과 법률상 독립권을 유지한 채 시장독점을 목적으로 한 연합체이다.
② 신디케이트(Syndicate) : 가장 고도화된 카르텔의 형태로 생산은 독립성을 유지하나, 판매는 공동판매회사를 통해서 이루어진다.
④ 콘체른(Konzern) : 법률상의 독립권만 유지되는 형태의 기업연합이다.
⑤ 콩글로머리트(Conglomerate) : 합병 또는 매수에 의해서 상호 관련 없는 이종기업을 결합하는 기업집중형태이다.

78

메인터넌스 숍은 조합원이 되면 일정 기간 동안 조합원의 신분을 유지하도록 하는 제도를 말한다. 조합원이 아닌 종업원에게도 노동조합비를 징수하는 제도는 에이전시 숍이다.

79

q-비율이 1보다 크다는 것은 시장에서 평가되는 기업의 가치가 자본량을 늘리는 데 드는 비용보다 더 큼을 의미하므로 투자를 하는 것이 바람직하고, 1보다 작을 경우에는 기업의 가치가 자본재의 대체비용에 미달함을 의미함으로 투자를 감소하는 것이 바람직하다. 또한 이자율이 상승하면 주가가 하락하여 q-비율 또한 하락하게 되므로 투자를 감소시키는 것이 바람직하다. 토빈의 q-비율은 주식시장에서 평가된 기업의 시장가치(분자)를 기업의 실물자본의 대체비용(분모)으로 나눠서 도출할 수 있다.

80

항상성장모형은 기업의 이익과 배당이 매년 $g\%$만큼 일정하게 성장한다고 가정할 경우 주식의 이론적 가치를 나타내는 모형이다.

$$V_0 = \frac{D_1}{k-g}$$

• V_0 : 당기 1주당 현재가치(주가)
• D_1 : 차기주당배당금
• k : 요구수익률
• g : 성장률

문제에서 제시한 배당금과 요구수익률, 성장률을 식에 대입해보면 $V_0 = \dfrac{1,100}{0.15-0.10} = 22,000$원이다. 따라서 항상성장모형에 의한 A주식의 1주당 현재가치는 22,000원이다.

| 02 | 경제

21	22	23	24	25	26	27	28	29	30	31	32	33	34	35	36	37	38	39	40
②	③	②	④	②	②	③	③	①	④	④	⑤	②	④	③	③	④	④	①	③
41	42	43	44	45	46	47	48	49	50	51	52	53	54	55	56	57	58	59	60
④	①	③	④	①	⑤	③	⑤	⑤	⑤	③	⑤	①	③	④	①	④	④	④	②
61	62	63	64	65	66	67	68	69	70	71	72	73	74	75	76	77	78	79	80
⑤	④	②	②	②	④	①	④	①	⑤	④	③	⑤	①	③	③	③	①	④	⑤

21
정답 ②

㉠ 생산비용이 절감하거나 생산기술이 발전하면 공급이 늘어나 공급곡선이 오른쪽으로 이동한다.
㉢ A의 가격이 높아지면 대체재인 B의 가격이 상대적으로 낮아져 수요가 늘어나게 된다.

오답분석

㉡ 정상재의 경우 수입이 증가하면 수요가 늘어나 수요곡선이 오른쪽으로 이동한다.
㉣ 상품의 가격이 높아질 것으로 예상되면 나중에 더 높은 가격에 팔기 위해 공급이 줄어들게 된다.

22
정답 ③

일반적으로 한계대체율 체감과 무차별곡선의 볼록성은 같은 의미이다. 무차별곡선이 볼록할 경우 무차별곡선의 기울기는 X재 소비 증가에 따라 점점 평평해지며, 이는 X재를 많이 소비할수록 Y재 단위로 나타낸 X재의 상대적 선호도가 감소한다는 의미이므로 한계대체율 체감을 의미한다.

23
정답 ②

오쿤의 법칙(Okun's Law)에 따르면 경기 회복기에는 고용의 증가 속도보다 국민총생산의 증가 속도가 더 크고, 불황기에는 고용의 감소 속도보다 국민총생산의 감소 속도가 더 크다. 구체적으로 실업률이 1% 늘어날 때마다 국민총생산은 2.5%의 비율로 줄어드는 데, 이와 같은 실업률과 국민총생산의 밀접한 관계를 오쿤의 법칙이라 한다.

오답분석

① 왈라스의 법칙(Walars' Law)에 대한 설명이다.
③ 엥겔의 법칙(Engel's Law)에 대한 설명이다.
④ 슈바베의 법칙(Schwabe's Law)에 대한 설명이다.
⑤ 그레셤의 법칙(Gresham's Law)에 대한 설명이다.

24
정답 ④

배제성이란 어떤 특정한 사람이 재화나 용역을 사용하는 것을 막을 수 있는 가능성을 말한다. 반대로 그렇지 못한 경우는 비배제성이 있다고 한다. 경합성이란 재화나 용역을 한 사람이 사용하게 되면 다른 사람의 몫은 그만큼 줄어든다는 것으로, 희소성의 가치에 의해 발생하는 경제적인 성격의 문제이다. 일반적으로 접하는 모든 재화나 용역은 경합성이 있으며, 반대로 한 사람이 재화나 용역을 소비해도 다른 사람의 소비를 방해하지 않는다면 비경합성에 해당한다. 비경합성과 비배제성을 동시에 가지고 있는 재화나 용역은 국방, 치안 등 공공재가 있다.

25

정답 ②

엥겔지수는 가계 소비지출에서 차지하는 식비의 비율을 의미하며, 가계 소비지출은 소비함수[(독립적인 소비지출)+{(한계소비성향)×(가처분소득)}]로 계산할 수 있다. 각각의 숫자를 대입하면 100만 원+(0.6×300만 원)=280만 원이 소비지출이 되고, 이 중 식비가 70만 원이므로, 엥겔지수는 70만 원÷280만 원=0.25이다.

26

정답 ②

노동자가 10명일 때 1인당 평균생산량이 30단위이므로 총생산량은 10×30=300단위이다. 노동자가 11명일 때 1인당 평균생산량이 28단위이므로 총생산량은 11×28=308이다. 따라서 11번째 노동자의 한계생산량은 8단위이다.

27

정답 ③

물가가 급속하게 상승하는 인플레이션이 발생하면 화폐가치가 하락하게 되므로 채무자나 실물자산보유자는 채권자나 금융자산보유자보다 유리해진다.

28

정답 ③

ⓒ 경제적 후생이란 사회구성원이 느끼는 행복을 물질적 이익 또는 소득으로 측정한 것을 말한다.
ⓒ 가격이 하락하면 수요곡선상 가격의 이동으로 신규 또는 추가 소비잉여가 발생한다.

[오답분석]

㉠ 완전경쟁시장은 외부효과가 없는 것으로 가정한다.
㉣ 생산자잉여는 생산자가 수취하는 금액에서 생산비용을 뺀 것을 말한다.

29

정답 ①

솔로우모형은 규모에 대한 보수불변 생산함수를 가정하며, 시간이 흐름에 따라 노동량이 증가하며 기술이 진보하는 것을 고려한 성장모형이다. 솔로우모형은 장기 균형상태에서 더 이상 성장이 발생하지 않으며 자본의 한계생산체감에 의해 일정한 값을 갖게 되는 수렴현상이 발생한다고 설명한다.

30

정답 ④

- $(2022년 \ GDP디플레이터)=\dfrac{(명목 \ GDP_{2022})}{(실질 \ GDP_{2022})}\times100=\dfrac{100}{(실질 \ GDP_{2022})}\times100=100 \rightarrow 2022년 \ 실질 \ GDP=100$

- $(2023년 \ GDP디플레이터)=\dfrac{(명목 \ GDP_{2023})}{(실질 \ GDP_{2023})}\times100=\dfrac{150}{(실질 \ GDP_{2023})}\times100=120 \rightarrow 2023년 \ 실질 \ GDP=125$

따라서 2023년의 전년 대비 실질 GDP 증가율은 $\dfrac{125-100}{100}\times100=25\%$이다.

31

정답 ④

특허료 수취는 서비스수지(경상수지)를 개선하는 사례이다.

[오답분석]

①・③ 투자수지(자본수지) 개선에 대한 사례이다.
② 서비스수지(경상수지) 악화에 대한 사례이다.
⑤ 소득수지(경상수지) 악화의 요인이다.

32

정답 ⑤

완전경쟁시장은 같은 상품을 취급하는 수많은 공급자와 수요자가 존재하는 시장이다. 시장 참여자는 가격의 수용자일 뿐 가격 결정에 전혀 영향력을 행사하지 못한다. 기업들은 자유롭게 시장에 진입하거나 퇴출할 수 있다. 완전경쟁시장에서 기업의 이윤은 P(가격)=AR(평균수입)=MC(한계비용)인 균형점에서 극대화된다.

제시된 그래프에서 기업의 평균가변비용의 최소점은 80원이다. 시장가격이 90원일 때 평균가변비용을 충당할 수 있으므로 기업은 계속해서 생산을 한다. 균형점(P=AR=MC=90원)에서 이윤을 얻을 수 있는지는 고정비용의 크기에 달려 있으므로 주어진 그래프만으로는 알 수 없다.

33

정답 ②

옵션(Option)은 파생상품의 하나로, 미래의 일정 기간 내에 특정 상품이나 외환, 유가증권 등의 자산을 미리 정한 가격에 사거나 팔 수 있는 권리다. 이때 옵션거래에는 풋옵션과 콜옵션이 있다. 풋옵션은 미리 정한 가격으로 팔 수 있는 권리이고, 콜옵션은 미리 정한 가격으로 살 수 있는 권리다. 옵션 매수자는 꼭 사거나 팔아야 하는 거래 이행의 의무는 없으며, 불리할 경우 옵션을 포기할 수 있다. (주)한국은 환율 하락을 예상해 풋옵션 1,000계약을 계약당 30원에 매수했으므로 옵션 매수비용으로 3만 원을 지출했다. 옵션 만기일에 원·달러 환율이 예상과 달리 1,200원으로 상승했으므로 풋옵션을 행사하지 않을 것이다. 따라서 옵션거래에 따른 손익은 풋옵션 매수비용인 3만 원이다.

34

정답 ④

1단위의 노동을 투입할 때 총생산물은 그때까지의 한계생산물을 합하여 계산한다. 따라서 (가)=90, (나)=90+70=160, (라)= 210-160=50이다. 평균생산은 투입된 생산요소 한 단위당 생산량을 의미하므로 (다)=$\frac{160}{2}$=80, (마)=$\frac{210}{3}$=70이다.

따라서 옳지 않은 것은 ④이다.

35

정답 ③

예측하지 못한 인플레이션은 부의 재분배 효과를 가져온다. 즉, 예상한 인플레이션보다 실제 물가가 더 많이 상승하면 화폐의 실질 가치가 하락하게 되므로 채권자는 손해를 보고 채무자는 이득을 본다. 보기에서 국채를 발행한 정부와 장기 임금 계약을 맺은 회사는 채무자로 볼 수 있다.

36

정답 ③

할당관세는 물자수급을 원활하게 하기 위해 특정물품을 적극적으로 수입하거나, 반대로 수입을 억제하고자 할 때 사용된다.

37

정답 ④

케인스에 따르면 현재의 소비는 현재의 가처분소득에 의해서만 결정되므로 이자율은 소비에 아무런 영향을 미치지 않는다.

38

정답 ④

루카스의 공급곡선 공식은 $Y=Y_N+\alpha(p-p^e)(\alpha>0)$이므로 물가예상이 부정확한 경우 단기 총공급곡선은 우상향하게 된다. 즉, 루카스의 불완전정보모형에서는 재화가격에 대한 정보불완전성 때문에 단기총공급곡선이 우상향한다.

39

정부의 확장적 재정정책, 독립적인 민간 투자의 증가, 가계의 소비 증가, 확대금융정책으로 인한 통화량의 증가 등은 총수요곡선을 오른쪽으로 이동시키는 수요견인 인플레이션의 요인이다.

[오답분석]

② · ⑤ 수입 자본재나 국제 원자재 가격의 상승은 총공급곡선을 왼쪽으로 이동시켜 비용인상 인플레이션이 발생하게 된다.

③ 임금이 하락하면 총공급곡선이 오른쪽으로 이동하므로 물가는 하락하게 된다.

④ 환경오염의 감소는 인플레이션과 직접적인 관계가 없다.

40

[오답분석]

ㄴ. 구매력 평가설에 의하면 빅맥 1개의 가격은 미국에서 5달러, 한국에서는 4400원이므로, 원화의 대미 달러 환율은 880원이다.

ㄷ. (실질환율)$=\dfrac{(명목환율)\times(외국물가)}{(자국물가)}=\dfrac{1,100\times5,500}{4,400}=1,375$원이다.

41

자연실업률이란 마찰적 실업만 존재하는 완전고용상태의 실업률을 의미한다. 정부가 구직 사이트 등을 운영하여 취업정보를 제공하는 경우에는 자연실업률이 하락하지만 경제 불확실성의 증가, 정부의 사회보장제도 확대 등은 자연실업률을 상승시키는 요인이다.

42

공급자에게 조세가 부과되더라도 일부는 소비자에게 전가되므로 소비자도 조세의 일부를 부담하게 된다.

43

독점적 경쟁시장에서는 제품의 차별화가 클수록 수요의 가격탄력성은 낮아져서 서로 다른 가격의 수준을 이루게 된다.

44

[오답분석]

① 수요의 가격탄력성이 1보다 작은 경우, 가격이 하락하면 총수입은 감소한다.

② 수요의 가격탄력성이 커질수록 물품세 부과로 인한 경제적 순손실은 커진다.

③ 소비자 전체 지출에서 차지하는 비중이 큰 상품일수록 수요의 가격탄력성은 커진다.

⑤ 대체재가 많을수록 수요의 가격탄력성은 커진다.

45

정부지출의 효과가 크기 위해서는 승수효과가 커져야 한다. 승수효과란 확대재정정책에 따른 소득의 증가로 인해 소비지출이 늘어나게 되어 총수요가 추가적으로 증가하는 현상을 말한다. 즉, 한계소비성향이 높을수록 승수효과는 커진다. 한계소비성향이 높다는 것은 한계저축성향이 낮다는 것과 동일한 의미이다.

46

정답 ⑤

외부불경제가 발생할 경우 SMC(사회적 한계비용)은 PMC(사적 한계비용)에 EMC(외부 한계비용)을 합한 값으로 계산한다. 따라서 PMC는 $4Q+20$이고, EMC는 10이므로 SMC는 $4Q+30$이다. 사회적 최적생산량은 사회적 한계비용과 수요곡선이 교차하는 지점에서 형성된다. 따라서 $P=SMC$이고 시장수요 $P=60-Q$이므로 $4Q+30=60-Q \rightarrow 5Q=30 \rightarrow Q=6$이다.

47

정답 ③

케인스가 주장한 절약의 역설은 개인이 소비를 줄이고 저축을 늘리는 경우 저축한 돈이 투자로 이어지지 않기 때문에 사회 전체적으로 볼 때 오히려 소득의 감소를 초래할 수 있다는 이론이다. 저축을 위해 줄어든 소비로 인해 생산된 상품은 재고로 남게 되고 이는 총수요 감소로 이어져 국민소득이 줄어들 수 있다.

48

정답 ⑤

국내총생산(GDP)에 포함되는 것은 최종재의 가치이다. 최종재란 생산된 후 소비자에게 최종 소비되는 재화를 의미하므로 최종재 생산에 투입되는 중간재의 가치는 포함되지 않는다. 분식점에 판매된 고추장은 최종재인 떡볶이를 만드는 재료로 쓰이는 중간재이므로 GDP 측정 시 포함되지 않는다. 또한 토지가격 상승에 따른 자본이득은 아무런 생산과정이 없기 때문에 토지가 매매되기 전까지는 GDP에 포함되지 않는다.

49

정답 ⑤

외부성은 어떤 행위가 제3자에게 의도하지 않은 혜택이나 손해를 가져다주는데, 이에 대한 대가가 거래되지 않은 것을 말한다. 예방접종은 접종을 맞은 사람뿐만 아니라 맞지 않은 사람의 감염률을 낮추고, 산업시설 등에서 발생하는 환경오염은 대표적인 외부성의 예다. 산림 녹화와 같은 환경개선도 마찬가지다. 하지만 도로가 새로 개통되고, 도로 인근의 부동산 가격이 상승한 것은 외부성에 포함되지 않는다. 도로 개통으로 인한 긍정적인 경제적 효과는 부동산 가격에 반영된다.

50

정답 ⑤

다. 디플레이션이 발생하면 기업의 실질적인 부채부담이 증가한다.
라. 기업의 채무불이행이 증가하면 금융기관 부실화가 초래된다.

오답분석

가. 피셔효과에 따르면 '(명목이자율)=(실질이자율)+(예상인플레이션율)'의 관계식이 성립하므로 예상인플레이션율이 명목이자율을 상회할 경우 실질이자율은 마이너스(−) 값이 될 수 있다. 하지만 명목이자율은 마이너스(−) 값을 가질 수 없다.
나. 명목임금이 하방경직적일 때 디플레이션으로 인해 물가가 하락하면 실질임금은 상승하게 된다.

51

정답 ③

바닷속 물고기는 소유권이 어떤 특정한 개인에게 있지 않고 사회전체에 속하는 공유자원이라고 보아 과다하게 소비되어 결국 고갈되는 사례가 많다. 이를 공유자원의 비극이라고 한다. 공유자원은 공공재처럼 소비에서 배제성은 없지만 경합성은 갖고 있다. 즉, 원하는 사람은 모두 무료로 사용할 수 있지만 한 사람이 공유자원을 사용하면 다른 사람이 사용에 제한을 받는다. 따라서 공유자원의 비극을 방지하기 위해서는 공유지의 소유권을 확립하여 자원을 낭비하는 일을 줄여야 한다.

52

정답 ⑤

외부불경제에 해당하는 사례를 고르는 문제이다. 외부효과란 한 사람의 행위가 제3자의 경제적 후생에 영향을 미치지만 그에 대한 금전적 보상이 이뤄지지 않는 현상을 의미한다. 공해와 같은 외부불경제는 재화 생산의 사적 비용이 사회적 비용보다 작기 때문에 사적 생산이 사회적 최적 생산량보다 과다하게 이루어진다. 외부불경제로 인한 자원배분의 비효율성을 해결하기 위해 정부는 세금·벌금 등을 부과하거나 규제를 가하게 된다. 반면, 외부경제는 사적 비용이 사회적 비용보다 크기 때문에 사적 생산이 사회적 최적 생산량보다 작게 이뤄진다.

53

정답 ①

코즈의 정리란 민간 경제주체들이 자원 배분 과정에서 거래비용 없이 협상할 수 있다면 외부효과로 인해 발생하는 비효율성을 시장 스스로 해결할 수 있다는 이론이다. 한편, 코즈의 정리에 따르면 재산권이 누구에게 부여되는지는 경제적 효율성 측면에서 아무런 차이가 없지만 소득분배 측면에서는 차이가 발생한다.

54

정답 ③

$$(\text{노동수요의 임금탄력성}) = \frac{(\text{노동수요량의 변화율})}{(\text{임금의 변화율})}$$

$$(\text{노동수요량의 변화율}) = \frac{10,000 - 9,000}{10,000} \times 100 = 10\%$$

$$(\text{임금의 변화율}) = \frac{5,000 - 6,000}{5,000} \times 100 = |-20| = 20\%$$

따라서 노동수요의 임금탄력성은 $\frac{10\%}{20\%} = 0.5\%$이다.

55

정답 ④

두 나라 간 화폐의 교환비율인 환율을 결정하는 요소는 물가와 이자율 차이다. 빅맥지수로 잘 알려진 구매력평가설이 물가에 따른 환율결정이론이라고 한다면 이자율평가는 이자율에 따른 환율결정이론이라고 할 수 있다.
자본은 투자의 수익과 위험을 고려하여 동일한 위험에 대해 최대의 수익을 얻기 위해 국가 간에 이동한다. 이자율평가는 자본의 국가 간 이동이 자유로운 경우 국제 자본거래에서 이자율과 환율 간 관계를 나타낸다. 이자율평가는 (국내금리)=(외국의 금리)+[(미래환율)−(현재환율)]÷(현재환율)의 식으로 표현된다. 따라서 0.1=(미래환율−1,000)÷1,000에서 미래환율은 1,100원임을 알 수 있다.

56

정답 ①

공동소유 목초지와 같은 공동자원은 한 사람이 소비하면 다른 사람이 소비할 수 없으므로 경합성은 있으나 다른 사람이 소비하는 것을 막을 수는 없으므로 배제성은 없다. 유료도로는 통행료를 내지 않은 차량은 배제가 가능하므로 공유자원이 아니다. 반면 막히는 무료도로는 누구나 이용할 수 있으나 소비가 경합적이므로 공유자원으로 볼 수 있다. 공유자원의 이용을 개인의 자율에 맡길 경우 서로의 이익을 극대화함에 따라 자원이 남용되거나 고갈되는 공유지의 비극이 발생할 수 있다.

57

정답 ④

자동차 사고가 발생하면 보험료를 할증하는 것은 보험가입 후에 태만을 방지하기 위한 것이므로 도덕적 해이를 줄이기 위한 방안에 해당한다.

58

정답 ④

학습효과(R&D)모형은 의도적인 교육투자가 아니라 통상적인 생산과정에서 나타나는 학습효과의 중요성을 강조하는 모형이다. 반면, 의도적인 교육투자를 강조하는 모형은 인적자본모형이다.

59

정답 ④

1급 가격차별은 각 소비자의 수유가격으로 가격을 차별한 안전가격치별로, 소비자잉여가 전부 독점기업에 귀속된다. 1급 가격차별의 경우 가격과 한계비용이 일치하여 자중손실이 발생하지 않으므로 자원배분이 효율적으로 이루어진다. 2급 가격차별은 구매량이 클수록 가격을 낮추는 가격차별로, 서로 다른 구매량에 적용되는 단위당 가격이 달라 소비자가 지불하는 가격은 구매량에 따라 다르다. 2급 가격차별의 일종인 이부가격제는 최대 소비자잉여만큼의 기본료가 부과되어 소비자잉여가 독점기업에 귀속된다. 3급 가격차별은 수요의 가격탄력도가 높은 시장에 낮은 가격, 낮은 시장에 높은 가격을 매기는 가격차별이다.

60

정답 ②

효율성임금이론이란 평균임금보다 높은 임금을 지급해 주는 것을 유인으로 생산성 높은 노동자를 채용하여 생산성을 결정짓는 이론이다.

61

정답 ⑤

$TR = P \times Q = (100 - 2Q) \times Q = 100Q - 2Q^2$

이윤극대화의 조건은 한계수입과 한계비용이 같아야 하기 때문에 $MR = MC$가 된다.

이때 한계비용은 1단위당 60원이므로 $MC = 60$이 된다.

$MR = \dfrac{\Delta TR}{\Delta Q} = 100 - 4Q$이므로

$100 - 4Q = 60$

$4Q = 40$

$\therefore \ Q = 10$

이 값을 시장수요곡선식인 $P = 100 - 2Q$에 대입하면 $P = 80$이다.

따라서 이 독점기업의 이윤극대화 가격은 80원이고, 생산량은 10개이다.

62

정답 ④

조세부담의 전가란 조세가 부과되었을 때 세금이 납세의무자에게 부담되지 않고 각 경제주체의 가격조정 과정을 통해 조세부담이 다른 경제주체에게 이전되는 현상을 말한다. 한편, 조세부담의 전가는 해당 재화의 시장에서 수요와 공급의 가격탄력성에 따라 결정된다. 즉, 수요의 가격탄력성이 작으면 소비자가 조세를 더 많이 부담하고, 공급의 가격탄력성이 작으면 판매자가 조세를 더 많이 부담한다.

63

정답 ②

돼지고기 값이 상승하는 경우는 돼지고기에 대한 수요가 늘거나, 공급이 줄거나, 대체재 소비가 줄어들 때이다. 돼지 사육두수가 점차 감소하면 공급이 줄어들어 돼지고기 값이 상승하고, 정부 예상보다 경기 회복세가 강한 경우에도 돼지고기에 대한 수요가 증가하여 돼지고기 값이 상승한다.

64

정답 ②

환율의 하락은 외환시장에서 외환의 초과 공급 또는 국내통화의 수요 증가를 의미한다. 미국 달러 자본의 국내 투자 확대, 국내 부동산 매입, 국내 주식 매입, 국내산 제품의 수출 증가는 모두 외환의 초과공급과 국내통화의 초과수요라는 결과를 가져오므로 국내통화의 가치가 상승하면서 환율은 하락하게 된다.

65

정답 ②

소비자 주권은 소비자들이 어떤 물건을 얼마나 사느냐에 따라 기업들이 생산하는 물건의 종류와 수량이 정해지고, 이에 따라 사회적 자원배분이 결정된다는 의미이다. 즉, 자본주의체제에서는 무엇을 생산할 것인가가 소비자들의 선택에 달려 있다는 의미이므로 사유재산제도와는 직접적 연관이 없다.

오답분석

① 누구나 사용할 수 있는 공유재산은 누구의 재화도 아니라는 인식으로 인해 제대로 보존·유지되지 못하는 반면, 사유재산제도는 개인의 소유욕을 제도적으로 보장하여 사회의 생산적 자원이 보존·유지·증식되도록 한다.
③ 부의 분산에 기반하여 다양한 가치가 만들어지고 의사결정의 권력도 분산된다.

66

정답 ④

GDP 디플레이터(GDP Deflator)는 명목 GDP와 실질 GDP 간의 비율로서 국민경제 전체의 물가압력을 측정하는 지수로 사용되며, 통화량 목표설정에 있어서도 기준 물가상승률로 사용된다.

67

정답 ①

우상향하는 총공급곡선이 왼쪽으로 이동하는 경우는 부정적인 공급충격이 발생하는 경우이다. 따라서 임금이 상승하는 경우 기업의 입장에서는 부정적인 공급충격이므로 총공급곡선이 왼쪽으로 이동하게 된다.

오답분석

②·③·④ 총수요곡선을 오른쪽으로 이동시키는 요인이다.
⑤ 총공급곡선을 오른쪽으로 이동시키는 요인이다.

68

정답 ④

시장균형점은 수요곡선과 공급곡선이 만나는 지점이므로
$7 - 0.5Q = 2 + 2Q$
$\rightarrow 2.5Q = 5$
$\therefore Q = 2, \ P = 6$
공급의 탄력성은 가격이 1% 변할 때, 공급량이 몇 %가 변하는지를 나타낸다.

$$[\text{공급탄력성}(\eta)] = \frac{\dfrac{\Delta Q}{Q}}{\dfrac{\Delta P}{P}} = \frac{\Delta Q}{\Delta P} \times \frac{P}{Q} = \frac{1}{2} \times \frac{6}{2} = \frac{3}{2} = 1.5$$

$$\left(\because \text{공급곡선 } P = 2 + 2Q \text{에서 } Q = \frac{1}{2}P - 1 \quad \therefore \ \frac{\Delta Q}{\Delta P} = \frac{1}{2} \right)$$

69

정답 ①

$$(\text{실업률})=\frac{(\text{실업자 수})}{(\text{경제활동인구})}\times100=\frac{(\text{실업자 수})}{(\text{취업자 수})+(\text{실업자 수})}\times100$$

실업자는 경제활동인구 중 일할 뜻이 있는 데도 일자리를 갖지 못한 사람이다. 따라서 일할 능력이 있어도 의사가 없다면 실업률 계산에서 제외되며, 학생이나 주부는 원칙적으로 실업률 통계에서 빠지지만 수입을 목적으로 취업하면 경제활동인구에 포함된다. 또한, 군인, 수감자 등은 대상에서 제외한다. 따라서 취업자가 퇴직하여 전업주부가 되는 경우는 취업자가 빠져나가 경제활동인구가 감소, 즉 분모 값이 작아지게 되는 것을 의미하므로 실업률이 높아지게 된다.

70

정답 ⑤

수요의 가격탄력성이 1일 경우는 수용곡선상의 중점이므로 이때의 X재 가격은 50원이다. 독점기업은 항상 수요의 가격탄력성이 1보다 큰 구간에서 재화를 생산하므로 독점기업이 설정하는 가격은 50원 이상이다.

[오답분석]
① 수요곡선의 방정식은 $P=-Q+100$이다. 즉, 가격이 100원이면 X재의 수요량은 0이다.
② 수요곡선이 우하향의 직선인 경우 수요곡선상의 우하방으로 이동할수록 수요의 가격탄력성이 점점 작아진다. 그러므로 수요곡선 상의 모든 점에서 수요의 가격탄력성이 다르게 나타난다.
③ X재는 정상재이므로 소득이 증가하면 수요곡선이 오른쪽으로 이동한다.
④ X재와 대체관계에 있는 Y재의 가격이 오르면 X재의 수요가 증가하므로 X재의 수요곡선은 오른쪽으로 이동한다.

71

정답 ④

과점기업은 자신의 행동에 대한 상대방의 반응을 고려하여 행동을 결정하게 되는데, 상대방이 어떻게 반응할 것인지에 대한 예상을 추측된 변화 혹은 추측변이라고 한다. 베르트랑 모형에서는 각 기업이 상대방의 가격이 주어진 것으로 보기 때문에 가격의 추측된 변화가 1이 아닌 0이다. 한편, 굴절수요곡선 모형에서는 자신이 가격을 인상하더라도 상대방은 가격을 조정하지 않을 것으로 가정하므로 가격 인상 시에는 가격의 추측된 변화가 0이다. 그러나 가격을 인하하면 상대방도 가격을 낮추는 것을 가정하므로 가격 인하 시의 추측된 변화는 0보다 큰 값을 갖는다.

72

정답 ③

노동수요에 대한 탄력성은 상품생산에 투입되는 다른 생산요소와의 대체가능성에 의해 영향을 받는다. 임금이 상승할 때 노동 대신 다른 생산요소로의 대체가능성이 높을수록, 즉 요소 간 대체가능성이 높을수록 노동수요에 대한 탄력성은 커지게 되므로 임금상승에 대하여 고용감소는 커진다.

73

정답 ⑤

원화가치의 하락, 즉 환율상승은 수출기업의 채산성을 호전시키지만 수입물가 상승으로 인해 전반적으로 물가를 상승시킨다.

74

정답 ①

담합행위란 소수의 기업들이 이윤을 증대시키기 위해 명시적 또는 묵시적인 합의에 의하여 경쟁을 제한하고 가격이나 생산량을 조절하는 행위를 말한다. 담합행위에 참여한 기업들은 이익을 얻지만 담합으로 얻은 이익이 동일하게 분배되는 것은 아니다. 한편, 담합이 이루어지면 소비자들이 일방적으로 손해를 보는 구조이므로 정부는 리니언시 제도 등을 도입하여 담합행위를 규제하여야 한다. 리니언시 제도란 담합 자진신고자 감면제라고도 하며, 제재를 감면하는 당근을 줘서 기업들의 자수를 유도하는 제도이다. 기업들의 불공정행위에 대한 조사의 효율성을 높이기 위해 많은 나라들이 도입하고 있다.

75

정답 ③

등량곡선이란 동일한 산출량을 생산하는 데 필요한 노동과 자본의 투입량 조합을 나타낸다. 기술이 진보하면 같은 생산량을 갖는 등량곡선은 원점을 기준으로 바깥쪽에서 안쪽으로 이동한다. 이는 적은 생산요소를 투입해도 같은 수량을 생산할 수 있다는 것을 의미한다.

76

정답 ⑤

개인들의 한계편익을 합한 사회적인 한계편익이 한계비용보다 작다면 공공재 공급을 감소시키는 것이 바람직하다.

77

정답 ③

• X재 수요의 가격탄력성 : '(X재 소비지출액)=(X재 가격)×(X재 수요량)'인데 X재 가격이 5% 상승할 때 소비지출액이 변화가 없는 것은 X재 수요량이 5% 감소함을 의미한다. 따라서 X재 수요의 가격탄력성은 단위탄력적이다.
• Y재 수요의 가격탄력성 : '(Y재 소비지출액)=(Y재 가격)×(Y재 수요량)'인데 Y재 가격이 10% 상승할 때 소비지출액이 10% 증가하였다. 이는 가격이 상승함에도 불구하고 Y재 수요량이 전혀 변하지 않았음을 의미한다. 따라서 Y재 수요의 가격탄력성은 완전비탄력적이다.

78

정답 ①

최고가격제는 소비자 보호를 위해 최고가격을 시장 균형가격보다 낮은 수준에서 책정하여야 한다. 이 경우 초과수요가 발생하기 때문에 암시장이 나타날 수 있다.

[오답분석]

③ · ④ 최저임금제는 정부가 노동시장에 개입하여 임금의 최저수준을 정하는 가격하한제의 한 예이다. 가격하한제란 시장가격보다 높은 수준에서 최저가격을 설정하는 가격규제 방법이다. 최저임금이 시장균형 임금보다 높은 수준에서 책정되면 노동시장에서 초과공급이 발생하고 그만큼의 비자발적 실업이 발생하게 된다. 이 경우 이미 고용된 노동자들은 혜택을 받을 수 있지만 취업 준비생들은 계속 실업자로 남을 가능성이 크다.
⑤ 최저가격제란 공급자를 보호하기 위한 규제로, 수요의 가격탄력성이 '탄력적'일수록 효과가 미흡해진다.

79

정답 ④

제시문은 공매도와 숏 커버링에 대한 설명이다. 특정 주식이 향후 하락할 것으로 예상되면 주식을 공매도하고, 실제로 주가가 하락 하면 싼값에 숏 커버링(되사들여)하여 빌린 주식을 갚음으로써 차익을 얻는 매매기법이다. 이때 공매도가 단기적으로 상승한다면 주가가 하락하고, 반대로 숏 커버링이 단기적으로 상승한다면 주가가 상승하게 된다. 보통 공매도는 주가 하락을 유발하고, 숏 커버링은 주가 상승 요인으로 작용하여 시세 조정을 유발한다. 또한 공매도는 주식을 빌려서 매도를 하는 것이기 때문에 주가가 하락하지 않고, 지속적으로 상승하게 되면 결제 불이행 가능성이 발생하여 채무불이행 상태에 빠질 수 있다.

80

정답 ⑤

궁핍화 성장이란 한 나라의 경제가 외국과의 무역에 크게 의존하는 경우, 경제 성장은 이루어지지만 불리한 교역 조건으로 인해 국민의 실질 소득은 낮아지는 현상으로, 기술 진보는 궁핍화 성장과 관련이 없다.

배우고 때로 익히면, 또한 기쁘지 아니한가.

- 공자 -

한국자산관리공사 필기전형 답안카드

성 명

지원분야

문제지 형별기재란

(형)

Ⓐ Ⓑ

수험번호

⑩ ① ② ③ ④ ⑤ ⑥ ⑦ ⑧ ⑨
⑩ ① ② ③ ④ ⑤ ⑥ ⑦ ⑧ ⑨
⑩ ① ② ③ ④ ⑤ ⑥ ⑦ ⑧ ⑨
⑩ ① ② ③ ④ ⑤ ⑥ ⑦ ⑧ ⑨
⑩ ① ② ③ ④ ⑤ ⑥ ⑦ ⑧ ⑨
⑩ ① ② ③ ④ ⑤ ⑥ ⑦ ⑧ ⑨
⑩ ① ② ③ ④ ⑤ ⑥ ⑦ ⑧ ⑨

감독위원 확인

(인)

문항	①	②	③	④	⑤
1	①	②	③	④	⑤
2	①	②	③	④	⑤
3	①	②	③	④	⑤
4	①	②	③	④	⑤
5	①	②	③	④	⑤
6	①	②	③	④	⑤
7	①	②	③	④	⑤
8	①	②	③	④	⑤
9	①	②	③	④	⑤
10	①	②	③	④	⑤
11	①	②	③	④	⑤
12	①	②	③	④	⑤
13	①	②	③	④	⑤
14	①	②	③	④	⑤
15	①	②	③	④	⑤
16	①	②	③	④	⑤
17	①	②	③	④	⑤
18	①	②	③	④	⑤
19	①	②	③	④	⑤
20	①	②	③	④	⑤

※ 본 답안지는 마킹연습용 모의 답안지입니다.

한국자산관리공사 필기전형 답안카드

성 명

지원 분야

문제지 형별기재란

형 (Ⓐ Ⓑ)

수 험 번 호

⓪ ① ② ③ ④ ⑤ ⑥ ⑦ ⑧ ⑨
⓪ ① ② ③ ④ ⑤ ⑥ ⑦ ⑧ ⑨
⓪ ① ② ③ ④ ⑤ ⑥ ⑦ ⑧ ⑨
⓪ ① ② ③ ④ ⑤ ⑥ ⑦ ⑧ ⑨
⓪ ① ② ③ ④ ⑤ ⑥ ⑦ ⑧ ⑨
⓪ ① ② ③ ④ ⑤ ⑥ ⑦ ⑧ ⑨
⓪ ① ② ③ ④ ⑤ ⑥ ⑦ ⑧ ⑨

감독위원 확인

(인)

문번	1	2	3	4	5	문번	1	2	3	4	5	문번	1	2	3	4	5	문번	1	2	3	4	5
1	①	②	③	④	⑤	21	①	②	③	④	⑤	41	①	②	③	④	⑤	61	①	②	③	④	⑤
2	①	②	③	④	⑤	22	①	②	③	④	⑤	42	①	②	③	④	⑤	62	①	②	③	④	⑤
3	①	②	③	④	⑤	23	①	②	③	④	⑤	43	①	②	③	④	⑤	63	①	②	③	④	⑤
4	①	②	③	④	⑤	24	①	②	③	④	⑤	44	①	②	③	④	⑤	64	①	②	③	④	⑤
5	①	②	③	④	⑤	25	①	②	③	④	⑤	45	①	②	③	④	⑤	65	①	②	③	④	⑤
6	①	②	③	④	⑤	26	①	②	③	④	⑤	46	①	②	③	④	⑤	66	①	②	③	④	⑤
7	①	②	③	④	⑤	27	①	②	③	④	⑤	47	①	②	③	④	⑤	67	①	②	③	④	⑤
8	①	②	③	④	⑤	28	①	②	③	④	⑤	48	①	②	③	④	⑤	68	①	②	③	④	⑤
9	①	②	③	④	⑤	29	①	②	③	④	⑤	49	①	②	③	④	⑤	69	①	②	③	④	⑤
10	①	②	③	④	⑤	30	①	②	③	④	⑤	50	①	②	③	④	⑤	70	①	②	③	④	⑤
11	①	②	③	④	⑤	31	①	②	③	④	⑤	51	①	②	③	④	⑤	71	①	②	③	④	⑤
12	①	②	③	④	⑤	32	①	②	③	④	⑤	52	①	②	③	④	⑤	72	①	②	③	④	⑤
13	①	②	③	④	⑤	33	①	②	③	④	⑤	53	①	②	③	④	⑤	73	①	②	③	④	⑤
14	①	②	③	④	⑤	34	①	②	③	④	⑤	54	①	②	③	④	⑤	74	①	②	③	④	⑤
15	①	②	③	④	⑤	35	①	②	③	④	⑤	55	①	②	③	④	⑤	75	①	②	③	④	⑤
16	①	②	③	④	⑤	36	①	②	③	④	⑤	56	①	②	③	④	⑤	76	①	②	③	④	⑤
17	①	②	③	④	⑤	37	①	②	③	④	⑤	57	①	②	③	④	⑤	77	①	②	③	④	⑤
18	①	②	③	④	⑤	38	①	②	③	④	⑤	58	①	②	③	④	⑤	78	①	②	③	④	⑤
19	①	②	③	④	⑤	39	①	②	③	④	⑤	59	①	②	③	④	⑤	79	①	②	③	④	⑤
20	①	②	③	④	⑤	40	①	②	③	④	⑤	60	①	②	③	④	⑤	80	①	②	③	④	⑤

한국자산관리공사 필기전형 답안카드

문항	①	②	③	④	⑤
1	①	②	③	④	⑤
2	①	②	③	④	⑤
3	①	②	③	④	⑤
4	①	②	③	④	⑤
5	①	②	③	④	⑤
6	①	②	③	④	⑤
7	①	②	③	④	⑤
8	①	②	③	④	⑤
9	①	②	③	④	⑤
10	①	②	③	④	⑤
11	①	②	③	④	⑤
12	①	②	③	④	⑤
13	①	②	③	④	⑤
14	①	②	③	④	⑤
15	①	②	③	④	⑤
16	①	②	③	④	⑤
17	①	②	③	④	⑤
18	①	②	③	④	⑤
19	①	②	③	④	⑤
20	①	②	③	④	⑤

※ 본 답안지는 마킹연습용 모의 답안지입니다.

〈절취선〉

한국자산관리공사 필기전형 답안카드

성 명		

지원 분야		

문제지 형별기재란	Ⓐ
(형)	Ⓑ

수 험 번 호							

감독위원 확인
(인)

1	① ② ③ ④ ⑤	21	① ② ③ ④ ⑤	41	① ② ③ ④ ⑤	61	① ② ③ ④ ⑤
2	① ② ③ ④ ⑤	22	① ② ③ ④ ⑤	42	① ② ③ ④ ⑤	62	① ② ③ ④ ⑤
3	① ② ③ ④ ⑤	23	① ② ③ ④ ⑤	43	① ② ③ ④ ⑤	63	① ② ③ ④ ⑤
4	① ② ③ ④ ⑤	24	① ② ③ ④ ⑤	44	① ② ③ ④ ⑤	64	① ② ③ ④ ⑤
5	① ② ③ ④ ⑤	25	① ② ③ ④ ⑤	45	① ② ③ ④ ⑤	65	① ② ③ ④ ⑤
6	① ② ③ ④ ⑤	26	① ② ③ ④ ⑤	46	① ② ③ ④ ⑤	66	① ② ③ ④ ⑤
7	① ② ③ ④ ⑤	27	① ② ③ ④ ⑤	47	① ② ③ ④ ⑤	67	① ② ③ ④ ⑤
8	① ② ③ ④ ⑤	28	① ② ③ ④ ⑤	48	① ② ③ ④ ⑤	68	① ② ③ ④ ⑤
9	① ② ③ ④ ⑤	29	① ② ③ ④ ⑤	49	① ② ③ ④ ⑤	69	① ② ③ ④ ⑤
10	① ② ③ ④ ⑤	30	① ② ③ ④ ⑤	50	① ② ③ ④ ⑤	70	① ② ③ ④ ⑤
11	① ② ③ ④ ⑤	31	① ② ③ ④ ⑤	51	① ② ③ ④ ⑤	71	① ② ③ ④ ⑤
12	① ② ③ ④ ⑤	32	① ② ③ ④ ⑤	52	① ② ③ ④ ⑤	72	① ② ③ ④ ⑤
13	① ② ③ ④ ⑤	33	① ② ③ ④ ⑤	53	① ② ③ ④ ⑤	73	① ② ③ ④ ⑤
14	① ② ③ ④ ⑤	34	① ② ③ ④ ⑤	54	① ② ③ ④ ⑤	74	① ② ③ ④ ⑤
15	① ② ③ ④ ⑤	35	① ② ③ ④ ⑤	55	① ② ③ ④ ⑤	75	① ② ③ ④ ⑤
16	① ② ③ ④ ⑤	36	① ② ③ ④ ⑤	56	① ② ③ ④ ⑤	76	① ② ③ ④ ⑤
17	① ② ③ ④ ⑤	37	① ② ③ ④ ⑤	57	① ② ③ ④ ⑤	77	① ② ③ ④ ⑤
18	① ② ③ ④ ⑤	38	① ② ③ ④ ⑤	58	① ② ③ ④ ⑤	78	① ② ③ ④ ⑤
19	① ② ③ ④ ⑤	39	① ② ③ ④ ⑤	59	① ② ③ ④ ⑤	79	① ② ③ ④ ⑤
20	① ② ③ ④ ⑤	40	① ② ③ ④ ⑤	60	① ② ③ ④ ⑤	80	① ② ③ ④ ⑤

한국자산관리공사 필기전형 답안카드

성 명

지원분야

문제지 형별기재란

( )형   Ⓐ   Ⓑ

수험번호

	⓪	①	②	③	④	⑤	⑥	⑦	⑧	⑨
⓪	①	②	③	④	⑤	⑥	⑦	⑧	⑨
⓪	①	②	③	④	⑤	⑥	⑦	⑧	⑨
⓪	①	②	③	④	⑤	⑥	⑦	⑧	⑨
⓪	①	②	③	④	⑤	⑥	⑦	⑧	⑨
⓪	①	②	③	④	⑤	⑥	⑦	⑧	⑨
⓪	①	②	③	④	⑤	⑥	⑦	⑧	⑨

감독위원 확인

(인)

1	①	②	③	④	⑤
2	①	②	③	④	⑤
3	①	②	③	④	⑤
4	①	②	③	④	⑤
5	①	②	③	④	⑤
6	①	②	③	④	⑤
7	①	②	③	④	⑤
8	①	②	③	④	⑤
9	①	②	③	④	⑤
10	①	②	③	④	⑤
11	①	②	③	④	⑤
12	①	②	③	④	⑤
13	①	②	③	④	⑤
14	①	②	③	④	⑤
15	①	②	③	④	⑤
16	①	②	③	④	⑤
17	①	②	③	④	⑤
18	①	②	③	④	⑤
19	①	②	③	④	⑤
20	①	②	③	④	⑤

※ 본 답안지는 마킹연습용 모의 답안지입니다.

한국자산관리공사 필기전형 답안카드

번호	1	2	3	4	5		번호	1	2	3	4	5		번호	1	2	3	4	5		번호	1	2	3	4	5
1	①	②	③	④	⑤		21	①	②	③	④	⑤		41	①	②	③	④	⑤		61	①	②	③	④	⑤
2	①	②	③	④	⑤		22	①	②	③	④	⑤		42	①	②	③	④	⑤		62	①	②	③	④	⑤
3	①	②	③	④	⑤		23	①	②	③	④	⑤		43	①	②	③	④	⑤		63	①	②	③	④	⑤
4	①	②	③	④	⑤		24	①	②	③	④	⑤		44	①	②	③	④	⑤		64	①	②	③	④	⑤
5	①	②	③	④	⑤		25	①	②	③	④	⑤		45	①	②	③	④	⑤		65	①	②	③	④	⑤
6	①	②	③	④	⑤		26	①	②	③	④	⑤		46	①	②	③	④	⑤		66	①	②	③	④	⑤
7	①	②	③	④	⑤		27	①	②	③	④	⑤		47	①	②	③	④	⑤		67	①	②	③	④	⑤
8	①	②	③	④	⑤		28	①	②	③	④	⑤		48	①	②	③	④	⑤		68	①	②	③	④	⑤
9	①	②	③	④	⑤		29	①	②	③	④	⑤		49	①	②	③	④	⑤		69	①	②	③	④	⑤
10	①	②	③	④	⑤		30	①	②	③	④	⑤		50	①	②	③	④	⑤		70	①	②	③	④	⑤
11	①	②	③	④	⑤		31	①	②	③	④	⑤		51	①	②	③	④	⑤		71	①	②	③	④	⑤
12	①	②	③	④	⑤		32	①	②	③	④	⑤		52	①	②	③	④	⑤		72	①	②	③	④	⑤
13	①	②	③	④	⑤		33	①	②	③	④	⑤		53	①	②	③	④	⑤		73	①	②	③	④	⑤
14	①	②	③	④	⑤		34	①	②	③	④	⑤		54	①	②	③	④	⑤		74	①	②	③	④	⑤
15	①	②	③	④	⑤		35	①	②	③	④	⑤		55	①	②	③	④	⑤		75	①	②	③	④	⑤
16	①	②	③	④	⑤		36	①	②	③	④	⑤		56	①	②	③	④	⑤		76	①	②	③	④	⑤
17	①	②	③	④	⑤		37	①	②	③	④	⑤		57	①	②	③	④	⑤		77	①	②	③	④	⑤
18	①	②	③	④	⑤		38	①	②	③	④	⑤		58	①	②	③	④	⑤		78	①	②	③	④	⑤
19	①	②	③	④	⑤		39	①	②	③	④	⑤		59	①	②	③	④	⑤		79	①	②	③	④	⑤
20	①	②	③	④	⑤		40	①	②	③	④	⑤		60	①	②	③	④	⑤		80	①	②	③	④	⑤

성 명

지원 분야

문제지 형별기재란

Ⓐ Ⓑ

(형)

수 험 번 호

⓪	①	②	③	④	⑤	⑥	⑦	⑧	⑨
⓪	①	②	③	④	⑤	⑥	⑦	⑧	⑨
⓪	①	②	③	④	⑤	⑥	⑦	⑧	⑨
⓪	①	②	③	④	⑤	⑥	⑦	⑧	⑨
⓪	①	②	③	④	⑤	⑥	⑦	⑧	⑨
⓪	①	②	③	④	⑤	⑥	⑦	⑧	⑨
⓪	①	②	③	④	⑤	⑥	⑦	⑧	⑨

감독위원 확인

인

2024 최신판 SD에듀 한국자산관리공사
NCS + 전공 + 최종점검 모의고사 5회 + 무료NCS특강

개정1판1쇄 발행	2024년 04월 30일 (인쇄 2024년 04월 09일)
초 판 발 행	2023년 03월 20일 (인쇄 2023년 01월 19일)
발 행 인	박영일
책 임 편 집	이해욱
편 저	SDC(Sidae Data Center)
편 집 진 행	김재희 · 김미진
표지디자인	조혜령
편집디자인	최미란 · 장성복
발 행 처	(주)시대고시기획
출 판 등 록	제10-1521호
주 소	서울시 마포구 큰우물로 75 [도화동 538 성지 B/D] 9F
전 화	1600-3600
팩 스	02-701-8823
홈 페 이 지	www.sdedu.co.kr

I S B N	979-11-383-7064-6 (13320)
정 가	24,000원